쉽게 배우는
벤처창업경영

심준섭 · 김효선 · 정다미

유원북스

머리말

나는 대학 졸업 후 무슨 일을 하면 좋을까? 어느 직장에 취업하는 것이 좋을까? 나의 전공을 살려 창업을 할까? 현재는 돈이 없으니 직장에 다니다가 어느 정도 경력을 쌓고 아이디어가 생기면 창업을 해야지! 난 사업하는 것이 어렵기 때문에 창업은 하지 않을거야! 취업하기 힘들면 무슨 장사를 하면 좋을까? 대학을 다니면서 이런 고민을 해보지 않은 사람은 없을 것이다.

종전에는 한 가지만 잘하면 평생 직업이나 직장으로 살 수 있었다. 그러나 이제는 기술의 변화가 너무 빨라지면서 평생 직장의 개념이 사라지고 꾸준히 자신의 성장을 위해 노력하지 않으면 직장에서 밀려나거나 성과급을 챙기기가 힘들어진다. 그렇다고 직장을 때려치워야지 하지만 나오면 할 일을 찾기가 쉽지 않다. 그리고 60까지 열심히 일을 하고 퇴직을 해도 만 65세부터 연금을 받기 때문에 그 기간 동안 생활이 어려워질 수 있다. 사업아이디어를 찾고 끊임없이 노력하지 않으면 이제는 자신이 할 일이 없는 시대로 가고 있다.

21세기 지식경영시대를 맞아 자신의 기술과 능력을 바탕으로 창업에 대한 관심이 높아지고 있다. 우월적 기술을 갖고 있거나 능력을 발휘하는 월급쟁이의 최고 불만은 조직이나 회사가 자신이 일한 만큼의 월급을 주지 않는다는 것이다. 또 돈을 많이 벌고 자신이 일한 만큼의 능력을 인정받는 길은 자신의 사업을 하는 것이다.

현재 재계리스트를 보면 창업한 지 몇 년이 되지 않아 수천억원의 부자로 등극하는 사업가를 자주 볼 수 있다. 이들은 대부분 벤처기업으로 성공한 사람들이다. 우리나라의 경우 다음커뮤니케이션의 이재웅, 네이버의 이해진,

크래프톤의 장병규, 토스의 이승건 등 이들 창업주들은 어떻게 부자가 되었을까? 새로운 패러다임의 구축이나 새로운 기술을 통한 수익모형 구축에 성공한 사람들이다. 소수이지만 이제 큰 부자가 되기 위해선 벤처기업가가 되는 것이 가장 빠른 길일지도 모른다.

그렇다면 나도 벤처기업가가 되어야 하는가? 그러한 길을 가도록 강요하는 것은 아니다. 직장인으로 사는 것보다 사업을 하라는 것도 아니다. 잘 아시겠지만 벤처창업의 성공은 결코 쉬운 일이 아니다. 그럼에도 불구하고 우리가 대학에서 왜 창업이란 과목을 배울까? 그것은 창업이 우리가 대학을 졸업 후 갈 수 있는 진로분야의 하나이기 때문이다. 여러분들의 대학졸업 후 진로는 크게 두 가지이다. 하나는 기업이나 공무원 등으로 월급을 받는 월급쟁이로 취업을 하는 것이고, 다른 하나는 자신이 좋아하거나 자신이 할 수 있는 일을 업으로 하는 창업이다. 그렇다면 그대는 어느 것을 선택하시겠습니까? 나는 먼저 월급쟁이부터 시작하라고 권한다. 그것은 월급쟁이와 창업자의 두 가지 길을 비교해보는 기회를 갖고 자신의 일과 자신이 할 수 있는 일을 먼저 종업원 입장에서 경험해보라는 것이다. 종업원으로 일을 하면서 끊임없이 자신의 길을 고민하고 노력하다가 자신의 아이디어를 통해 길을 찾아가는 것이 보다 바람직하다고 생각하기 때문이다. 물론 일부 졸업생들은 졸업 후 바로 창업의 길을 뛰어들기도 한다. 하지만 그 성공률은 높지 않은 게 현실이다. 그만큼 창업과 사업이 호락호락하지 않다는 것이다.

사업은 미래 무궁한 먹거리를 제공해주는 푸르른 바다라 할 수 있다. 또한 창조경제시대에 무형의 공간에서 유형의 지식가치는 물론 고부가가치의 경제직지대를 창출하는 것이 창업이라 할 수 있다. AI(인공지능)와 로봇, Iot사물인터넷, 빅데이터 등에 의한 4차산업의 발달은 우리의 경제와 생활 패러다임을 크게 변화시키고 있다. 이같은 변화는 새로운 사업기회를 창출하고 있는 것이다.

이에 저자들은 가능한 실제로 창업한 경험이나 경영컨설팅 등의 사례를 바탕으로 창업자의 입장에서 저술하고자 하였다. 무엇보다 지속적인 수익창출이 가능한 사업아이디어 도출을 위한 창의적인 발상과 끊임없는 창업도전의식이 중요하다. 특히 성공적인 벤처창업을 위한 아이템 선정과 사업타당성 평가, 비즈니스모델 구축, 벤처기업 인증, 성공창업전략 등을 아우르는 사업계획서 작성에 초점을 맞춰 전반적인 내용을 설명하고자 노력하였다.

본서는 크게 4부로 구성되어 있다. 제Ⅰ부에서는 창업의 도전과 창업프로세스에 관한 창업사고 및 창업의 동기와 중요성, 창업환경분석, 벤처기업의 개념과 창업프로세스를 기술했다. 제Ⅱ부에서는 자신의 창업을 위한 준비단계로 기업의 성장단계에 따른 사업기회 포착, 기업가정신과 창업자의 능력평가, 사업아이템 개발과 선정, 사업타당성 분석을 통해 사업아이템 찾기 및 창업설계과정을 배운다. 제Ⅲ부에서는 비즈니스모델과 수익창출, 창업자금조달과 벤처캐피탈, 마케팅전략과 고객관계관리 등 경영지원활동을 알아봤다. 제Ⅳ부에서는 실제로 자신의 사업아이템 선정 및 성공적인 창업전략 수립을 위한 창업기업의 형태와 설립절차, 사업계획서 작성, 창업지원기관과 사회적 기업 창업 관련 내용을 다루었다.

본서를 통해 수강생들에게 벤처기업이나 일반기업의 창업에 대한 전반적인 지식은 물론, 자신의 성공창업을 위해 필요한 전략 수립과정과 실무 추진내용을 이해하는 데 도움이 될 것으로 기대된다.

본서를 집필하는 데는 저자들은 창업 관련 기존 학자들의 연구와 실무 전문가들의 학문적 노력이 바탕이 되었다. 선배 및 동료 교수님들의 가르침과 학문적 업적에 대해 많은 신세를 졌음을 고개 숙여 감사의 말씀을 올리고자 한다. 또한 본서의 모든 내용은 저자들의 토론과 의견을 반영한 것이며, 오류가 있다면 모든 책임이 저자늘의 부족함에 있음을 밝히고 앞으로 개선을 위해 끊임없이 매진하고자 다짐한다.

2025년 3월

저자 일동

차 례

PART Ⅱ. 창업기회포착과 사업아이템 찾기

PART

I

창업의 도전과 창업프로세스

CHAPTER

1

창조적 사고와 창업의 도전

제1절 창조적 사고와 창업

성공한 창업가는 생각부터 다르다고 한다. 과연 무엇이 다르고 생각의 차이는 무엇일까? 그들의 창업 성공요인은 무엇일까?

성공한 기업가들은 무엇보다 현재 경제구조 속에서 가치 창출의 구조가 어떻게 바뀌고 자금의 흐름과 트렌드의 변화를 미리 읽는 눈과 생각이 남다르다. 그리고 끊임없이 자신의 사업아이템을 찾고, 그 사업아이템을 성공시키기 위한 창의적인 발상과 함께 끊임없이 창업기회를 성공시키려는 열정이 넘치고 그것을 행동에 옮겨 쟁취한다. 하지만 일각에서는 치밀한 준비와 개인적 능력도 뛰어나지만 타이밍(timing)과 운(luck)이 좋아서 성공했다고들 한다. 과연 그럴까? 이때 흔히들 창조적 사고를 통한 혁신이나 새로운 패러다임의 변화를 미리 예측하고 실행에 옮겨 고부가가치 창출을 강조한다. 창조는 없었던 것을 새로 만드는 것을 말한다. 그렇다면 우리는 어떠한 생각을 갖고 노력할 때 성공적인 사업아이템을 창조해낼 수 있을까?

1. 창조적 모방

사업의 시작은 창업자의 입장에서 생각하는 제품을 만들고 이 같은 서비스를 제공하는 아이템을 갖고 창업을 한다면 경쟁자를 이기고 지속적인 수익모델이 가능하다는 전제에서 출발한다. 이때 가능하다는 막연한 생각에서 구체적으로 사업을 시작하면 여러 가지 문제들에 봉착한다. 특히 자신과 동종사업 분야의 경쟁자를 이기기 위해선 경쟁자보다 우수한 제품과 기술, 영업전략 등을 개발해내야 한다.

단순한 모방은 성공을 보장하지 않는다. 모방이 성공하려면 독창적인 변형과 융합이 필요하다. 경쟁자의 강점을 자신의 강점으로 융합해 새로운 가치를 만들어내는 것이 독창적 전략의 핵심이다.

삼성전자는 디지털 TV 시장에서 일본 기업들의 기술을 모방하면서도, 이를 넘어서는 독창적 발전을 이뤘다. PDP TV를 시작으로 LCD와 OLED 등 디스플레이 기술을 끊임없이 혁신하며 글로벌 시장에서 독보적인 위치를 차지했다. 이는 기존 기술을 기반으로 새롭고 차별화된 가치를 창출한 사례다.

애플의 아이폰 혁신도 기존의 핸드폰 기술과 터치스크린, 모바일 앱을 결합해 독창적인 사용자 경험을 창출했다. 이는 기존 기술을 단순히 따라 한 것이 아니라, 새롭게 융합하여 독창성을 확보한 결과다.

넷플릭스도 DVD 대여 모델을 모방해 스트리밍 서비스를 도입함으로써 전통적인 콘텐츠 소비방식을 혁신했다. 이 과정에서 단순한 콘텐츠 제공을 넘어, 개인화 추천 시스템을 개발하여 독창적이고 차별화된 경험을 제공했다. 이는 창조적 모방을 기반으로 한 독창적 융합전략의 전형이다.

사업에서 모방(imitation)은 시장 진입 및 경쟁우위 개발을 위한 제품전략이다. 왜 모방을 할까? 무엇보다 기업이 처음 제품을 개발하는데 드는 시간과 노력, 자원 등이 절약된다. 그리고 기술의 업그레이드에도 도움이 되는 방안이다. 사실 현재 히트를 치고 있는 제품의 상당수는 기술적 한계 등으로 모방제품에서 출발한 경우가 많다. 벤치마킹, 차별화, 핵심역량이나 고유자원은 모두 모방을 방지, 구현 또는 활용하는 능력과 관련이 있다. 기업이 단순한 모방으로는 경쟁자를 이길 수 없다. 경쟁자들을 추격하기 위해선 경쟁자의 성공전략을 모방하는 것이 빠른 길일 수도 있다. 시장에서 경쟁자를 이기는 전문화와 차별화전략 등이 없이 그대로 모방을 통해 제품의 경쟁력을 갖추기는 쉽지 않다. 그래서 경쟁 제품에 새로운 기능을 추가하거나 변경하는 창조적 모방전략을 시도한다.

시장과 고객의 욕구가 변화하는 방향에 대한 지속적 시장조사와 그 분야의 선도기업이나 제품에 대한 벤치마킹(benchmarking) 등을 통해 꾸준히 제품의 성능과 디자인 개선, 친환경제품 개발 등 다양한 시도를 한다. 모방을 바탕으로 기존 제품과 전혀 다르고 더 독특하고 유용한 신제품을 개발해야 경쟁력을 갖는다. 이러한 창조적 모방제품이 단기적으로 선도제품보다 더 높은 시장점유율을 달성할 수도 있다.

모방은 창조적인 프로세스의 출발점이다. 우리는 모든 것을 처음부터 배울 수 없으며, 주변에서 본 것을 모방하며 시작할 것이다. 모방은 창조적인 아이디어와 개념의 시발점일 뿐이다. 이후에는 모방한 것을 바탕으로 개선하고 변형시켜 새로운 것을 만들어내야 한다. 이 과정에서 경쟁자를 이기고 차별화된 독창적인 자신만의 스타일과 아이디어를 발전시키게 된다. 이때 창조적 모방전략이 필요한 것이다. 성공적인 전략의 핵심은 창조적 모방과 독창성을 결합하는 데 있다. 단순히 경쟁자를 따라가는 것이 아닌, 모방을 기반으로 창조적인 변화를 더해 차별화된 가치를 만드는 전략은 경쟁에서 앞서 나가는 핵심동력이다.

2. 창조적 파괴

창조적 파괴는 혁신에 의해 일어난다고 한다. 슘페터(Joseph Schumpeter 1883-1950)는 기업가들이 새로운 경영 조직을 만들고, 새로운 시장을 개척하고, 새로운 제품을 개발하는 창조의 과정을 창조적 파괴(creative destruction)라고 설명했다. 창조적 파괴는 기술혁신으로 낡은 것을 파괴시키고, 새로운 것을 창조하고, 변혁을 일으키는 과정으로 경제발전의 본질로 본 것이다.

이는 새로운 혁신이 기존의 구조와 산업을 파괴하면서 경제적 발전과 변화를 이끄는 과정을 뜻한다. 이는 혁신이 경제 성장을 주도하지만, 동시에 기존의 질서를 붕괴시키는 이중적인 효과를 강조한다. 창조적 파괴란 단순히 추상적 개념에 그치는 게 아니다. 이는 현실이다. 매년 등록되는 특허의 수로도 측정이 가능하고, 도표를 통해 혁신의 강도와 생산성 향상 사이에는 너무나도 분명한 정비례 관계가 존재한다. 즉, 혁신이 많이 일어나는 주일

수록 성장 또한 더 빠르다는 뜻이다.

1990년대 이후 정보통신 기술(IT) 분야에서의 혁신은 창조적 파괴를 가속화했고, 삼성전자, LG전자와 같은 글로벌 IT 기업의 성장은 한국의 경제구조를 지식 기반 경제로 전환시키는 계기가 되었다. 2000년대 초 벤처기업의 붐은 새로운 기술 중심의 산업을 열었지만, 전통적인 대기업 의존 구조와 충돌했다.

먼저 위험을 부담하고 창조적 파괴에 성공한 기업가는 그의 새로운 혁신을 모방하는 기업들이 출현할 때까지 독점적 이윤을 누릴 수 있다는 것이다. 슘페터는 이윤 동기가 기술 혁신의 동기를 제공하고 경제 발전에 기여한다고 보는 것이다. 경제학자 슘페터가 기업 경제의 원동력으로서 '기술'의 중요성을 강조하기 위해 제시한 개념이다. 따라서 기업가는 양적 성장에 치중할 것이 아니라 계속적인 기술 혁신을 통해서만 급변하는 시장에서 살아남을 수 있는 경쟁력을 갖추게 된다.

벤처기업은 기존의 경쟁구조를 파괴하고, 새로운 가치제안을 제공해야 성공한다고 한다. 기존의 경쟁구조를 파괴하는 것은 창의적 변화이며, 이는 새로운 것이 기존의 것을 몰아내는 동적인 사회현상이다. 이처럼 창조적 파괴는 새로운 생산단위가 오래된 것을 대체함으로써 제품과 공정혁신을 가져온다는 것이다. 그리고 이윤은 혁신적인 기업가의 창조적 파괴 행위로 인한 생산요소의 새로운 결합에서 파생되며, 창조적 파괴 행위를 성공적으로 이끈 기업가의 정당한 노력의 대가로 본다. 기업가는 기업을 유지하고 발전시키기 위해 혁신과 기술을 사용한다. 창조적 사회에서 유능한 기업가는 기존 사회의 변화를 미리 감지하고 매력적인 사업기회로 전환해 가치를 창출하는 데 능숙한 사람이다. MS사의 빌게이츠나 애플사의 창업자인 스티브잡스 등은 혁신적인 기술 등으로 기존의 시장 메커니즘을 뛰어넘은 벤처기업가이다.

앞으로의 사회는 더욱더 역동적 자본주의(dynamic capitalism)사회이다. 부의 창출 과정으로 새로운 창의적 기업의 형성과 성장, 오래된 대기업의 흥망성쇠로 이어진다. 신생기업들은 기존 시장의 불균형과 붕괴를 틈타 새로운 수요와 부를 창조한다. 신상품이나 서비스를 개발하고 상업화를 통해 기회를 찾는다. 기업가는 특히 창조적 파괴에 의해 추진되는 기술혁신을 통해 큰 이윤을 얻을 수 있다. 이 때 혁신적인 패러다임의 전환을 통해 벤처기업가 등 새로운 경제주도세력이 나타난다. 그러나 기술혁신에 의해 달성되는 기업가의 독점적 지위는 일시적인 것이며 모방과 새로운 혁신 등에 의해 기술적 혁신의 이익은 감소한다. 따라서 기업가는 끊임없이 경제구조의 변화를 읽고 기존의 패러다임을 혁신하고 새로운 구조를 창조해나가는 창조적 파괴를 실행해나가야 한다. 창조적 파괴의 긍정적 효과를 극대화하려면 포용적 성장과 지속 가능한 발전이 필요하다.

3. 파괴적 혁신

창업에서 혁신은 새로운 기능을 가진 혁신적 제품을 통해 새로운 시장을 창조하는 것을 말한다. 혁신적 제품은 대개 경쟁 상품보다 품질이 다소 낮지만, 몇몇 고객이 중시하는 획기적인 성능을 가진 것이 특징이다. 파괴적 혁신은 기존 기업들이 무시하거나 멀리하는 시장에서 주로 일어나며, 기존 기업과는 다른 사업 모델로 성공을 거두며 일자리를 창출한다. 대기업의 경우 규모와 성향으로 인해 파괴적 혁신을 일으키기 힘들다는 한계가 있다.

파괴적 혁신(disruptive innovation)은 저렴한 가격이나 새로운 기술 및 서비스 전략으로 기존의 기술이나 생산 체계를 파괴하고 시장을 장악하는 일을 말한다. 이는 기존 시장에 진입하거나 완전히 새로운 시장을 창출하여 새로운 가치 네트워크를 창출하는 것이다. 파괴적 혁신 이론은 하버드 경영대학원 교수인 클레이튼 크리스텐슨(Clayton M. Christensen, 1952~)이 1997년 저서 "혁신 기업의 딜레마(The Innovator's Dilemma)"에서 처음 소개되었다.

왜 위대한 기업들조차 실패하는가? 이 질문에 클레이턴 크리스텐슨은 '파괴적 혁신(disruptive innovation)'이란 답을 내놓았다. 선두기업 자리에 오르게 해준 경영관행이 바로 그들의 시장을 빼앗아갈 진보된 신기술, 즉 '파괴적 기술(disruptive technology)'의 개발을 극도로 어렵게 만들었기 때문이라는 것이다.

크리스텐슨은 "세 가지 혁신이 조화를 이뤄야 경제가 균형을 이룬다"며 다음과 같이 주장한다.

"첫째는 기존 제품의 품질을 업그레이드하는 '지속적 혁신(sustainable innovation)'이고, 둘째는 과거 도요타처럼 생산·인건비 등을 절감하는 '효율적 혁신(efficient innovation)'이며, 마지막은 파괴적 혁신이다. 과거 소니의 트랜지스터 라디오는 주류이던 진공관 라디오를 대체한 것이 파괴적 혁신이다. 이런 파괴적 혁신이 성장을 장려하고 일자리를 창출한다. 파괴적 혁신은 '고객이 하고 싶지만 못한 일을 가능하게 해주는 것'을 의미한다."

파괴적 혁신에는 저가형 파괴적 혁신과 신시장 파괴적 혁신으로 나눌 수 있다. 저가형 파괴혁신은 기존 시장의 고급 제품이나 서비스를 저렴한 가격으로 대체하는 형태로 저가 제품과 서비스로 혁신을 이룬다. 대표적인 사례가 Southwest Airlines의 저가항공 모델이다. 신시장 파괴혁신은 기존 시장의 고객이 아닌 새로운 시장을 개척하는 혁신이다. 새로운 시장에는 경쟁자가 없다.

성공 사례로는 스트리밍 서비스를 도입하여 기존 방송 및 영화 시장을 혁신한 넷플릭스(Netflix), 전기자동차라는 신시장을 개척해 대중화를 이끈 테슬라(Tesla), 전통적인 택시 산업을 대체하는 플랫폼을 통해 개인 차량을 활용한 유연한 이동 서비스를 제공하며 기존 운송시장을 뒤흔든 우버(Uber) 등을 들 수 있다.

'혁신'이란 단순한 변화를 넘어 기존의 것을 무력화 시키는 큰 변화, 질적인 변화를 의미한다. '혁신'에는 기술적 진보 뿐 만 아니라 도태된 기술의 새로운 용도와 가치 창출도 혁신이다. '혁신'에 의한 창조적 파괴와 혁신에 의한 새로운 가치창출에는 아마존의 인터넷서점 진출이나 미국에서 개발된 라디오+카세트+헤드폰을 융합한 Sony 워크맨, 애플 iPOD 등의 성공사례를 들 수 있다.

새로운 변화에 대한 기술과 도전을 이용하는 기업가에 의해서 경제가 주도되고 있다. 새로운 기술은 불균형, 불연속의 원천이고, 파괴적이거나 급진적 혁신에 근거한다. 자본주의의 경제적 발전은 생산 요소의 새로운 결합에 의해 내부로부터의 변혁에서 온다.

크리스텐슨의 연구 파트너인 마이클 레이너(Michael E. Raynor)는 "파괴적 혁신은 기존 기업들이 기꺼이 무시하거나 멀리하는 시장에 초점을 맞춘다"고 말한다. 보잘것없는 성과는 '파괴적 혁신'을 지향하는 신상품이나 서비스에 값으로 따질 수 없을 만큼 귀중한 교두보를 제공해준다. 이를 발판 삼아 점점 더 넓은 영역으로 세력을 넓혀갈 수 있기 때문이다. 따라서 많은 기업에 더 큰 위협은 현존하는 경쟁사가 아니라 파괴적 기술로 볼 수 있다. 기계식 계산기는 주판을, 자동차는 마차를, 어떤 알약은 수술을 대체했듯이 말이다.

4. 창조적 혁신

창조적 혁신은 완전히 새로운 기술이나 생산 체계를 도입하여 기존의 기술이나 생산 체계를 무너뜨리고, 이를 바탕으로 새로운 산업이나 체계의 창조, 새로운 고객과의 연결을 이루어 내는 일을 말한다. 창조적 혁신은 우월한 기술에 의한 시장 창출을 지향하는 것이며, 파괴적 혁신은 열등한 기술로 우열의 경계를 뛰어넘는 것이라는 점에서 그 차이가 있다. 정보·지식 혁명시대에는 기존 산업사회 패러다임과는 다른, 새롭고 창조적인 시각에 의해 기술혁신이 창출되어 선순환하는 구조를 구축해 나가야 한다.

기업가들은 새로운 방법, 기술과 아이디어를 도입해 가치를 창출하고 성장을 촉진하기 위해 매력적인 제품을 끊임없이 개발한다. 이는 기회에 초점을 둔 전략적 성향이며, 포착한 기회에 대한 신속하고 과감한 행동이다. 오늘날 혁신의 물결(waves of innovation) 속에서 기후변화에 대한 두려움, 인구증가와 기업의 사회적 책임 등이 강조되고 있다. 특히 인문학과 과학의 결합, 예술과 과학의 결합 등 이종간의 융합 등 이질적 요소의 결합과 고정관념의 타파는 혁신의 방향으로 제기되고 있다.

창조적 발상은 새로운 아이디어, 접근법, 해결책을 찾는 과정이다. 창조성은 기존의 생각을 뛰어넘고, 예기치 못한 방향으로 나아감으로써 혁신을 이끌 수 있는 역량이다. 이 과정에서는 기존의 틀이나 패턴을 깨고 새로운 가능성을 발견하는 것이 중요하다.

창조적 발상은 단순히 새로운 아이디어를 떠올리는 것뿐만 아니라, 이러한 아이디어가 실제로 어떻게 적용될 수 있는지를 탐구하는 것이다. 아이디어의 실행 가능성이 높은지 여부가 핵심이다. 혁신적인 기업이나 개인들은 이러한 발상을 바탕으로 더 높은 수준의 효율성과 솔루션을 제공할 수 있다.

이와 관련하여 창조적 발상은 개인의 성격, 경험, 문화적 배경 등에 따라 다르게 나타날 수 있다. 따라서 다양한 시각과 접근법이 존중받아야 하며, 이는 창조적 발상을 풍요롭게 하는 요소가 된다. 사람들은 각자의 배경에서 비롯된 독특한 통찰을 통해 서로 다른 형태의 혁신을 이끌어낼 수 있다.

창조적 사고를 통한 혁신의 접근방법은 다음과 같다.

(1) 창의력

창의력(創意力)은 “주어진 문제 상황에 대해 다양하면서 새롭고 적절하고 가치 있는 것을 생각해 내는 능력과 힘”이다. 기업가라면 새로운 기술로 아무도 만들지 않은 새로운 것을 만들어 내는 창의력으로 새로운 가치를 부여해야 한다. 이는 새로운 것을 생각해 내는 특성인 창의성(創意性)과 구분된다. 창의성은 단순히 독창적인 아이디어를 만드는 것이 아니다. 이는 문제를 해결하는 새로운 방법을 찾거나, 기존 개념을 혁신적으로 변형하는 힘이다.

우리가 직면하는 문제들은 점점 더 복잡해지고 있다. 이런 시점에서 창의적 사고는 변화하는 환경에 유연하게 대응할 수 있는 능력을 길러준다. 전통적인 사고방식으로는 해결할 수 없는 문제들을 창의성이 돕는다.

기술 발전과 글로벌화로 인해 경쟁이 치열해졌다. 이 상황에서 창의성은 혁신을 이끄는 원동력이 된다. 새로운 제품이나 서비스 개발에 있어 창의적 접근법이 필수적이다. 이렇게 함으로써 소비자에게 더 나은 가치를 제공할 수 있다.

또한 창의성은 팀워크와 협업을 증진하는 데도 크게 기여한다. 다양한 배경과 아이디어를 가진 사람들 간의 상호작용에서 새로운 관점이 생길 수 있다. 이는 새로운 솔루션을 창출하는 데 필수적이다.

창의적 사고에 접근하는 방식에는 발산적 사고와 수렴적 사고가 있다. 발산적 사고(divergent thinking)는 정신을 자유롭게 풀어주어 정신의 유연성을 강화하는 것이다. 많은 아이디어와 가능성을 찾아내고 독특한 아이디어를 추출하는 데 관여한다. 수렴적 사고(convergent thinking)는 추상적인 개념에 주의를 집중하여 특정한 문제에 대한 단일한 해결책을 만들어내는 것을 말한다. 지식과 정보를 제공하여 아이디어를 분석하는 데 활용된다.

심리학자들은 창의력 발휘가 논리적 사고, 의지와 함께 뇌에서 가장 에너지를 많이 소모하는 활동 중 하나라고 한다. 참고로, 자유분방함도 창의력의 원천이 될 수 있다.

(2) 논리적 사고와 접근

의사결정은 논리적이어야 한다. 논리적이란 관계성에 의하여 생각을 '도

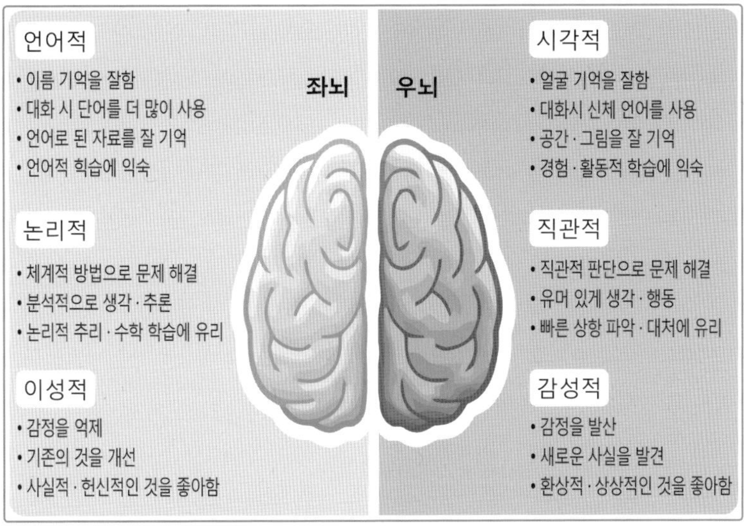

출', '유도' 그리고 '근거'와 '이유'가 있는 과정을 의미한다. 앞의 생각에서 뒤의 생각을 도출하는 행위를 추론이라고 한다. 즉, 논리적인 사고를 한다는 것은 곧 좋은 추론을 의미한다. 순간의 감정이나 오류로 그릇된 결정을 내려 평생을 후회할 수 있다. 그러한 사고를 미연에 방지하도록, 혹은 그 후유증을 최소화하도록 논증을 분석하고 평가해야 한다. 우리의 뇌를 두 영역으로 나눌 수 있다. 특히 의사결정능력을 높이기 위해선 좌뇌를 활용한 분석적인 생각과 논리적 추리 훈련 등을 통해 체계적인 방법으로 문제를 해결하는 능력을 키워나가야 할 것이다.

(3) 수평적 사고(Lateral Thinking)

수평적 사고는 창의적 사고와 사고기법 교육 분야의 권위자인 드 보노(del Bono)가 창안했다. 이는 문제를 바라보는 고정된 방식에서 벗어나 새로운 방식을 찾으려는 사고방식이다.

이같은 수평적 사고는 문제 밖에서 해결책을 찾는 방식이다. 이를 위해선 핵심만 남기고 나머지는 무시하거나 복잡한 사안은 단순하게 보면서 창조

> 바보는 일을 복잡하게
> 만들고 천재는 일을
> 단순하게 만든다

적인 접근방법을 찾아내야 할 것이다.

(4) 창조적 사고(Creative Thinking)

창조적 사고는 단순히 새로운 아이디어를 생각해내는 것만이 아니다. 이는 기존의 틀을 깨고 새로운 시각으로 문제를 바라보는 능력이다. 혁신의 핵심은 이러한 사고를 통해 낯선 연결을 만들어내고, 이를 바탕으로 참신한 해결책을 제시하는 데 있다. 사람들은 종종 특정한 맥락이나 기대에 갇혀 생각하기 쉽다. 하지만 창조적 사고는 우리에게 그러한 한계를 넘어서게 하는 힘을 준다.

창조적 사고의 과정은 논리적 단계에 기반하기보다는 무작위성을 포용하는 방식으로 이루어진다. 아이디어가 전통적인 범주를 넘어가면서 의외의 통찰을 제공하는 경우가 많다. 예를 들어, 전혀 관련 없어 보이는 두 개의 개념이 결합될 때, 그것이 새로운 혁신의 씨앗이 될 수 있다. 또한, 창조적 사고는 다양성을 중요한 요소로 삼는다. 서로 다른 배경과 경험을 가진 사람들 간의 대화로부터 생겨나는 교류가 새로운 아이디어 창출의 기폭제 역할을 한다. 더 다양한 관점을 수용할수록 가능한 해결책의 폭이 넓어지는 것이다.

마지막으로, 창조적 사고는 단순한 사고방식이 아닌 행동으로 연결되어야 한다. 단순히 머릿속에서 구상하는 것을 넘어, 그것을 실제로 시도하고 실험하는 과정이 필요하다. 실패는 자주 발생하지만, 그것은 새로운 길을 찾기 위한 중요한 단계이다. 우리가 창조적 사고를 통해 얻는 것은 결과뿐 아니라 그 과정에서도 많은 가치를 찾을 수 있다는 점이다.

발상 전환은 혁신을 이루는 핵심요소이다. 기존의 틀을 벗어나 새로운 아이디어를 발견하게끔 도와준다. 이 과정에서 우리는 일상적인 문제들에 대한 색다른 접근방식을 찾을 수 있다. 발상 전환은 단순한 문제 해결을 넘어서, 창의적인 솔루션을 찾아내는 데 큰 역할을 담당한다.

또한, 발상 전환은 경쟁력을 높이는 중요한 수단이기도 하다. 글로벌 시장에서 살아남기 위해선 차별화된 아이디어가 필수적이다. 발상 전환을 통해 얻어진 독창적인 접근은 기업이나 개인이 더욱 두각을 나타낼 수 있는 기회를 제공한다.

더불어, 발상 전환은 조직 문화에도 긍정적인 변화를 가져온다. 다양성과 포용성을 중시하는 사고는 팀원 간의 활발한 소통과 협업을 이끌어낸다. 이를 통해 새로운 아이디어를 시도하고, 지속적인 성장을 추구하는 환경이 조성된다.

마지막으로, 발상 전환은 개인의 성장에도 큰 영향을 미친다. 새로운 시각을 갖게 되고, 다양한 경험을 통해 성장할 수 있다. 이는 자기계발과 직결되어 지속적인 발전을 가능하게 한다.

5. 창조적 사고와 혁신의 필요성

우리의 미래는 창조적 사고의 힘에 달려 있다. 날로 발전하는 기술과 사회적 변화 속에서 혁신은 필수적이다. 조직은 조직의 목표를 달성하기 위해 새로운 창의성을 기반으로 한 새로운 아이디어를 요구할 것이다. 이로 인해 다양한 분야에서 창조적 접근방식이 더욱 중요해질 것이다. 생각의 틀을 넘어서고, 기존의 패러다임을 뒤집는 것이 필수적일 수도 있다. 창조적 사고의 증진은 단순히 개인의 발상만에 그치지 않는다. 조직적 차원에서도 이를 실천함으로써 보다 혁신적인 결과를 도출할 수 있다. 따라서 기업과 단체는 유연한 사고를 지닌 인재를 받아들이고, 실험과 실패를 두려워하지 않는 문화를 구축해야 나가야 할 것이다.

현대의 경영패러다임은 '혁신'이라고 한다. 이는 이제 기업들이 소비자들의 욕구를 충족시키는 것에 그치지 않고 소비자의 욕구를 '만들어'내려고 노력하지 않으면 안된다는 것이다. 기업가는 무엇보다 자신의 사업아이템을 미래사회의 변화나 신기술의 변화 등에서 기회를 포착하고 창조적인 생각을 접목시켜 시장과 고객을 창출하는 노력을 끊임없이 해나가야 할 것이다. 혁신은 단순한 변화가 아니다. 사람이나 조직이 기존의 방식에서 벗어나 새로운 접근방식을 찾는 과정이다. 이러한 변화는 종종 실험적인 시도와 기회를 통해 이루어진다. 혁신은 기술, 비즈니스 모델, 사회적 관점에서 다양한 형태로 나타날 수 있다. 또한 혁신은 문제 해결을 위한 유연한 사고를 요구한다. 장애물이나 한계를 뛰어넘고, 기존의 틀을 허물어야 한다. 이 과정에서 직원들의 창의성과 협력은 매우 중요한 요소가 된다. 혁신이 이루어지면, 이는 종종 기대 이상의 결과를 가져올 수 있다.

실제로 혁신은 경쟁력을 강화하는 촉매 역할을 한다. 기업이나 조직이 시장에서 살아남기 위해서는 지속적으로 새로운 아이디어를 도입해야 한다. 고객의 필요와 요구가 변화함에 따라, 혁신은 이러한 변화에 발맞추는 필수적인 요소가 된다. 결국, 혁신은 단순히 새로운 것을 만들어내는 것이 아니라, 열정과 비전이 결합하여 더욱 나은 미래를 위한 과정을 의미한다.

예를 들어, 테슬라는 전통적인 자동차 산업에 도전해 고객에게 새로운 경험인 전기자동차 시장을 선도하고 브랜드에 대한 충성도를 높이고 있다. 애플은 사용자 경험을 최우선으로 하여 소비자의 기대를 뛰어넘는 혁신적인 디자인과 기술 통합은 사용자들 사이에서 강력한 지지를 얻었다. 또한, 아마존은 단순히 상품을 판매하는 것을 넘어서, 고객의 생활방식을 혁신하는 플랫폼으로 자리 잡았다. 그리고 구글은 AI와 데이터 분석을 통한 혁신으로 비즈니스모델을 완전히 재편하고 있다.

이들은 소비자 자신조차 발견하지 못한 욕구를 상품/서비스로 만들어내어 거꾸로 소비자들의 니즈(Needs)를 이끌어 내려는 것이다. 소비자들의 니즈를 이끌어내기 위해선 기존의 상식을 깨부수고 새로운 발상을 해내는 '창의성' 뿐만 아니라 그것을 실천으로 옮기는 '혁신'이 필요하다. 단순히 시대를 앞서가는 혁신이 아니라 소비자가 원하는 바를 정확히 읽어내는 혁신을 해야 성공할 수 있다. 즉 창의력, 그것을 실천할 수 있는 기술력에 더불어 시장을 읽는 통찰력이 결합되어야 성공적인 혁신이 가능한 것이다. 특히나 변화의 속도가 빨라지고 있는 사회에서는 소비자들의 니즈 또한 빠르게 변해 기업들은 그에 맞추는 것을 넘어서 한발 앞서 니즈를 파악하고 이끌어내야 하는 환경에 처하게 되었다.

창조적 발상을 하는 과정에는 여러 방해요소가 존재한다. 가장 흔한 방해요소 중 하나는 두려움이다. 실패에 대한 두려움, 비판에 대한 두려움은 종종 사람들을 창의적인 시도를 피하게 만든다. 이럴 경우, 자신의 생각을 멈추지 말고 작은 단계로 시작해 보는 것이 중요하다. 실패는 배우는 기회라는 점을 인식해야 한다.

또 다른 방해요소는 안정성와 익숙함에 대한 집착이다. 사람들은 편안한 분야에 머물고 싶어하는 경향이 있다. 새로운 도전이 두렵게 느껴질 수 있다. 이 상황을 극복하기 위해서는 일상에서 작은 변화를 주기 시작해야 한다. 새로운 시도를 통해 익숙한 영역을 벗어나는 경험이 쌓이면 자연스럽게 창조적 발상도 촉진될 수 있다.

다음으로, 정보의 과부하가 있다. 다양한 정보를 접하면서 오히려 혼란스러워져 결정하기 어려운 경우가 많다. 이럴 땐 중요한 정보를 필터링하고, 핵심적인 요소에 집중하는 것이 바람직하다.

마지막으로, 환경의 제한도 눈여겨봐야 할 부분이다. 창조적인 사고는 자극적인 환경에서 더 잘 이루어진다. 만약 현재의 환경이 방해가 된다면, 물리적 환경을 바꾸거나 심리적 여건을 조성하는 방법을 찾아보자. 작은 변화가 큰 영향을 미칠 수 있다.

중요한 것은 이러한 요소들을 인식하고, 주체적으로 극복방법을 찾아 나가는 것이다.

혁신은 현대 사회에서 점점 더 중요해지고 있다. 그 중심에는 창조적 발상이 자리 잡고 있다. 창조적 발상은 단순히 새로운 아이디어를 떠올리는 것을 넘어서, 문제 해결을 위한 혁신적인 방법을 찾는 과정이다. 이는 다양한 분야에서 적용될 수 있다.

많은 기업들이 혁신을 통해 시장에서의 경쟁력을 유지하고자 한다. 그러나 혁신은 기존의 틀을 깨고 새로운 시각을 발휘해야 가능한 일이다. 이때 창조적 발상이 필수적이다. 새로운 기술이나 사업 모델은 이러한 발상을 통해 탄생한다.

현대 경영에서는 이 둘을 묶은 '창조적 혁신'의 중요성이 날이 갈수록 증대되고 있다. 미국의 IT 기업 구글(Google)은 '창조적 혁신'이라는 면에서 선두기업이다. 이 기업은 우수한 품질의 검색 엔진에서부터 무료로 제공되는 고품질의 다양한 서비스들, 심지어 기업 공개를 할 때에도 다른 누구도 시도하지 않았던 '더치옥션(Dutch Auction)'방식을 실시하며 세계를 놀라게 만들었다. 구글이 창조적 혁신을 위해 어떻게 경영 시스템을 운영하고 있는지 자세히 알아볼 필요가 있을 것이다.

제2절 창업 도전과 성공사례

창업가는 미래의 불확실성에 도전하는 사람들이다. 특히 도전, 모험, 변화를 읽는 타이밍은 벤처기업가가 갖추어야 할 덕목이다. MS사의 빌게이츠와 애플의 스티브잡스, 아마존의 제프 베조스, 구글의 래리 페이지, 페이스북의 마크 주커버그 등은 모두 디지털 혁명의 주역들이라는 공통점을 갖고 있다. 이들은 아무도 시도하지 않았던 미지의 분야에 도전하고, 소프트웨어나 아이디어 하나만 가지고 모험을 강행해 변화의 흐름을 정확하게 읽어 내고 승부수를 띄워 성공한 벤처기업가들이다. 생산방법을 혁신한 헨리 포드는 변화를 거부하는 사람은 이미 죽은 사람이다 라고 지적했다. 그는 변화와 창

조를 두려워 말고, 목표 성취에 방해가 된다면 모든 시스템을 뜯어 고치고, 모든 방법을 폐기하고, 모든 것을 던져 버리라고 했다.

그리고 구글, 애플, 페이스북, 트위터, 마이크로소프트, 아마존 등 세계적인 기술기업들의 산실은 미국 실리콘밸리다. 실리콘밸리는 스탠포드대, UC 버클리대를 비롯해 세계적인 연구 역량을 보유한 대학들이 있고, 세계에서 가장 많은 벤처캐피털 투자금이 집중되는 곳이다. 우수 인력과 자금으로 아이디어를 사업으로 발전시킬 수 있는 가장 좋은 환경인 셈이다.

과연 우리는 어떠한가? 이에 창조적 사고로 창업에 도전해 성공한 언론의 사례들을 창업을 배우기전에 미리 알아보고자 한다.

1. '비컴닷컴'의 마이클 양, "지금도 창업을 꿈꾼다"

'비컴닷컴' 마이클 양…"195차례 거절에도 굴하지 않았다"
"아이디어·기술 이용해 창업, 정말 재미있고 좋아한다"

"195차례나 거절당해도 굴하지 않고 벤처자금을 조달, 창업에 성공하는 등 10여년 간 4차례 창업했지만 지금도 창업을 꿈꾸고 있습니다"

1998년 인터넷 가격비교사이트 '마이사이몬(MySimon.com)'을 창업한 후 2년 만에 7억 달러(약 8천200억원)에 매각해 화제가 됐던 마이클 양(50. 한국명 양민정) 씨는 요즘 한가하다. 지난 3월 6일, 4번째 창업회사로 지난 8년간 이끌어온 인터넷 쇼핑 검색엔진인 '비컴닷컴(Become.com)'의 최고경영자(CEO) 자리에서 이사회 이장으로 자리를 옮겼기 때문이다.

양 씨는 최근 대부분의 시간을 실리콘밸리 내 최고급 주택가인 로스알토스 힐에 위치한 자택에서 가족들과 함께 보내고 있다. 그렇다고 마냥 쉬고만 있는 것은 아니다. 양 씨는 26일(현지시간) "비컴닷컴의 지난해 매출이 5천500만달러를 기록하는 등 어느 정도 궤도에 올라 이제는 전문경영인이

'마이사이몬(MySimon.com)' 창업자 마이클 양(샌프란시스코=연합뉴스) 임상수 특파원=1998년 인터넷 가격비교사이트 '마이사이몬(MySimon.com)'을 창업한 후 2년 만에 7억 달러(약 8천200억원)에 매각해 화제가 됐던 마이클 양(50. 한국명 양민정) 씨가 26일(현지시간) 실리콘밸리 내 최고급 주택가인 로스알토스 힐에 위치한 자택에서 연합뉴스와 인터뷰를 하고 있다. 2012.5.27 nadoo1@yna.co.kr

회사를 운영하는 것이 낫다고 판단했다"고 말했다.

"지금은 쉬면서 실리콘밸리내 인사들과 교류하고, 또 연구하면서 다음 창업아이템을 찾고 있습니다" 이미 50대 지천명(知天命)의 나이에 들어섰지만 몸속에 꿈틀거리는 창업에 대한 열정은 식지 않았다는 것. 양 씨는 "어떤 기회를 보고 아이디어를 이용하고 기술을 응용해서 새로운 회사를 세운다는 것 자체가 엄청난 기회라고 생각한다"며 "정말 창업이 재미있고, 좋아한다"고 말했다. 그는 오라클에 103억 달러에 매각된 피플소프트 창업자 데이브 더필드가 2006년, 65세의 나이에 새로 전사적자원관리(ERP) 시스템업체 '워크데이(Workday)'를 창업해 3억 달러 가치의 회사로 키워낸 데서 영감을 받았다고 소개했다. 사실 그도 마이사이먼을 창업할 때 이미 37세로, 실리콘밸리 창업자로서는 적지 않은 나이였다.

14살 때인 1976년 미국에 이민온 후 실리콘밸리에 정착해 애플이나 시스코 등 현재 정보통신업계 선두업체들의 성공신화를 보고 자랐지만 대학졸업 후 곧바로 창업전선에 뛰어든 것은 아니다. 먼저 제록스, 삼성전자 미국법인 등 대기업에서 일을 시작했다. 그러던 중 아내가 전자상거래 사이트에서 제공하는 상품의 가격이 모두 달라 불편해 하는 것을 보고 아이디어를 얻어 마이사이먼을 시작했다. 하지만 '창업과 혁신의 메카'로 불리는 실리콘밸리라고 해서 창업이 녹녹하지 않았다.

창업자금을 마련하기 위해 실리콘밸리 내 벤처캐피털 200곳을 찾아갔지만 그 중 195곳에서 거절당했다. 그는 그러나 "인터넷이 확산되고 있어 온라인 상거래가 많이 이뤄질 것이라는 비전과 확신이 있었고 기술적으로도 구현했다고 생각했기 때문에 거절을 밥 먹듯이 당해도 좌절하지 않았다"고 회상했다.

양 씨는 마이사이먼을 매각한 뒤 지리정보 소프트웨어 개발기업 '넷지오'와 역경매 사이트 '드림랏' 등을 잇따라 창업했지만 별 재미를 보지 못했다. 하지만 양 씨는 "기대 만큼 성공하지 못했지만 한국에서 생각하는 것과는 달리 이것이 실리콘밸리에서는 '블랙마크(black mark)', 즉 감점 요인이 아니다"라고 강조했다.

양 씨는 중국이나 인도계에 비해 실리콘밸리에서 성공하는 한국계 창업자가 적은 것에 대해서는 "나름대로 생각해 보고 스스로에게 질문도 해봤다"며 "일단 한국계가 상대적으로 적은데다 창업이 리스크(위험)가 높아 부모들이 안전한 직업인 의사나 변호사가 되기를 원하기 때문인 것 같다"고 진단했다. 그는 "아들(9)이 아버지가 기업을 하는 것을 보고 자라서인지 꿈이 창업이라고 말해 사랑스럽다"며 "이 곳(실리콘밸리) 아이들 중에는 장래 희망으로 창업을 꼽는 경우가 많고 부모도 적극 지원한다"고 전했다.

실리콘밸리에서 잇따라 글로벌 기업들이 생겨나는 것에 대해서는 "물론 벤처투자가가 많고 전세계적으로 탁월한 인재들이 많이 모이기 때문"이라고 분석했다. 하지만 무엇보다 미국이라는 나라가 가진 자유와 시장경제,

법치주의 등 시스템이 잘 정착돼 있는 게 더 중요한 요인이라고 지적했다.

한국에서 실리콘밸리와 같은 창업환경이 이뤄지기 위해서는 공부만 강조하는 것이 아니라 자유로운 생각을 키워줄 수 있는 교육시스템 등 국가 전반적인 시스템이 변해야 한다고 그는 강조했다. 양씨는 한국에도 네이버와 다음, 넥슨, 엔씨소프트 등 벤처기업들이 성공한 예가 있지만 한국 시장 자체가 작아 창업 때부터 아예 세계시장을 겨냥해야 한다고 강조하면서 창업 강국 이스라엘을 예로 들었다.

이스라엘 벤처기업가들은 영어구사가 자유롭고 서구문화에도 친숙할 뿐 아니라 미국내 막강한 네트워크가 있지만 무엇보다 창업 때부터 세계시장을 목표로 한다고 소개했다.

양 씨는 "한국 창업의 문제점이 하루아침에 해결될 수는 없지만 지난 20년간 영어교육이 진전을 보이고 각 분야에서 성공하는 한국계 미국인들도 많아 네트워크(인맥)도 형성되고 있다"고 전했다. 그 자신도 미국 내 한국계 네트워크에 도움을 주기 위해 한국계 1.5~3세대 리더들의 모임인 'CKA (Council of Korean Americans)'를 결성해 다음달 백악관과 동포사회의 관심사 등을 놓고 정책협의를 할 예정이다.

양 씨는 앞으로 참신한 아이디어를 가진 한국의 젊은 벤처기업가들을 상대로 엔젤투자를 하면서 실리콘밸리 진출을 돕는 등 한국과 미국내 한국계 커뮤니티를 돕는 다양한 방안들을 고민하고 있다고 덧붙였다.

(샌프란시스코_연합뉴스) 임상수 특파원_nadoo1@yna.co.kr

2. [청년드림] "불편함 해결하려다 아예 창업했죠"

이윤재 구니스 대표(왼쪽)와 오아름 보그앤보야지 대표가 각각 자신이 개발한 제품들을 소개하고 있다. 이 대표의 스마트 팔레트는 디지털 기기와 연동해 손쉽게 그림 그리기를 할 수 있는 제품이다. 오 대표의 여행용 캐리

어는 가방 3개를 서로 뗐다 붙였다 하는 방식으로 크기를 조절할 수 있는 상품이다. 원대연 기자 yeon72@donga.com

벤처기업 구니스는 스마트폰과 태블릿PC로 스케치를 하고 색칠할 수 있도록 하는 '스마트 팔레트'란 기기를 만든다. 이 기기 개발자는 2014년 7월 구니스를 설립한 이윤재 대표(43)다. 이 대표는 지난해 초 대구의 한 병원에 스마트 팔레트를 납품했다. 스마트 팔레트를 병원 정신건강의학과와 심리상담센터에서 그림 치료 도구로 활용하기로 한 것. 그림 치료는 주로 아동 및 청소년에게 쓰인다. 스마트 팔레트는 사용자가 그렸다가 지운 기록이 고스란히 남기 때문에 종이에 그림을 그리는 것에 비해 심리 상태를 파악하기 유용하다는 게 이 대표의 설명이다.

• 내가 진정 잘할 수 있는 창업을 하라

창업 아이템을 정할 때도 '나'는 정말 중요하다. 스스로 진정 필요하다고 느끼는 것을 만들어야 성공 확률이 높다. 스마트 팔레트도 이 대표의 일상에서 비롯됐다. 그의 두 딸은 종이에 그림을 그릴 때 종종 불편함을 겪었다. 이를 본 이 대표는 디지털 기기로 보다 편하게 그림을 그릴 수 있었으면 좋겠다는 생각을 했다. 또한 외국계 정보기술(IT) 회사에서 일할 때, 한국 중소기업 제품들이 기술력은 뛰어나지만 해외에서 잘 통하지 않는 이유가 제품을 이해하기가 너무 어렵기 때문이라는 걸 깨달았다. 스티브 잡스가 만든 아이폰처럼 사용자가 직관적으로 사용법을 알 수 있는 제품이어야 세계 어디서든 통할 수 있다. 스마트 팔레트는 다른 색깔과 다른 굵기를 표시한 버튼으로 이뤄져 별다른 설명이 없어도 어떻게 사용하는지 알 수 있도록 돼 있다.

3가지 사이즈로 변형이 가능한 여행 캐리어를 개발한 오아름 보그앤보야지 대표(28·여)도 '내가 절실히 필요하다고 느낀 상품'을 만들었다. 오 대표는 세계 곳곳으로 출장과 여행을 다니며 상황에 따라 다양한 크기의 가방이 필요하다고 느꼈다. 크기별로 여러 가방을 사야 하는 불편함을 없애고 싶었고 직접 만들기로 했다.

미국에서 대학교를 다닐 때부터 가졌던 창업의 꿈을 펼치기로 한 것. 오 대표는 "보통 창업하면 IT 쪽을 생각하기 마련인데 유행에 따르기보다는 내가 오랫동안 관심을 가져온 제조업에 도전하는 게 성공 가능성이 크다고 봤다"고 말했다. 기존의 여행 캐리어 생산업체 사람들은 쉽지 않을 거라고 우려했다. 하지만 그는 자신 있다. 자신이 진심으로 하고 싶은 거라면 어려운 과정도 잘 버틸 수 있을 거라 생각한다.

• 힘들어도 한국에서 성공 욕심

오 대표가 회사를 세운 건 작년 7월이다. 오 대표는 미국에서 10년간 유학 생활을 했다. 창업 환경이 더 좋아 보이는 미국에서 꿈을 펼칠 생각은 없었을까. 오 대표는 "한국인이기 때문에 한국에서 일을 하고 싶은 욕심이 있었다"며 웃었다. 더 큰 이유는 오 대표가 구상한 사업을 펼치는 데 한국이 최적 입지이기 때문이다. 오 대표는 자신의 상품이 가장 많이 팔릴 시장으로 중국을 보고 있다. 한국에서 브랜드 입지를 다진 후 중국으로 진출할 계획이다. 사업 확장을 위해 오 대표는 신규 채용에도 적극적이다. 그는 독자에게 꼭 알려달라는 당부와 함께 "편한 분위기에서 함께 일할 디자이너 인재를 찾고 있다"고 말했다.

오 대표는 자신이 택한 조국에서 많은 도움도 받고 있다. 작년 4월에는 중소기업진흥공단에서 운영하는 '청년창업사관학교'에 참여했다. 그곳의 프로그램을 통해 머릿속 아이디어를 직접 시제품으로 만들 수 있었다. 이외에도 그는 정부 기관이 운영하는 여러 창업 지원 제도를 활용하고 있다. 그가 경험한 한국의 창업 지원 제도의 장단점은 명확했다. 창업자 또는 창업희망자들이 이용할 수 있는 다양한 제도가 있는 것이 장점. 그 제도들을 찾으려면 꽤 많은 노력과 시간이 필요하다는 것이 단점이다.

이윤재 대표도 한국에서 성공하겠다는 의지가 강하다. 그는 자신 있게 "한국을 좋아한다"고 말했다. 이 대표의 목표는 한국의 작은 기업이 크게 성공할 수 있는 길을 닦는 것이다. 그는 "작은 기업의 성공 사례를 늘리는 것이 지금처럼 소수에게 집중된 기득권을 분산시키고 최순실 사태와 같은 불행을 막는 길이라고 생각한다"고 말했다.

이 대표와 오 대표의 회사는 모두 제품 개발에 문화데이터를 활용했다는 공통점이 있다. 두 기업은 지난해 문화체육관광부가 주최하고 한국문화정보원이 주관하는 문화데이터 활용 기업 컨설팅 및 사업화 지원 대상으로 선정되기도 했다.

한우신 기자 hanwshin@donga.com

3. 중국의 대표 전기차 기업 비야디(BYD) 창업자인 왕촨푸회장

중국의 대표 전기차 기업 비야디(BYD)가 부동의 1위였던 미국 테슬라를 제치고 세계 최대 전기차 제조사로 등극하면서 창업자인 왕촨푸회장의 뚝심경영이 주목받고 있다. 중국에서는 그의 입지전적 개인사를 재조명하면서 테슬라를 이끄는 일론 머스크에 빗대 중국의 영웅으로까지 추켜세우는 분위기다. 중화권 매체들은 그가 과거 영업을 위해 배터리 전해질 용액을 마셔버릴 정도로 무자비한 추진력, 비행기 이코노미석만 이용하는 검소함과 공정 디테일에 대한 집착에 가까운 열정, 전기차 시스템에 대한 선견지명과 이해 등을 성공비결로 꼽고 있다.

BYD왕회장은 1966년 중국 안후이성 우웨이현의 가난한 농부의 아들로 태어났다. 어린 시절 부모를 여의고 중난공업대를 나와 국영베이징비철금속연구원에 취업해 배터리분야를 연구하기 시작했다. 이는 에메랄드 광산 채굴권을 보유한 남아프리카공화국 이민자 엔지니어인 아버지 아래서 부유한 어린 시절을 보내고 아이비리그(미국 북동부 8대 명문대)인 펜실베이니아대 경제학과를 나온 금수저 머스크와 비견된다는 평가다. 왕회장이 사회에 내딛던 당시 배터리 분야는 일본 기업들이 주름잡고 있었다. 그는 배터리 연구에서 두각을 나타냈고 27세에 연구원이 세운 배터리 회사 사장에 오른다. 그는 곧 안정된 미래를 버리고 2년 만에 사촌형에게 250만 위안을 빌려 29세인 1995년 비야디를 설립했다. 마침 일본에서는 채산성을 이유로 니켈카드뮴 전지생산을 중단했고 왕 회장은 그 빈틈을 파고들어 배터리 시장에서 승기를 잡았다. 파나소닉, 소니, GE 등 글로벌 기업들을 고객으로 확보했다. 중국매체들에 따르면 그는 한 중국관료가 회사를 방문해 베터리의 환경오염 가능성에 대해 의구심을 표하자, 그자리에서 전해질 용액 한 컵을 다 마셔버렸다고 한다. 2002년 회사를 홍콩증시에 상장시킨 그는 이듬해 주변 반대를 무릅쓰고 무너져가던 국영 자동차회사인 시안친촨을 인수, 자동차시장에 뛰어들었다. 2004년 '316'이라는 내연기관 차량인 첫 신차를 내놓았지만 상하이 설명회에 참석한 전국딜러 등의 반응은 싸늘했다. 이에 왕촨푸는 망치로 부숴버렸다고 중국자동차 전문매체 '소후자동차' 등은 보도했다.

내연기관 자동차에 대한 미련을 버리고 전기차 사업에 본격화한 것도 이때라고 한다. 비야디의 성공은 상대적으로 낮은 인건비를 무기로 리튬 등 원재료와 부품생산 등 '수직통합'을 고수한 비야디의 자급화에서 비롯됐다는 평가가 많다. 워런버핏의 투자회사 버크셔 해서웨이가 2008년 비야디 지분 10%를 인수한 것도 이런 강점에 주목했기 때문이다. 최근 일본, 한국, 미국 등 각국 경쟁사들이 공급난 문제로 신음할 때 선방할 수 있던 비결이기도 하다. 지난해 11월 별세한 버킷의 단짝' 찰리멍거 전 버크셔 해서웨이 부회장은 한팟캐스트인터뷰에서 "BYD는 기적 같은 기업", "그는 주당 70시간을 일하는데 IQ도 매우 높다"며 왕촨푸에게 찬사를 보냈다. 하지만 그의 성공을 두고 사업초기 경쟁사 기술을 빠른 속도로 베낀 능력 때문이라는 비판도 있다. 그는 한국 고도성장기 '왕 회장'들을 방불케 하는 강단 있는 경영스타일로 유명하다. 선전 본사에 거의 매일 출근하는 '워커홀릭'으로 유명한 그를 두고 영국 일간 파이낸셜타임즈(FT)는 "무자비하다"고 표현했다. 비행기는 이코노미석만 이용할 정도로 검소하고 신차는 늘 첫번째 시승자를 자임할 정도로 자부심을 드러낸다.

외부전문가를 대거 영입하는 경쟁사들과 달리 대졸자들을 기숙사에 집어넣어 도제식 교육을 실시한다. "비야디 최대 자산은 엔지니어"라는 게 그의 철학이다. 2015년 2,565만주를 내놔 직원주주제(스톡옵션)를 시행한 이유다. 이 덕분에 임직원 중에 억만장자들도 있다고 FT는 전했다. 왕촨푸는 중국 정부와도 긴밀한 관계를 유지해왔다. 그는 시진핑 국가주석의 부품 자급화 산업 시책에 부응하는 '애국기업인'으로 꼽힌다. 시진핑의 13차 5개년 계획 핵심자문단 기업인 4명 중 유일한 민간기업인으로 선정되기도 했다. 머스크는 지난 2011년 블룸버그TV 인터뷰에서 '테슬라의 잠재적 경쟁자'로 비야디가 언급되자 피식 웃음을 터뜨렸다. 하지만 머스크는 지난해 5월 "그들의 차는 요즘 매우 경쟁력 있다"며 긴장하는 모습을 보였다. 한편, 테슬라는 2023년 4분기 전기차 48만 4,507대를 인도했다고 밝혔다. 중국 비야디가 발표한 전기차 판매량 52만 6,409대 보다 적다. 플러그인하이브리드(PHEV)를 뺀 순수 전기차 기준으로 비야디의 분기 판매량이 테슬라를 앞선 것은 두 회사가 나란히 자동차 사업을 시작한 2003년 이후 20여 년 만에 처음이다. 미국 월스트리트저널은 "2024년 테슬라를 제치고 세계를 제패할 중국의 BYD"라는 제목으로 비야디의 선전소식을 전했다.

(조선일보, 2024.1.4)

4. 글로벌시장 누비는 한인 VC 한 킴 알토스벤처스 대표

쿠팡, 크래프톤, 우아한 형제들(배달의 민족), 비바리퍼블리카, 토스, 당근 등 스타트업으로 시작해 유니콘(기업가치 1조원 이상 비상장기업) 또는 대표 IT기업으로 성장한 이 기업들에는 공통점이 있다. 모두 미국 실리콘밸리 벤처캐피털인 알토스벤처스에서 초기 투자를 받았다는 것이다. 이들이 창업했을 당시만 해도 국내 스타트업이 미국에서 투자를 받는다는 건 상상하기 힘들었다. 이를 가능하게 만든 인물이 바로 한 킴(한국명 김한준, 59) 알토스벤처스 대표다. 지난달 21일 서울 한남동 알토스벤처스 서울 사무소에서 만난 김 대표는 "17년 전 한국에 처음 투자할 때만 해도 네이버 외엔 이렇다 할 신생기업이 없었다"며 "지금은 전체 투자금의 30-40%를 한국기업에 쏟고 있다"고 했다. 김 대표는 한국계 미국인이다. 서울에서 태어나 열한살 때인 1976년 미국 땅을 처음 밟았다. 경기도 평택에서 작은 가게를 운영하던 그의 부모는 시카고에서 공장과 세탁소 일을 하며 자식을 키웠다. 공공에 도움이 되는 일을 하고 싶던 그는 웨스트포인트(미육군사관학교)에 입학하기 위해 미국 시민권을 얻었다. 주한 미군공병장교로 복무를 마친뒤 스탠퍼드대 MBA에 진학했고 1996년 알토스벤처스를 창업했다. 알토스벤처스는 지금까지 한국에 1조원 이상을 투자했다. 모두 미국기관에서 출자받은 돈이다. 김 대표가 미국자본과 국내 스타트업의 가교역할을 자처하게 된 계기는 장병규 크래트톤 의장과의 만남이었다. 2007년 만난 장의장은 그에게 한국투자를 부탁했다. 김 대표는 "장의장은 당시 집을 하나 마련해 대학생들을 데려와 무료로 재워주고 먹여주면서 뭐든 맘껏 개발할 수 있게 지원하고 있었다"며, "이토록 멋지게 돈을 쓰는 기업가도 있는데 정작 그다음 단계 투자를 해주는 곳은 없다는 것이 마음에 걸렸다"고 했다. 한국이라는 나라의 신생 IT기업 투자를 유치하기 위해서는 미국출자자를 설득해야 했다. 김 대표는 "당시 답변하기 가장 어려운 질문은 '왜 한국에서 이 분야 큰 회사가 안나오느냐'였다"고 했다. 스타트업이 크게 성장해 인수합병이나 상장을 통해 투자금을 회수한 사례가 없었기 때문이다. 김 대표는 당시 한국 벤처투자 펀드는 다 5년짜리 회사를 팔면 나쁜놈 취급까지 받아 구조적으로 성장과 투자금 회수가 어려웠다면서 "유일하게 돈 버는 길은 상장인데 상장을 위해 비용을 절감하는 방식으로 무리하게 이익을 내다보면 상장 후 성장동력을 잃어버리고 도태되는 경우가 허다했다"고 했다. 그는 개별 기업마다 투자논리를 세웠다. 초기 투자한 쿠팡은 한국이 온라인 거래 비율이 높고 배송 물류승부처인 도시 인구도 미국보다 많다는 점을 내세웠다. 그는 "한국 상위 10개 도시 인구가 미국 상위 10개 도시 인구보다 많다는 점을 감안하면 한국은 분명 미국보다 큰 시장"이라며 "실제 쿠팡 거래액이 1조원을 넘기는 데 걸린 시간은 미국 아마존보다 짧았다"고 했다. 김 대표가 뿌린 씨앗은 거목으로 자라났다. 우아한 형제들과 아이퍼커넥트는 수조원대 가치를 인정받으며 해외 기업에 인수됐고 크래프톤과 쿠팡은 각각 한국과 미국 증시에 상장하며 수십조원시가총액을 기록했다.

김 대표는 투자성공사례가 늘면서 미국 기관의 한국투자관심도 크게 높아졌다며 우리도 투자제안금액의 50-60%만 소화할 수 있을 정도라고 말했다. 그는 투자로 번돈을 다시 한국에 솓아붓는다. 지난해만 국내 스타트업에 3,460억원을 투자했다. 김대표의 신조는 '더더더'이다. 더 큰 회사가 될 수 있다고 믿고, 믿음이 생긴 기업에 투자를 더 늘려 더 성장할 수 있도록 돕는다. 실제 알토스벤처스 투자펀드는 만기가 기본 12년에 투자 담당자 재량으로 2년을 추가할 수 있고 그 이후 투자자 동의를 얻어 1년씩 연장이 가능하다. 김 대표는 "배달의 민족을 만든 김봉진 대표도 매출 수백억을 넘겼지만 우리는 더 할 수 있다고 독려했고 결국 매출 1조원을 넘겼다"면서 "우리의 일은 창업가들에게 현실적인 자신감을 부여하는 것"이라고 했다.

(조선일보, 2024.1.2.)

CHAPTER

2

창업의 중요성과 동기

제1절 창업의 개념과 중요성

1. 창업의 정의

창업이란 말 그대로 기업(企業)을 일으켜 세운다(創)는 것이다. 창업을 일반적으로 정의하면 기업가의 능력을 갖춘 개인이나 단체가 사업의 아이디어를 가지고 사업목표를 세우고, 적절한 시기에 자본, 인원, 설비, 원자재 등 경영자원을 확보하여 재화나 용역을 제공하는 기업을 새로이 설립하는 것을 말한다. 즉 재화(물건) 또는 용역(서비스)를 생산, 판매하는 하나의 시스템을 구축하는 작업을 의미한다.

창업과 관련한 용어의 정의는 중소기업창업지원법(이하 창업지원법), 벤처특별법 등 여러 법률과 제도의 적용대상과 범위를 설정하기 때문에 중요하다. 창업지원법 상 창업은 "중소기업을 새로 설립하는 것"(창업지원법 2조1)이라고 정의하며, 사업의 승계, 개인사업자의 법인전환, 폐업 후 동일사업의 개시 등은 제외한다. 또 창업지원법은 2016년 재창업의 정의를 추가 하였다. 재창업이란 "중소기업을 폐업하고 중소기업을 새로 설립하는 것"(창업지원법 2조1의2)으로 규정하고 있다.

창업지원법 시행령 제2조 제1항에서는 "중소기업자는 업종의 특성과 상시근로자수, 자산규모, 매출액 등을 참작하여 그 규모가 대통령령이 정하는 기준 이하이고, 그 소유 및 경영의 실질적인 독립성이 대통령령이 정하는 기준에 해당하는 기업을 영위하는 자"라고 정의하고 있다. 중소기업자는 중소기업기본법 제2조의 규정에 의거 중기업자와 소기업자로 구분하며, 업종의 특성과 상시 근로자수, 자본금, 매출액에 따라 구분기준을 마련하였다.

흔히들 중소기업이란 중소기업을 육성하기 위한 시책의 대상이 되는 기업 또는 조합 등으로서 업종별 매출액이 일정한 요건을 갖춘, 영리를 목적으로 사업을 하는 기업과 비영리 사회적 기업, 협동조합 등을 말한다. 정부에서 시행하는 중소기업 지원사업은 「조세특례제한법」에 따른 중소기업을 지원 대상으로 하고 있는 것이 일반적이지만, 지원기관 및 목적에 따라 지원 자격을 달리하는 경우도 있으므로 정확한 기준의 확인이 필요하다. 특히 세법에 따른 중소기업 범위기준은 「조세특례제한법 시행령」에서 다르게 규정하고 있으므로 주의하여야 한다.

2. 창업의 필요성과 중요성

옛날에는 한 가지만 잘하면 평생 잘 살 수 있었다. 한번 직장에 입사하면 퇴직을 천직으로 하는 시대가 있었다. 그러나 이제는 제품의 사이클이 짧아지고 기술의 변화가 너무 빨라지면서 기술의 가치가 급변하고 있다. 자신의 기술을 끊임없이 시대의 변화에 맞춰가지 않으면 실직자가 되기 십상이다. 시대에 필요한 기술자로서의 역할이 필요하다.

창업은 우리 일상에서 언제부턴가 자연스럽게 이슈가 되고 때론 선택이 아닌 필수로 다가오고 있다. 막상 창업에 직면하면 그 과정이 쉽지만은 않은 것이 사실이다. 우리나라의 산업에서 Startup(스타트업)기업과, 벤처, 중소기업 등 중소상공인의 성공창업의 어려움을 누구라도 공감할 것이다. Global 경제에서 각 나라마다 과거와 달리 보다 경쟁이 치열해졌고, 기술적 고도화와 가속화는 세계시장을 단일시장으로 묶어 강자만이 살아남는 경쟁구조로 귀착되고 있다.

창조경제시대를 맞아 국가정책 차원에서 다양한 창업지원정책을 수립해 시행하고 있다. Microsoft의 빌 게이츠와 Facebook의 마크 주커버그 등 세계적으로 성공한 벤처기업가가 등장하면서 야망을 가진 젊은이들이 정보통신과 바이오분야 등 단기간에 성장할 수 있는 분야에서 창업에 나서고 있다. 세계적 기업가로 성장하려는 포부를 가진 청년층의 창업열기가 솟아 오르고 있다. 그렇지만 창업의 성공효과는 기대에 미치지 못하고 있는 실정이다. 그 이유는 무엇보다 창업자의 능력과 창업아이디어의 부족, 급격한 시장의 변화에 적극적으로 대응하는 것이 쉽지 않기 때문에 창업의 성공이 어려운 것도 사실이다. 현재 각 대학마다 창업교육을 강화하고 정부는 창업사관학교 등을 통한 지원 및 청년창업자금 등 다양한 지원정책을 쏟아 붓고 있다. 하지만 창업의 시도와 동력은 갈수록 떨어지고 있다. 그렇지만 창업이 여전히 매력적임에는 틀림없다.

본인이 창업에 관심이 있다면 어떻게 접근해야 할까? 나는 자신이 가장 잘 할 수 있는 일을 먼저 찾아라고 권하고 싶다. 우수한 기술이나 자신의 시장선도능력을 바탕으로 시작하는 사업은 강력한 경쟁자가 나타나기 전까지 경쟁우위를 유지할 수 있기 때문이다. 그러나 그러한 기술을 보유하거나 일을 찾는 것이 쉽지는 않다. 왜 그럴까라고 물으면 대부분 요즘은 나보다 잘하는 사람이 너무 많고 그러한 기회를 잡는 것이 쉽지 않기 때문이라고 생각한다. 그러한 측면에서 자신만이 독보적으로 할 수 있는 일을 찾는 것이 바로 창업을 권하는 이유이다.

창업은 무엇보다 자신이 하고 싶은 일을 할 수 있는 직업과 동시에 고용창출을 해준다. 두 번째는 창업이 시장에서 가치를 인정받을 때 그에 상응하는 부의 창출이 가능하고 사회적 기여를 한다. 셋째 국가의 경제성장을 촉진한다. 창업의 활성화는 경제의 성장동력을 찾아주고 일자리 창출을 위해 가장 효과적인 정책수단이라고 할 수 있다. 이에 따라 정부는 창조경제시대에 무형의 공간에서 유형이 지식가치는 물론 고부가가치를 창출하기 위한 창업지원 및 우대정책을 추진하고 있다. 오늘날 창업의 중요성은 여기에 있는 것이다. 중소기업의 활성화는 창업에 의한 부의 창출과 일자리창출, 새로운 재화의 생산, 삶의 질 향상 등을 더욱 촉진할 것으로 기대된다.

이 교과목 수업의 목표는 아이디어가 있으면 곧바로 창업을 하라는 것이 아니다. 창업의 학습과 이해를 통해 자신의 영역에서 성공할 수 있는 사업 아이디어를 찾고 끊임없이 노력해 자신이 계속할 수 있는 일을 찾는 접근을 시도해보라는 것이다. 이러한 노력으로 제2, 3의 인생을 꽃피우는 한 가지 방안인 창업의 꿈을 키우는 기회를 찾자는 것이다.

3. 창업과 진로

여러분이 대학 졸업 후 갈 수 있는 취업진로분야는 크게 두 가지로 나눌 수 있다. 하나는 기업이나 공무원 등으로 월급을 받는 월급쟁이고 또 하나는 자신이 좋아하거나 자신이 할 수 있는 일을 업으로 하는 창업의 길이다. 그대는 어느 길을 선택하시겠습니까?

나는 창업에 관심 있는 학생들에게 먼저 월급쟁이를 시작하라고 한다. 그것은 월급쟁이와 창업자의 두 가지 길을 비교해보는 기회를 갖고 자신의 경험과 경력을 활용할 수 있는 능력을 키우라는 것이다. 그리고 종업원으로 일을 하면서 끊임없이 자신의 길을 고민하고 노력하다가 자신의 길을 찾아가는 것이 보다 바람직하다고 생각하기 때문이다. 물론 일부 졸업생들은 졸업 후 곧바로 창업의 길을 뛰어들지만 그 성공률은 높지 않는 게 현실이다. 그 만큼 사업이 호락호락하지 않다는 것이다. 그렇지만 자신의 직장분야에서 일을 하다 회사가 분사되거나 회사의 수요를 보고 자신이 퇴사 후 신규창업하거나 하청업체로 하는 기업의 경우는 성공할 확률이 높기 때문이다.

이제 봉급생활자의 경우 한 직장에서 평생을 보내는 것은 쉽지 않다. 기업의 경영이 어려워지면 구조조정의 대상이 되기도 한다. 퇴직의 연령이 빠르거나 이직에 대비하지 않으면 안된다. 흔히들 100세 시대에 봉급생활자로 살다가 중도에 퇴직을 하면 무엇을 할 것인가? 물론 직장생활을 정년까지 계속할 수 있다면 다행이다. 여기에다 국민연금 등의 수령시기가 65세로 바뀌고 있어 60세 정년까지 하더라도 연금을 받으려면 5년간의 연금공백기가 생긴다. 물론 퇴직 후 재테크만 잘 했다면 그 돈으로 먹고살 수 있을 것이다. 과연 그렇게 자유로울 수 있는 사람이 얼마나 될까 묻고 싶다.

실제로 대부분 바로 연금을 받지 못하는 은퇴절벽기를 어떻게 극복할 것인가? 그렇다면 은퇴절벽에서 벗어나기 위해선 몇 년간 다른 직장에서 봉급자생활을 이어가거나 아니면 자신이 했던 기술이나 능력을 활용해 창업 등이 필요하다. 결국 창업은 자신의 직장생활에서 자신의 능력을 발휘하여 자신만의 사업을 시작하거나 퇴직 후 자신의 일을 만들기 위한 창업의 준비가 필요하다고 본다. 현재의 직장을 그만두면 언제든지 나의 일을 만들어 놓지 않으면 실업자가 되기 일쑤이다. 그리고 봉급생활자의 탈출을 위한 길이다. 이 때를 위한 창업의 준비는 필수가 되고 있다.

제2절 창업의 3대 요소

성공적인 창업을 위해선 창업자의 마인드와 창업아이템 등은 필수이다. 가령, 기업가정신이 부족하거나 창업아이템이 없는 사람은 창업에 도전하기도 어렵겠지만 창업에 도전해봤자 성공하기도 쉽지 않다. 흔히들 창업자(기업가정신)와 사업아이디어(아이템), 창업자본 등을 창업의 3요소라고 한다. 인적 요소는 창업자 자신을, 제품 요소는 사업 아이디어를, 그리고 물적 요소는 사업 자본 등이다. 귀하가 벤처창업을 하려해도 벤처인증을 받을 수 있는 업종이나 기술이 없으면 성공적인 벤처창업을 할 수 없다. 그리고 자본도 중요하지만 기술 등이 우수하다면 어느 정도 자본투자를 받을 수 있을 것이다. 창업의 3요소는 다음과 같다.

| 그림 2-1 | 창업의 3요소

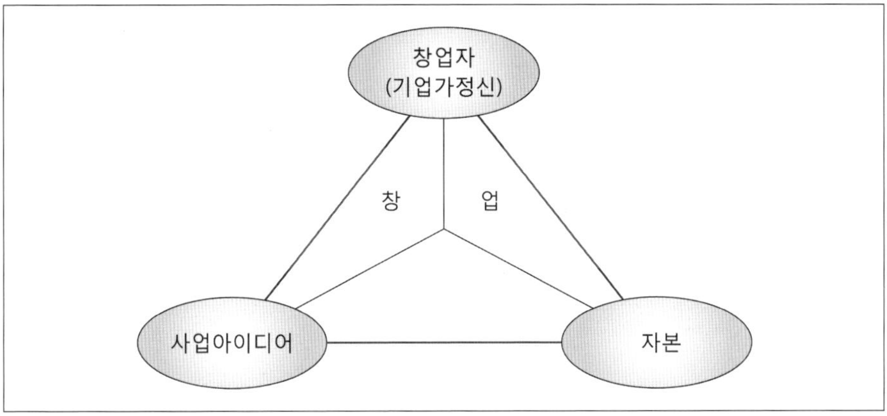

1. 창업자(기업가정신)

창업자는 기업의 창업 아이디어 확보, 사업성 분석, 사업계획 수립, 계획의 수립 등을 추진하고 책임지는 창업의 주도자이다.

'창업가(entrepreneur)'란 수행하다, 시도하다와 같이 프랑스어로 'entreprendre'에서 유래 되었다. 깡띠용은 "위험을 부담 하는 자"이며, 사업을 위한 자원을 모으고 위험을 극복하고 조직을 이끌어 가는 사람으로서 도전정신 및 혁신과 창의성으로 이윤을 추구하고 성과를 창출하는 사람이라고 정의하고 있다.

창업자의 역할은 ① 기업설립에 필요한 유형/무형의 자원을 동원하고 ② 이들을 적절히 결합하여 기업이라는 시스템을 만들고 ③ 의도한 대로 기능을 발휘하도록 관리하는 것이다.

기업가정신 혹은 창업가 정신이란 외부환경 변화에 대하여 민감하게 대응하며 항상 그 기회를 잡기 위한 혁신적 사고와 행동을 하고자 하는 마음가짐을 갖고 항상 시장에 새로운 가치를 창조하고자 하는 창업자의 행동특성을 말한다. 창업은 창업자의 성취욕구와 진취성, 기회포착력, 위험감수성 등을 바탕으로 이를 지속하기 위해선 혁신성, 자기효능감 등이 필요하다.

2. 사업아이디어

사업아이디어란 무엇을 가지고 창업할 것인가? 어떠한 제품(재화)을 생산하고 서비스(용역)할 것인가? 성공적인 창업을 위해서는 가장 중요한 것이 바로 사업아이템이다. 무엇보다 시장의 변화를 인식하고 현재와 미래의 소비자의 욕구를 파악해 만족시킬 수 있는 아이디어의 착상이 필요하다. 즉, 수익성 있는 제품과 서비스의 창출이 가능한가이다. 자신이 생각하기에는 사업성이 있는 멋진 사업아이디어라도 실제로 상품화하였을 경우 성공률이 낮거나 실패하는 경우가 많다. 특히, 벤처기업으로서 창업아이디어의 성공 가능성은 훨씬 더 낮다고 보면 된다. 그러므로 벤처기업 창업예비자는 보다 많은 아이디어의 창출과 선택에 피나는 노력이 전제되어야 사업에 성공할 수 있을 것이다.

3. 자본

자본은 기업을 설립하는 데 필요한 금전적인 자원뿐만 아니라 자본을 이용하여 동원할 수 있는 인력, 토지, 설비, 원재료 등을 포괄적으로 의미한다. 흔히들 자본을 조달할 수 있는 능력에 따라 사업아이템이 달라진다고 한다. 사업가는 자본이라는 그릇을 키워야 많은 돈을 벌어서 유지하고 추가적인 수익을 창출할 수 있을 것이다. 자본은 조달유형에 따라 자기자본과 타인자본 등이 있다.

자본은 기업의 발전단계에 따라 창업자가 부담하거나 외부금융기관 등을 활용하여 조달할 수 있다. 벤처기업이 글로벌 경쟁 환경에서 살아남기 위해서는 특허 등 모방하기 어려운 경영자원의 확보가 필수적이다. 특히 자본은 신기술의 확보와 시장개척 및 고객창출 등에 시너지효과(Synergy effect)를 낼 수 있기 때문에 창업에 있어서 매우 중요한 요소로 작용하기도 한다.

제3절 창업의 동기와 창업의 유형

1. 창업의 동기

사람들이 왜 창업을 하는가? 창업동기는 사람에 따라 다르다. 크게 개인목적의 달성동기와 사업목적의 성취동기로 구분할 수 있다.

창업의 동기를 조사해보면 취업이 힘들어서, 가족을 부양하기 위해서, 집으로부터 독립하기 위해서, 돈을 많이 벌기 위해서 등등 무수히 많은 이유가 있을 것이다.

이러한 동기 가운데 가장 많은 이유는 생계유지를 위한 소득창출수단이다. 이는 개인적 목적달성을 위한 동기에 해당된다. 대부분 막연하게 시작해서 실패하는 경우가 많다. 개인적인 창업자의 특성으로 성취동기나 도전적 자세, 모험가적 태도 등은 기업가정신에서 관찰된다. 일반적으로 사회적으로 창업 동기는 자아실현 등 다양한 성취동기 때문에 발생한다. 즉 사회에 대한 서비스, 이윤달성, 사회적인 성장 목적 등에 사명감을 갖고 창업을 시작하는 경우가 많다.

(1) 서비스 목적

창업은 사회적 불편이나 문제를 해결해주고 자신의 특수기능과 재능을 발휘하여 생산한 제품과 서비스를 소비자에게 합리적인 가격으로 제공하고 생산자에게는 일정 이윤을 보장해 주고 싶은 욕망이 강한 경우이다.

(2) 이윤목적

창업을 하는 가장 큰 이유는 큰 돈을 벌어 경제적으로 독립하고 싶은 경우일것이다. 이윤은 위험감수에 대한 일종의 보상이다. 이윤은 저절로 창출되는 것이 아니고 고객의 욕구를 만족시킴으로써 창출된다. 또한 이윤은 기업의 영속성을 유지하는 데도 필요하다.

(3) 사회적 성장목적

사회적 성장목적이란 고객이나 종업원은 물론 공급자, 정부, 지역사회 등 이해관계를 가지고 있는 모든 집단을 배려하면서 자신의 사회적 역할과 성장에 관심을 갖는 경우이다. 따라서 요리에 대한 열정이 있는 사람은 레스토랑을 열거나 외식사업을 시작하려는 결정을 내릴 수 있다. 자신의 기업을 독자적으로 창업하고 운영해 성공함으로써 사회적 신뢰감을 얻고 이윤창출을 통해 자아실현욕구를 찾는다. 이윤과 사회적 목적이 반드시 상호 대립적인 것은 아니다.

(4) 생계적 목적

취업을 하지 못하거나 직장생활을 해서 받는 월급으로 가족생계를 꾸려가기가 힘들 경우에 창업을 하기도 한다. 또 불만족스러운 직장에서 떠나고 싶은 욕망, 직장에서 인정을 받지 못하거나 해고나 퇴직 등으로 경제적 자립이 어려울 경우에 창업을 고려하다가 창업에 나서는 경우가 많다.

(5) 개인적 특성

자아실현의 욕구와 독립감, 열정이 강한 개인 특성의 동기를 가진 창업자이다. 개인이 창업하는 데 가장 중요한 동기로 작용하는 것은 상사의 간섭이나 통제로부터 벗어나서 독립감을 얻을 수 있다는 점이다. 실제로 중소기업 소유자를 대상으로 한 어느 조사에 의하면, 응답자의 72%가 자기 사업을 함으로써 가장 좋은 점이 독립감이라고 응답했다. 중소기업가들은 자신의 사업에서 주도권을 행사하기 위해 자율을 원하는 경향이 있고, 이러한 자유는 중소기업의 장점 중 하나인 높은 혁신성과 융통성을 발휘하도록 해준다. 결국 창업을 하게 되면, 직장에서 일할 경우에는 누릴 수 없는 만족감을 느낄 수 있다는 것이다.

❙표 2-1❙ 창업동기 유형과 내용

구분	동기 내용
개인목적 (달성동기)	• 독립감 달성 • 부의 축적 • 가족부양 • 자신만이 생산할 수 있는 제품 제공 등
사업목적 (성취동기)	• 서비스 목적 • 이윤 목적 • 사회적 목적 • 성장 목적 등

2. 창업의 유형

일반적으로 창업은 창업의 목적과 특징, 창업기업의 법적 구조, 창업의 형태에 따라서 다양하게 분류할 수 있다. 흔히들 창업은 창업자가 영리를 목적으로 새로운 아이디어와 다양한 경영자원을 결합하여 상품이나 서비스를 생산 혹은 판매할 수 있는 새로운 기업을 만드는 행위이다. 따라서 아이디어와 경영자원의 성격에 따라 창업의 유형이 다르다.

(1) 창업목적에 따른 분류

창업자가 창업하는 목적에 따라 기회형 창업과 생계형 창업으로 나눌 수 있다. 기회형 창업은 새로운 기술이나 아이디어를 기반으로 창업하기 때문에 위험은 많으나 성공하면 큰 수익을 기대할 수 있다. 반면에 생계형 창업은 창업으로 최소 비용을 투자해 안정적인 수익을 창출하는 것을 목적으로 이루어지는 것이 특징이다.

(2) 창업의 특징에 따른 분류

창업의 본질적 특징에 따라 도전창업, 기반창업, 전문창업, 안전창업으로 나눌 수 있다.

도전창업은 주로 20대 연령층에서 이루어지며, 열정과 도전정신을 바탕으로 이루어지는 창업이다. 기반창업은 주로 30대 연령층에서 직장생활을 통한 경험과 지식, 인맥 등을 기반으로 이루어지는 창업을 말한다. 전문창업은 주로 40대 연령층에서 이루어지며, 특정분야에 오랜 근무경력과 전문지식을 바탕으로 이루어지는 창업이다. 안전창업은 주로 50대 연령층에서 이루어지며, 퇴직자 등 생계수단 및 노후대책으로 안전성을 바탕으로 이루어지는 창업을 말한다.

(3) 창업의 법률에 따른 분류

창업기업의 법률에 의한 설립근거에 따라서 아래 [그림 2-2]와 같이 벤처기업, 중소기업, 소기업/소상공인, 사회적 기업, 1인 창조기업 등으로 나눌 수 있다.

벤처기업은 벤처기업육성 등에 의해 설립된 첨단기술이나 새로운 아이디어를 사업화하는 창조적이고 기술집약적인 창업형태를 말한다. 중소기업은 중소기업창업지원법에 의해 설립된 일반적인 창업을 지칭한다. 소기업/소상공인은 규모가 작거나 경제적 약자인 소기업 및 소상공인 지원을 위한 특별조치법에 의해 설립된 경우를 말한다. 사회적 기업은 사회적 약자를 배려하기 위한 사회적기업육성법에 의해 기업을 설립하는 경우이다. 1인 창조기업은 1인 창조기업육성에 관한 법률에 의해 창업된 기술집약적 기회형창업을 말한다.

Ⅰ그림 2-2Ⅰ 법률에 의한 기업유형

중소기업 창업	• 중소기업 창업지원법에서 '창업', '창업자' 정의 • 창업자란 중소기업을 창업하는자, 창업하여 사업을 개시한 날부터 7년이 지나지 않은 자
벤처기업	• 벤처기업육성에 관한 특별법에서 '벤처기업의 요건' 정의 • 법 제2조의2의 요건을 갖춘기업(벤처투자기업, 연구개발기업, 기술평가 보증 · 대출기업)
소기업/소상공인	• 소기업 및 소상공인 지원을 위한 특별조치법에서 '소상공인' 정의 • '소상공인'이란 소기업 중 상시 근로자가 5인 미만인 사업자(제조, 광업, 건설, 운송업 10인 미만)로서 업종별 상시 근로자 수 등이 기준에 해당하는 자
사회적 기업	• 사회적 기업 육성법에서 '사회적 기업' 정의 • 사회적 목적을 추구하면서 재화 및 서비스의 생산 · 판매 등 영업활동을 하는 기업
1인 창조기업	• 1인 창조기업 육성에 관한 법률에서 '1인 창조기업' 정의 • 창의성과 전문성을 갖춘 1인이 상시 근로자 없이 지식서비스업, 제조업 등을 영위하는 자

(4) 창업의 업종에 따른 분류

창업의 업종은 한국표준산업분류에 따라 세부업종으로 나눌 수 있다. 업종에 따른 분류는 크게 제조업과 서비스업, 유통판매업 등으로 나눌 수 있다.

제조업은 제품을 생산하거나 가공하는 업종이다. 서비스업은 음식점이나 숙박, 교육 등 다양한 서비스제공을 통해 영업행위를 하는 업종이다. 유통판매업은 상품의 유통 및 판매를 담당하는 도소매 업종 등이 여기에 속한다. 창업을 실행할 경우 업종에 따라 창업의 준비 및 절차가 달라진다.

(5) 창업의 배경에 따른 분류

창업의 배경에 따라 기술형 창업과 경력형 창업, 취미형 창업 등으로 나눌 수도 있다.

기술형 창업은 혁신적인 기술이나 아이디어를 바탕으로 창업을 하는 형태이다. 이러한 창업자들은 주로 특화된 기술을 활용하여 시장을 개척하고, 독창성과 경쟁력을 기반으로 창업에 도전한다. 경력형 창업은 창업자의 이전 직장 경험이나 전문 분야에서 쌓은 지식을 바탕으로 이루어지는 창업 유형이다. 이 유형의 창업자들은 자신의 경력을 활용하여 사업 기회를 포착해 창업에 도전하는 경우이다. 마지막으로 취미형 창업은 창업자가 금전적인 목적보다는 개인적 관심사나 취미를 비즈니스로 발전시키는 형태이다. 이러한 창업은 창업자의 열정을 바탕으로 시작된다고 하겠다.

창업의 다양한 분류 기준을 알아보면 창업의 목적, 창업자의 특성, 사업의 규모와 형태, 사업의 운영전략 등을 반영하여 창업을 체계적으로 이해하고 추진하는 데 도움이 된다.

CHAPTER

3

창업의 육하원칙과 창업환경 분석

제1절 창업의 6하 원칙

창업에 대한 개념을 쉽게 이해하기 위해서는 창업의 6하 원칙에 따라 정리할 필요가 있다. 즉 창업은 "사업 적성에 맞는 사람이(창업자, Who), 자신에게 적합하고 시장과 고객을 창출할 수 있는 사업 아이디어(What)를 탐색하여 선정하고, 체계적인 사업준비를 통해 창업 시기를 결정(When)하고, 좋은 위치에 점포 입지를 선정(Where)한 후, 창업을 통해 장기비전과 이윤극대화(Why)를 위해, 창업 자금을 조달하고 최적의 사업규모를 결정 및 경영전략을 수립해 사업경영활동을 수행(How)하는 것이라 할 수 있다.

창업은 곧 사업을 경영하는 것을 의미한다. 창업은 경영을 이해하는 것에서부터 출발해야 한다. 즉, 어떤 행태로 창업해, 어느 사업 분야에 진입하고 어떠한 전략으로 고객을 창출하여 기업의 수익모형을 구축해나갈 것인지를 체계적으로 이해는 것이 창업의 시작이다.

▎그림 3-1▎ 창업의 6하 원칙

1. Who(창업자)	2. What(사업 아이템)
정보수집, 사업적성 및 경영능력 (동업관계, 조직 및 인력구성)	내게 맞는 아이템 선정 (평생을 투자해도 아깝지 않을 아이템 찾기)
3. When(창업시기)	**4. Where(입지 결정)**
창업 시기 결정 (비전을 담은 사업계획서 작성)	좋은 점포입지 결정 (위치, 크기, 인테리어, 설비 등을 사전에 파악)
5. Why(이익 극대화)	**6. How(사업 경영)**
장기비전, 이윤 극대화 < 회사 설립(개인, 법인), 사업장 공사 및 오픈〉	자금조달 및 최적사업 규모 결정, 사업형태 결정, 경영전략 수립

1. Who(창업자의 자질과 능력)

누가 창업을 하는가이다. 창업의 주체로서 창업자와 동업자, 또는 창업 팀 멤버들은 누구인가이다, 더 구체적으로 말하면 창업자가 어떤 사람이냐, 즉 창업자가 어떤 자질과 능력을 갖추고 있는가이다. 성공창업을 하려면 창업하고자 하는 분야에 필요한 창업이론과 실무지식을 제대로 갖추고 있어야 한다. 특히 창업자는 창업의 과정을 이해하고 자신의 창업아이템을 개발하고 사업을 성공시키기 위한 성취욕구와 진취성, 기회포착력, 위험감수성, 혁신성, 자기효능감 등 기업가정신이 필요하다고 할 수 있다.

2. When(창업의 시기)

언제 창업할 것인가이다. 창업의 시기 혹은 타이밍(timing)은 창업자의 사정이나 아이템에 따라 다르다. 사업은 제품의 사이클과 시장의 변화를 보고 결정해야 한다. 시장진입이 너무 빨라도 혹은 너무 늦어도 낭패를 볼 수 있다. 창업자는 자신의 창업아이템을 성공시키기 위한 제품의 트렌드와 고객의 변화를 바탕으로 제품의 수명주기(product life cycle)나 계절적 요인 등을 고려하여 창업의 시기를 조절해야 한다.

3. Where(창업의 장소와 입지)

어디에 창업할 것인가이다. 상권이나 입지, 사업(활동)영역이 중요하다. 장소(입지)는 온라인과 오프라인으로 나눠 생각할 수 있다. 점포 창업의 경우에는 어느 장소(점포의 입지)에서 창업을 하는가 하는 것이 매우 중요하므로 점포 예정지역에 대한 상권분석이 먼저 실시되어야 한다. 또 소재지에 따라 정부의 지원이나 세금의 차이가 있는 점도 유념해야 한다.

4. What(창업아이템)

창업에서 무엇보다 중요한 것은 창업아이템이다. 창업아이템으로 업종이나 아이디어, 제품, 서비스 등을 들 수 있다. 결국 어떤 제품과 서비스를 생산하고 판매할 것인가이다. 창업아이템은 유형의 아이템과 무형의 아이템으로 구분하여 생각할 수 있다. 상품을 판매할 수도 있고 서비스를 판매할 수도 있을 것이다. 아이템은 시기와 상황에 따라 변동된다. 창업자는 자신의 창업아이템의 성공가능성 분석이 창업의 전제가 된다. 성공가능성이 높다면 시장의 트렌드와 고객의 변화를 바탕으로 장단기적인 수익분석을 통해 현재의 상황과 자신의 능력 등을 냉철하게 비교분석해서 결정해야 할 것이다.

5. How(경영철학과 전략)

창업기업의 경영과 관련된 여러 요소를 어떻게 결합시켜서 창업하는가 하는 문제이다. 창업의 동기, 사업의 목적, 사업의 형태, 비전이나 경영이념 및 경영철학, 기술개발, 투자규모, 창업자금 및 투하자본의 조달, 홍보 및 마케팅 전략, 시장개척, 인사관리 등의 여러 문제를 어떻게 관리하고 운영할 것인가이다. 창업자는 자신에게 주어진 상황을 바탕으로 자신의 창업목표를 달성하기 위한 나름대로 경영철학과 전략을 갖고 있어야 할 것이다. 창업자의 경영철학과 전략이 없다면 창업을 위한 항해는 높은 파도에 휩쓸려 가버릴 것이다

6. Why(경영목표)

무엇 때문에 창업을 하는가이다. 창업자는 창업의 동기에 근거한 창업목표를 분명하게 해야 창업의 과정에서 일어나는 수많은 문제와 의사결정을

수행해나갈 수 있다.

경영목표는 기업의 특성 및 규모에 따라 달라질 수 있다. 일반적으로 창업의 경영목표도 장기적인 것과 단기적인 것으로 구분할 수 있다. 경영의 목표는 매출 증대와 이윤창출 등을 통한 기업가치의 극대화이다. 자신의 창업목표를 달성하기 위해 창업아이템인 제품과 서비스의 매출을 통한 서비스의 개선 및 수익성 증가, 기업의 성장 등의 목표를 설정할 수 있다. 목표시장, 고객집단의 선정과 실행전략의 구체화가 필요하다.

제2절 창업환경 분석

창업을 하기 위해선 무엇보다 해당 아이템의 생존현장인 창업환경에 대한 분석과 대응이 필요하다. 기업을 둘러싼 환경과 창업아이템의 환경요인은 시시각각으로 변화하고 매우 복잡하다. 기업환경의 불확실성(uncertainty)은 기업의 의사결정자가 충분한 정보를 가지고 있지 못함으로써 외부환경 변화를 예측하지 못하는 상태를 일컫는다. 창업환경을 분석하기 위해선 자신의 입장에서 선정한 사업아이템의 창업에 대한 전반적인 SWOT분석이 선행되어야 한다. 과연 내가 진행하고자 하는 사업아이템이 시장내에서 사업의 목표달성에 타 경쟁업체에 비해 어떠한 강점(Strength)와 약점(Weakness)이 있으며, 제품이나 서비스에 대한 수요를 진작시키고 사업의 경쟁우위를 제고하는 기회(Opportunity)와 사업경쟁능력을 침해하는 위협(Threat)에 대한 분석과 대응이 필요하다.

1. 창업기업의 불확실성

창업기업을 둘러싸고 있는 환경은 매우 복잡다변하다. 환경의 불확실성에 대한 속성은 어떻게 파악할 수 있을까?

(1) 기업환경의 불확실성

기업환경의 불확실성은 환경의 복잡성과 동태성 두 가지 차원으로 구분된다.

환경의 동태성(dynamics)은 환경요인이 변화하는 크기를 말한다. 동태성은 동태적(dynamic)과 정태적(static)으로 구분한다. 기업을 둘러싼 경영환경의 변화가 큰 경우를 동태적인 환경, 작은 경우에 안정적 또는 정태적 환경이라고 한다.

환경의 복잡성(complexity)은 기업이 의사결정을 할 때 고려해야 할 환경요소의 수를 의미한다. 이는 복잡(complex)-단순(simple)으로 구분된다. 환경요소의 수가 많은가 또는 적은가에 따라 복잡하다 또는 단순하다라고 표현한다.

(2) 기업환경의 불확실성 분석 방법

기업환경의 불확실성 정도는 복잡성보다 동태성의 영향이 크다. 따라서 기업환경의 불확실성이 높고 낮음은 이러한 동태성 차원을 기준으로 먼저 구분하고, 다음으로 복잡성을 기준으로 분류한다.

불확실성이 높은 기업환경은 변화속도가 높은 환경의 경우에 해당된다. 특히, 동태적 환경하에서 환경구성요소수가 많은 경우 매우 불확실한 환경에 접어든다. 이러한 경우 고도의 전문적 지식과 함께 관련 있는 환경에 대한 다차원 지식을 통해서 의사결정을 내려야 한다.

▌그림 3-2▐ 환경의 불확실성 분석 방법

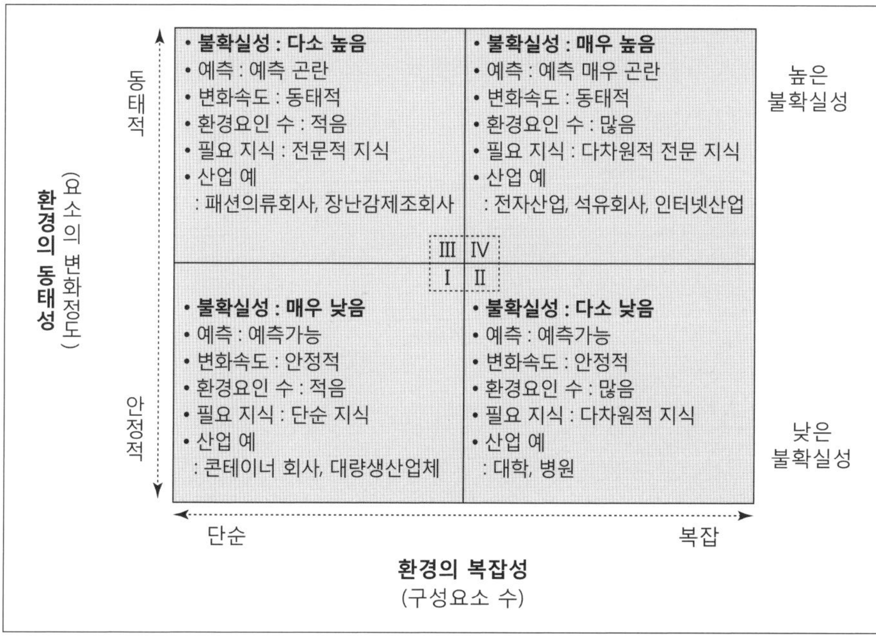

2. 기업의 환경

기업환경은 외부환경과 내부환경으로 구분할 수 있다. 외부환경은 기업 조직 외부에 존재하면서 기업의 전략수립, 조직설계 및 조직관리에 영향을 주는 요인을 말한다. 내부환경은 기업 내부의 독특한 특성이나 기업분위기를 말한다. 외부환경은 다시 기업의 의사결정이나 투입 및 산출의 변화과정에 영향을 미치는 정도에 따라 [그림 3-3]과 같이 일반환경과 과업환경으로 다시 구분한다.

기업의 내부환경과 외부환경을 분석하여 강점(strength), 약점(weakness), 기회(opportunity), 위협(threat) 요인을 규정하고 이를 토대로 경영전략을 수립한다. SWOT 분석의 가장 큰 장점은 기업의 내·외부환경 변화를 동시에 파악할 수 있다는 것이다. 기업의 내부환경을 분석하여 강점과 약점을 찾아내며, 외부환경 분석을 통해서는 기회와 위협을 찾아낸다.

| 그림 3-3 | 환경의 종류

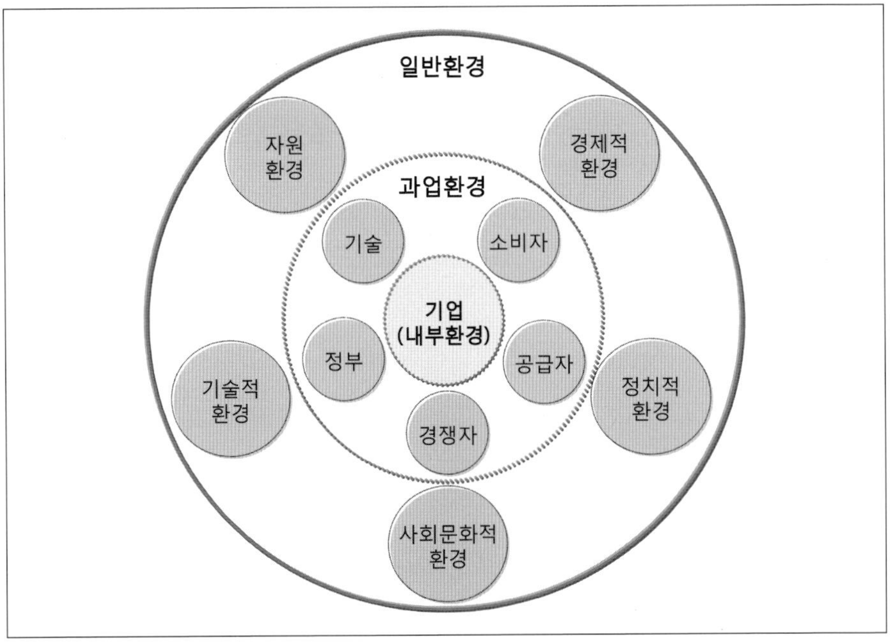

(1) 외부환경

기업은 의사 결정을 할 때 기업 내적 요인 외에도 다양한 외부적 요인에 의해 영향을 받는다. 외부환경에는 일반환경과 과업환경으로 나눠진다. 일반환경은 범위가 넓고 기업에 미치는 영향이 간접적인 특성을 지니고 있다. 즉, 경제적 환경, 정치·법률적 환경, 사회·문화적 환경, 기술적 환경, 자원 환경 등이 있다. 외부 환경은 흔히들 일반 환경이라고도 한다. 일반환경은 특정 산업분야에 관계없이 한 사회 내의 모든 조직에 대체로 유사한 영향을 미친다. 개별 조직이 어떠한 노력을 기울이더라도 그에 영향을 미칠 수 없는 환경으로써 거시환경이라고도 한다. 과업환경은 기업에 직접적인 영향을 미치는 고유 영향요인을 말한다. 여기에는 소비자, 공급자, 경쟁자, 정부, 지역사회, 기술 같은 요인 등이 있다.

❙ 표 3-1 ❙ 일반환경과 과업환경의 구성요소

구분	종 류	구성요소
일반환경	경제적 환경	• 국민경제조건: GNP 성장률, 산업구조변화, 물가수준 변화 • 국제경제조건: 환율변동, 무역구조, 국제자본 이동, 외국의 생산구조
	정치·법률적 환경	• 경제정책상의 조건: 통화 및 이자율 정책, 수출입진흥 정책 • 법령의 제정 및 개폐 • 외국의 정치변동
	사회·문화적 환경	• 인구동태 변화: 성별, 연령, 직업, 결혼 • 문화구조: 국민성, 민족성, 종교, 가치체계, 소득수준, 소비구조, 가계지출, 저축, 통신 및 운수
	기술적 환경	• 기초연구기술, 응용연구기술, 실용화 연구기술
	자원환경	• 인적 자원: 노동시장, 대학, 직업훈련원 • 재무 자원: 주식시장, 금융시장 • 물적 자원: 부동산, 원부자재
과업환경	소비자 환경	• 제품 및 서비스 판매자, 제품 및 서비스 사용자
	공급자 환경	• 장비공급자, 인적자원 공급자, 부품 및 원료 공급자
	경쟁자 환경	• 원재료 구입 시 경쟁자, 소비자에 대한 경쟁자
	정부/지역사회	• 산업에 대한 정부규제, 소비자 연맹
	기술 환경	• 신기술 및 공정의 변화

(2) 내부환경

내부환경(internal environment)은 기업이 보유하고 있는 생산능력, 마케팅 능력, 기술력, 풍부한 자금, 유능한 인력 등 내부의 경영자원을 의미한다. 기업의 경영자원은 일반적으로 유형자원(tangible resource)과 무형자원(intangible resource), 인적자원(human resource)으로 분류된다. 경영자원의 종류와 예를 정리하면 〈표 3-2〉와 같다. 이러한 내부환경이 튼튼하면 그 기업의 강점이 되고, 그 자원 중 하나가 약하면 그 기업의 약점으로 작용한다.

| 표 3-2 | 내부환경의 구성요소

종 류		예 시
유형 자원	물적 자원	• 공장, 설비, 재고자산, 제품
	재무적 자원	• 현금흐름, 신용도, 자본조달능력
	여유자원	• 과잉재고, 방만한 광고비 지출, 과대한 연구개발투자와 고율의 주식배당금의 지불의 퇴적자원
무형 자원	무형자산	• 지적소유권, 특허, 브랜드, 라이선스, 정보, 기업명성
	기 술	• 제품 및 공정기술, 일반관리기술, 노하우
인적자원		• 종업원의 경험, 교육, 기술, 전문자격, 노하우, 창의성, 인적네트워크

(3) 기업의 내/외부 환경분석의 중요성

기업 환경 분석의 궁극적 목적은 기업의 생존과 발전을 위해 주변 환경의 변화추세 및 그 원인들을 확인함으로써 그러한 변화에 보다 효과적인 전략을 개발하는데 있다. 기업의 일반적인 환경 분석은 경제·기술적, 정치·법률적, 인구통계학적, 사회심리학적인 환경변화와 변화 요인들을 분석함으로써 환경의 변화추세 및 전반적인 동향을 파악하는 것이 중요하다. 이처럼 기업은 환경 분석을 통해 목표고객과 목표시장에 대한 구체적인 시장의 성장가능성에 대한 정보를 얻고 시장의 대응방안 등에 대한 전략적 의사결정을 가능하게 해준다.

3. 창업아이템의 탐색요인분석

창업자들에게 가장 큰 ㄱ민이자 창업 성공의 관건은 '창업 아이템을 어디서 어떻게 찾는가'이다. 가장 흔하고 손쉬운 방법은 현재 시중에서 인기 있는 아이템, 잘 팔리는 아이템을 탐색하는 것으로 시작한다. 하지만 성공적인 창업을 위한 아이템을 찾기 위해서는 직접 발로 뛰면서 조사하고 전화하고 사람을 만나고 경쟁업체를 찾아가서 아이템에 관한 최대한 많은 정보를 획득하여야 한다.

창업아이템의 탐색요인분석은 창업아이템의 선정과 관련된 체계적 탐색 관련 요인을 단계별로 분석해야한다. 창업아이템의 체계적인 탐색은 소비자 니즈분석, 기존 제품과 서비스분석, 기술변화분석, 정부정책분석, 메가트렌드분석에 따른 탐색요인에 대한 이해와 다각적인 대응전략이 필요하다.

(1) 소비자 니즈 분석

1) 소비자 니즈 분석의 개념

소비자 니즈 분석이란, 목표하고자 하는 소비자의 니즈(needs)를 파악하고 분석해 이를 충족시키는 방안을 도출하는 과정이다. 성공적인 창업 아이템을 찾기 위해선 미래성장업종 가운데 소비자들의 현재의 욕구와 잠재된 욕구들을 찾아내 창업의 기회를 만드는 것이 무엇보다 중요하다. 그러나 소비자는 그들의 욕구를 드러내지 않고 불편함에 대해 인내하는 경향이 있기 때문에 관심을 가지고 관찰하지 않으면 소비자의 숨은 니즈를 찾아내기는 쉽지 않다. 그러므로 소비자를 깊이 관찰해서 고객의 숨겨진 욕구와 니즈를 체계적으로 찾아내고, 이를 사업화할 수 있는 창업 아이템을 발굴해야 한다.

Ⅰ그림 3-4Ⅰ 창업아이템의 탐색방법

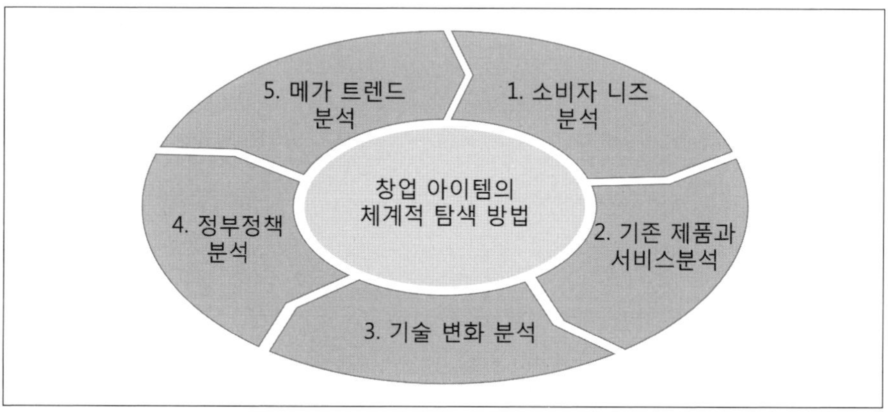

2) 소비자 니즈 분석방법

관심을 가지고 있는 업종의 소비자군을 세부적으로 정의한 다음에, 소비자들이 겪는 불편함이나 숨은 니즈를 찾아 그 원인과 해결 방안을 분석해 보아야 한다.

1. 목표 소비자 정의	창업하고자 하는 관심 업종의 소비자 정의
2. 숨겨진 니즈 분석	소비자들이 가지고 있는 불편함이나 충족 욕구를 기반으로 숨겨진 니즈를 분석
3. 니즈의 원인과 해결방안 분석	소비자들이 니즈를 갖게 된 원인을 찾아보고, 해결 방안을 분석
4. 창업 아이템 발굴	숨겨진 니즈에 대한 해결 방안을 중심으로, 창업 아이템을 찾는다.

(2) 기존 제품과 서비스 분석

1) 기존 제품과 서비스 분석의 개념

제품과 서비스 분석은 기존 제품의 가격, 기능, 품질, 디자인, 유통 등 특성을 분석해 문제점과 개선 방안을 찾아낸 후, 이를 해결할 수 있는 창업 아이템을 찾는 것이다. 기존의 제품과 서비스 분석을 통해 이미 시장이 형성되어 있고, 고정 고객들이 존재하므로 안정적으로 시장에 진입할 수 있는 방안을 찾을 수 있다. 반면에 기존의 제품과 서비스를 뛰어 넘을 수 있는 차별화와 독창성을 찾아내지 못하면 성공하기가 힘들다. 따라서 고객의 입장에서 무엇보다 기존 제품과 서비스를 차별화해 가치를 창출할 수 있는 창업 아이템을 찾아야 한다.

2) 기존 제품과 서비스 분석방법

예비 창업자가 관심을 가지고 있는 분야의 기존 제품과 서비스를 분석하여 차별화 할 수 있는 영역을 찾아내고, 이를 기반으로 문제점과 원인을 찾아 창업 아이템을 탐색한다.

1. 제품과 서비스 정의	창업하고자 하는 업종의 제품과 서비스를 정의
2. 대상 고객과 니즈 분석	제품이나 서비스를 사용하는 대상 고객을 정의하고, 그들이 가진 니즈를 분석
3. 차별화 분석	문제점과 원인을 찾아본다.
4. 창업 아이템 발굴	문제점과 원인을 해결할 수 있는 창업 아이템을 발굴

(3) 기술변화 분석

1) 기술변화 분석의 개념

기술의 변화를 지속적으로 모니터링 해서 기술 변화가 가져다주는 기회를 찾아내고, 이를 기반으로 창업아이템을 탐색하는 방법을 의미한다. 시간이 지남에 따라 기술은 발전하면서 진화하고, 기존 기술과 비교될 수 없는 획기적인 기술이 개발되기도 한다. 이 과정에서 새로운 기술의 발전은 기존 제품과 서비스를 대체하기도 한다. 특히, 벤처 창업 영역에서는 기술의 변화에 따라서 산업의 판도가 바뀌고, 기업의 생존이 달라지기 때문에 기술변화가 가져다주는 기회와 위협을 잘 분석해서 창업 아이템을 찾아야 한다.

2) 기술변화 분석방법

창업자가 관심을 가지고 있는 업종과 관련된 기술을 찾아 분석하고, 관련 기술의 변화를 관찰해 봄으로써 창업 아이템을 탐색한다.

1. 관심 업종 정의	창업하고자 하는 관심 업종이나 제품 및 서비스를 정의
2. 핵심 기술 탐색	관심 업종과 관련된 핵심 기술들을 찾아낸다.
3. 기술 변화 분석	관련 기술의 변화를 찾아보고 변화에 대한 동인을 분석
4. 창업 아이템 발굴	기술 변화와 변화 동인을 기반으로 창업 아이템을 발굴한다.

(4) 정부정책 분석

1) 정부정책 분석의 개념

정부정책분석은 정부정책과 법률의 변화 속에서 창업에 도움이 되는 정보를 찾아내고, 이를 통해서 창업아이템을 찾아내는 것을 의미한다. 정부는 정책과 법률을 제정하여 경제의 활성화를 유도하고 지속적인 국가의 성장 동력을 찾고자 노력한다. 그러므로 예비 창업자는 정부 정책의 방향에 따라 창업에 필요한 직간접적인 지원을 받을 수 있기 때문에 정부정책의 변화를 모니터링하는 것은 매우 중요하다.

2) 정부정책 분석방법

정부 정책에 관한 주요 내용과 정책의 목적을 정확하게 파악해 창업에 관한 새로운 창업아이템을 도출할 수 있다.

1. 관심 업종 정의	창업하고자 하는 관심 업종이나 제품 및 서비스를 정의
2. 관련 정책 및 법률 분석	관심 업종에 영향을 주는 정부의 정책이나 법률의 변화를 찾아낸다.
3. 주요 내용과 목적 분석	관련 정책이나 법률의 주요 내용을 기술하고 목적을 분석한다.
4. 창업 아이템 발굴	정책의 내용과 목적을 기반으로 창업과 창업 아이템을 발굴

(5) 메가트렌드 분석

1) 메가트렌드 분석의 개념

메가트렌드 분석은 경제, 정치, 기술, 사회, 문화, 환경 등에서 큰 변화(메가트렌드)의 흐름을 파악하여 창업의 아이템을 찾는 방법을 의미한다. 메가트렌드는 특정 고객이 아닌 사회 전반에 걸쳐 일어나기 때문에 규모 있는 시장이 창출될 확률이 매우 높으므로 빠르게 분석하여 창업 아이템을 포착하는 것이 매우 중요하다. 예를 들어, 건강한 삶의 질과 관련해 2,000년대 부터 시작된 전국적인 웰빙 열풍은 수많은 비즈니스의 기회를 제공하였고, 관련 산업은 급성장한 바 있다. AI(인공지능)와 로봇산업 분야의 변화도 메가트렌드로 볼 수 있다.

2) 메가트렌드 분석방법

메가트렌드 분석에서는 시대의 큰 변화를 주는 메가트렌드를 찾고, 그와 관련된 주요 키워드와 동인을 분석함으로써 창업 아이템을 발굴할 수 있다.

1. 메가트렌드 분석	사회 전반의 변화를 주는 메가트렌드를 찾아본다.
2. 트렌드의 키워드 분석	메가트렌드와 관련된 주요 키워드들을 분석한다
3. 트렌드의 동인 분석	메가트렌드가 일으키고 있는 근본적인 동인을 분석한다.
4. 창업 아이템 발굴	주요 키워드와 동인을 기반으로 창업과 관련된 아이템들을 찾아본다.

CHAPTER

4

벤처기업의 개념과 창업프로세스

제1절 벤처기업의 개념

1. 벤처기업의 개념

벤처기업은 벤처(Venture)와 기업(Company)의 합성어이다. 벤처기업의 정의는 학문적으로 명확히 정리된 개념은 없다. 국가에 따라 정책대상으로 다양하게 사용되고 있다.

벤처기업(venture company)은 새로운 아이디어나 신기술을 가지고 새로운 사업에 도전하는 고위험과 고수익(High Risk-High Return)을 특징으로 하는 기술집약적 신생기업을 총칭한다. 통상 벤처창업이라 하면 첨단 기술 또는 정보통신기술을 기반으로 한 창업을 생각하나, 국내·외의 경험을 보면 성공한 벤처 창업이 반드시 첨단 기술을 기반으로 한 것은 아님을 알 수 있다. 오히려 새로운 틈새시장의 개척이나 새로운 비즈니스 모델의 개발, 신경영기법의 도입과 같은 혁신적 아이디어도 벤처형 창업의 중요한 모형이라고 할 수 있다. 대표적 벤처기업으로는 미국의 마이크로소프트사, 구글, 애플, 아마존, 페이스북 등을 들 수 있으며 우리나라에서는 다음카카오, 네이버 등이 있다.

우리나라에서는 지난 1997년 10월「벤처기업육성에 관한 특별조치법」이 제정되면서 동법에 벤처기업의 범위를 지정하였으며, 벤처기업이 우리경제에 미치는 중요성을 감안, 다양한 지원책을 마련해 지원하고 있다. 국가별 벤처기업에 대한 정의를 살펴보면 다음과 같다.

- 미국: [중소기업 투자법]에서 “위험성이 크나 성공할 경우 높은 기대 수익이 예상되는 신기술 또는 아이디어의 독립기반 위에서 영위하는 신생기업(new business with high risk-high return)”이라고 정의하고 있다.

• 일본: [중소기업의 창조적 사업활동 촉진에 관한 임시조치법]에서 "중소기업으로서 R&D투자 비율이 총매출액의 3%이상인 기업, 창업 후 5년 미만인 기업"으로 정의하고 있다.
• OECD 국가: "R&D 집중도가 높은 기업" 또는 "기술혁신이나 기술적 우월성이 성공의 주요 요인인 기업"을 벤처기업으로 정의하고 있다.
• 우리나라: 다른 기업에 비해 기술성이나 성장성이 상대적으로 높아, 정부에서 지원할 필요가 있다고 인정하는 기업으로서 [벤처기업 육성에 관한 특별법 제2조의2]의 세 가지 기준(벤처투자기업, 연구개발기업, 혁신성장기업) 중 한 가지를 만족하는 기업을 벤처기업으로 인정하는 '벤처기업 확인제도'를 운영하고 있다. 우리나라 벤처기업 개수는 2020년 12월말 기준 39,511개이다. 이는 전체 630만 중소기업 중 0.6% 수준이다.

2. 우리나라 벤처기업의 유형

우리나라 벤처기업의 유형은 2021년 2월 12일부터 종전 4개 유형에서 기술보증과 기술대출유형은 제외되면서 3개 유형으로 바뀌었다. 이에 따라 벤처기업의 유형은 ① 벤처투자기업, ② 연구개발기업, ③ 혁신성장기업,

❙ 그림 4-1 ❙ 벤처기업 확인제도 절차도

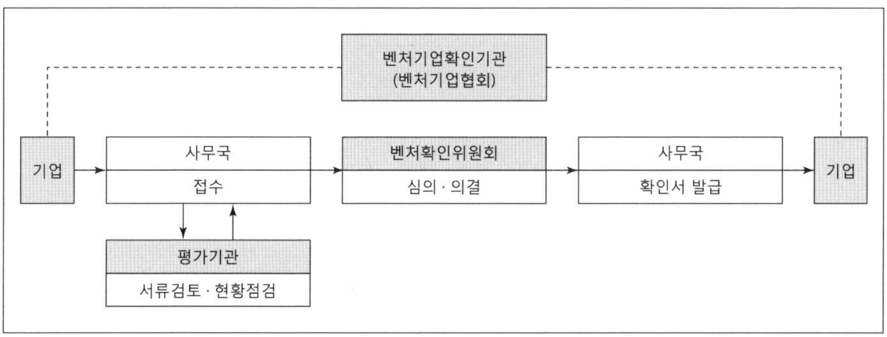

④ 예비벤처기업 등 총 4가지로 분류된다. 또 벤처인증 유효기간도 2년에서 3년으로 확대되었다.

3. 우리나라 벤처 확인제도 및 절차도

우리나라 벤처기업 확인제도가 2021년 2월 12일부터 관련 법률이 개정되면서 종전 기술보증재단이나 중소기업진흥공단 등 공공기관이 진행하던 확인 업무가 민간주도형으로 관리 및 평가기관이 바뀌었다.

벤처기업 확인제도는 새로운 아이디어와 기술, 진취적 기업가정신을 바탕으로 사업에 도전하는 모험적인 기업과 성장 가능성이 큰 중소기업을 심사를 통해 선별하여 우대 혜택을 제공하는 벤처기업으로 인증하는 제도이다. 민간주도의 벤처기업 확인제도 및 인증절차는 [그림 4-2]와 같다.

▌그림 4-2▐ 벤처기업 인증절차도

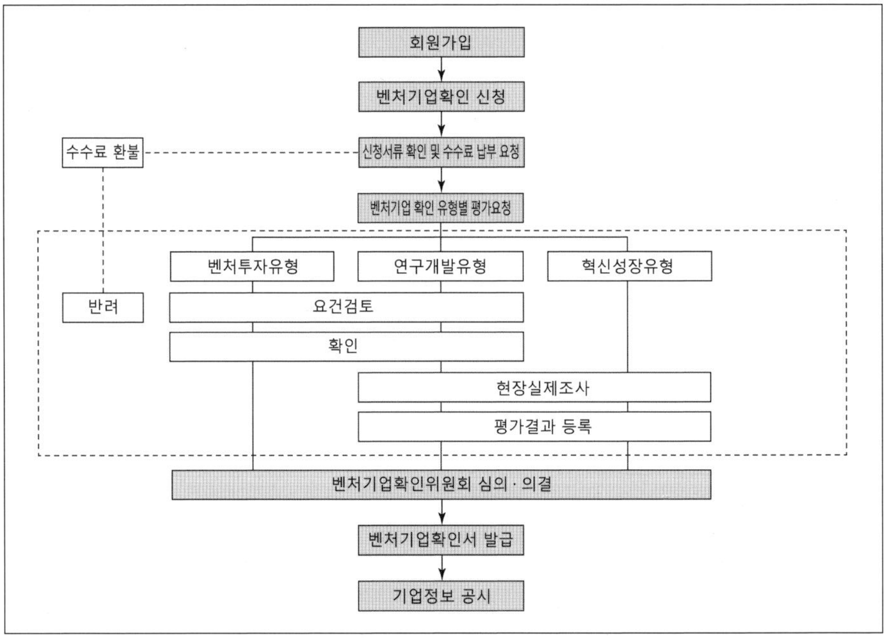

4. 벤처기업의 유형별 인증요건

벤처기업의 유형에는 벤처투자유형과 연구개발유형, 혁신성장유형, 예비벤처기업 등 4가지 유형으로 나눌 수 있다. 벤처기업 유형별 세부적 기준요건과 평가기관은 〈표 4-1〉과 같다.

❙표 4-1❙ 벤처기업 유형별 기준요건 및 평가기관

벤처유형	기준요건	평가기관
유형1 벤처투자유형	[1] 「중소기업기본법」 제2조에 따른 중소기업일 것 [2] 투자금액의 총 합계가 5천만원 이상일 것 [인정대상] ※ 해당 기업이 「문화산업진흥 기본법」 제2조 제12호에 따른 제작자 중 법인이면 자본금의 7% 이상 벤처기업법 제2조의2(벤처기업의 요건) ①항의 2호의 가목	• 한국벤처캐피탈협회
유형2 연구개발유형	[1] 「중소기업기본법」 제2조에 따른 중소기업일 것 [2] 「기초연구진흥 및 기술개발지원에 관한 법률」 제14조의2 제1항에 따라 인정받은 기업부설 연구소 또는 연구개발 전담부서 및 「문화산업진흥 기본법」 제17조의3 제1항에 따라 인정받은 기업부설 창작연구소 또는 기업창작 전담부서 중 1개 이상 보유 [3] 벤처기업확인요청일이 속하는 분기의 직전 4분기 기업의 연간 연구개발비가 [산정기준] 5천만원 이상이고, 연간 총매출액에 대한 연구개발비의 합계가 차지하는 비율이 5% 이상 [업종별 기준확인] * 연간 총매출액에 대한 연구개발비의 합계가 차지하는 비율에 관한 기준은 창업 후 3년이 지나지 아니한 기업에 대하여는 미적용 [4] 벤처기업확인기관으로부터 사업의 성장성이 우	• 신용보증기금 • 중소벤처기업진흥공단

	수한 것으로 평가받은 기업 벤처기업법 제2조의2(벤처기업의 요건) ①항의 2호의 나목	
유형3 혁신성장유형	1 「중소기업기본법」 제2조에 따른 중소기업일 것 2 벤처기업확인기관으로부터 기술의 혁신성과 사업의 성장성이 우수한 것으로 평가받은 기업 벤처기업법 제2조의2(벤처기업의 요건) ①항의 2호의 다목	• 기술보증기금 • 농업기술실용화재단 • 연구개발특구진흥재단 • 한국과학기술정보연구원 • 한국발명진흥회 • 한국생명공학연구원 • 한국생산기술연구원
유형4 예비벤처기업	1 법인설립 또는 사업자등록을 준비중인 자 2 벤처기업 확인기관으로부터 기술의 혁신성과 사업의 성장성이 우수한 것으로 평가받은 기업 벤처기업법 제2조의2(벤처기업의 요건) ①항의 2호의 다목	• 기술보증기금

(1) 벤처투자유형

평가기관은 한국벤처캐피탈협회이다. 전문벤처투자기관의 투자를 받은 경우 접근이 가능하다. 이 유형은 벤처기업 전체 비중에서 가장 적은 편이다. 투자자의 투자처로서 기술력이 확보되고 성장가능성 등이 매력적이어야 좋은 평가를 받을 것이다.

(2) 연구개발유형

연구개발 유형의 평가기관은 신용보증기금과 중소벤처기업진흥공단이다. 이 유형의 인증을 받으려면 기업부설연구소(연구개발 전담부서 포함) 또는 기업부설 창작연구소(기업창작 전담부서 포함)을 보유하고 있으며, 대통령령으로 정하는 연구개발비를 투자해야 한다. 기존에 기업부설연구소를 운영하고 있다면 요건 등을 검토하여 진행이 가능하다.

(3) 혁신성장유형

혁신성장유형은 기술의 혁신성과 사업의 성장성이 우수한 것으로 평가받은 기업(창업 중인 기업을 포함한다)을 인증하는 유형이다. 이와 관련한 평가기관은 기술보증기금, 농업기술실용화재단, 연구개발특구진흥재단, 한국과학기술정보연구원, 한국발명진흥회, 한국생명공학연구원, 한국생산기술연구원 등이다.

혁신성장 유형이 가장 일반적인 벤처기업인증요건이고, 가장 많이 평가받는 방식이다. 벤처기업 확인제도가 개편되기 전에는 이 유형에 가까운 평가는 기술보증기금과 중소벤처기업진흥공단에서 현장평가를 실시했다.

(4) 예비벤처기업

예비벤처기업 유형은 벤처기업의 창업을 위해 법인설립과 사업자등록을 준비중인 자 또는 창업 후 6개월 이내인 자로 기술 및 사업계획이 기술보증기금으로부터 우수한 것으로 평가받은 자이다.

벤처기업으로 인증받으면 정부의 정책자금지원, 각종 세제감면, 벤처기업 전용단지 입주 등의 혜택도 받는다.

5. 벤처기업 확인 평가지표

벤처기업 평가기준은 크게 기술혁신성과 사업성장성 분야로 나눌 수 있다. 기술혁신성 평가는 회사가 보유하고 있는 지적재산권과 전문인력 등이 중요하고, 사업성장성평가에서는 대표자의 전문성과 학력, 매출성과 등이 중요한 평가사항이다. 중분류는 기반-활동-성과로 분류한다. 소분류는 총 14개 지표로 평가한다.

(1) 기술혁신성

연구개발비 투자비율, 전담 연구조직과 인력의 전문성, 신기술 여부, 핵심기술 성숙도 진단, 기술 발전 노력과 의지, 기술 경쟁력 평가, 외부기관과의 협력 실적 등을 평가한다.

(2) 사업성장성

최고경영자의 기업가정신 발휘 여부, 최고경영자의 기술지식과 경험, 핵심 사업 경영준비단계 진단, 사업성장에 대한 노력, 매출액과 영업이익률,

| 표 4-2 | 기술혁신성과 사업성장성 지표 및 평가내용

대분류	중분류	소분류	
		지표명	평가 내용
기술 혁신성	혁신기반	자원성(資源性)	연구개발비 투자비율
		역량성(力量性)	전담 연구조직과 인력의 전문성
		창조성(創造性)	신기술(제품) 여부
	혁신활동	실현성(實現性)	핵심 기술 성숙도(TRL) 진단
		발전성(發展性)	기술 발전 노력과 의지
	혁신성과	확인성(確認性)	기술 경쟁력 평가
		협업성(協業性)	외부기관과의 협력 실적
사업 성장성	성장기반	도전성(挑戰性)	경영주의 기업가정신 발휘 여부
		전문성(專門性)	경영주의 기술지식과 경험
	성장활동	구체성(具體性)	핵심 사업 경영준비단계(BRL) 진단
		노력성(努力性)	사업성장에 대한 노력
	성장성과	산출성(產出性)	매출액과 영업이익률
		효과성(效果性)	고용증감율
		지속성(持續性)	지속가능경영에 대한 노력

고용증감률, 지속가능경영에 대한 노력 등에 대해 평가한다.

6. 벤처기업 유형별 신청 절차

벤처기업 확인유형별 평가요청 및 절차는 확인유형에 따라 다르다. 벤처투자기업은 요건검토와 확인만 하지만, 연구개발 유형은 ① 요건 검토 ② 확인 ③ 현장 실제 조사 ④ 평가결과 등록을 한다. 혁신성장 유형은 ① 현장실세 조사 ② 평가결과를 등록해야한다. 그 다음 벤처기업확인 위원회 심의·의결을 거쳐 벤처기업확인서 발급 후 기업정보를 공시할 수 있다.

7. 벤처기업 우대제도

벤처기업의 우대제도는 중소벤처기업부(국번없이 1357)와 벤처기업확인기관(1566-6487)에서 확인이 가능하다. 벤처기업 우대제도의 세부적인 혜택에 대한 절차 및 내용은 관련 법조문 및 제도운영기관에 직접 확인과 상담이 필요하다.

벤처기업 인증을 받으면 무엇보다 인증 취득일로부터 최초로 소득이 발생한 연도를 포함하여 총 5년 동안 소득세와 법인세의 50%를 감면받을 수 있다. 예를 들어 2억의 이익이 발생한다면 일반 법인의 경우 법인세율 20%를 적용받아 4,000만 원의 법인세를 납부해야 하지만 벤처기업의 경우 이것의 50%를 감면받아 2,000만 원만 납부하면 된다. 이러한 혜택을 5년 동안 받을 수 있다는 것이다. 또한 창업을 한 뒤 4년 이내로 사업 목적용으로 부동산이나 기계를 구매했다면 이에 대한 취득세 75%를 감면받게 된다. 예를 들어 지점 확장을 위해 신사옥을 취득하였다면 일반 기업의 경우 취득세로 부동산 가액의 4.6%를 내야 하지만 벤처기업은 이중 75%를 감면받게 되는 것이다.

이외에도 창업일로부터 3년 동안 사업 목적용 자산에 대해 재산세를 면

제받고 이후 2년 동안 50%를 감면받을 수 있다. 특히 중소기업 정책자금 한도 우대혜택과 함께 필요시 창업보육센터에도 입주할 수 있다. 벤처기업에 대한 도시형 공장을 등록할 수 있는 특권과 수도권과밀억제권역 내 벤처기업 집적시설에 입주하게 되면 중과적용을 면제받을 수도 있다.

▎표 4-3 ▎ 벤처확인기업 우대제도

구분	내용	법적근거
세제	법인세·소득세 최초 벤처확인일부터 5년간 50% 감면 * 대상: 창업벤처중소기업(창업 이후 3년 이내에 2021년 12월 31일까지 벤처확인율 받은 기업)	조특법 §6②
	취득세 75% 감면 재산세 최초 벤처확인일부터 3년간 면제, 이후 2년간 50% 감면 * 대상: 창업벤처중소기업은 최초 벤처확인일부터 4년 이내, 청년창업벤처기업의 경우에는 최초 벤처확인일부터 5년 이내	지특법 §58의3②
금융	기술보증기금 보증한도 확대 * 일반30억원 → 벤처 50억원, 벤처기업에 대한 이행보증과 전자상거래담보보증 70억원	기본규정
	코스닥상장 심사기준 우대 * 자기자본: 30억원 → 15억원 * 법인세비용차감전계속사업이익: 20억원 → 10억원 * 기준 시가총액 90억원 이상이면서 법인세비용차감전계속사업이익 20억원 → 10억원 이상 * 법인세비용차감전계속사업이익이 있고 기준 시가총액 200억원 이상이면서 매출액 100억원 → 50억원 이상 * 기준 시가총액 300억원 이상이면서 매출액 100억원 → 50억원 이상	코스닥시장 상장규정 §6①
입지	벤처기업육성촉진지구 내 벤처기업에 취득세·재산세 37.5% 경감	지특법 §58④
	수도권과밀억제권역 내 벤처기업집적시설 또는 산업기술단지에 입주한 벤처기업에 취득세(2배)·등록면허세(3배)·재산세(5배) 중과적용 면제	지특법 §58②
M&A	대기업이 벤처기업을 인수·합병하는 경우 상호출자제한기업집단으로의 계열편입을 7년간 유예	공정거래법 시행령 §3의2②

인력	기업부설연구소 또는 연구개발전담부서의 인정기준 완화 * 기업부설연구기관 연구전담요원의 수 소기업 3명(3년 미만 2명), 중기업 5명, 매출 5천억 미만 중견기업 7명, 대기업 10명 이상 → 벤처기업 2명 이상	기초연구법 시행령 §16의2①
	기업부설창작연구소 인력 기준 완화 * 일반 10명, 중소기업 5명 이상 → 벤처기업 3명 이상	운산법 시행령 §26의①
	스톡옵션 부여 대상 확대 * 임직업 → 기술·경영능력을 갖춘 외부인, 대학, 연구기관, 벤처기업이 주식의 30% 이상 인수한 기업의 임직원	벤처법 §16의3①
	총 주식수 대비 스톡옵션 부여 한도 확대 * 일반기업 10%, 상장법인 15% → 벤처기업 50%	벤처법 시행령 §11의3⑦
광고	TV·라디오 광고비 3년간 최대 70% 할인, 정상가 기준 35억원(105억/3년) 한도 * 대상: 한국방송광고진흥공사에서 자체 규정에 따라 별도 선정	방송광고 진흥공사 자체규정

제2절 창업프로세스

기업가가 아무리 좋은 창업 아이디어나 신기술을 가지고 있다고 하더라도, 이를 실질적인 부가가치 창조와 고용창출로 연결하기 위해서는 실제 투자가 이루어져야 한다. 벤처기업이나 일반기업의 창업은 아이디어도출-창업트렌드 관찰 및 분석-창업기회 발견-비즈니스 모델수립-사업타당성분석-사업계획서 작성-창업시작(start-up) 등의 과정을 거친다. 이 때 창업자의 입장에서 자신의 능력과 여러 각도의 아이템 검증과정이 필요하다. 특히 창업자 제품의 시장분석과 전체 시장규모, 목표시장과 목표고객이 명확히 설정될 때 창업의 성공가능성은 높아진다.

1. 창업의 기본과정

윌리엄 바이그레이브(William Bygrave)는 저서 '기업가 정신'에서 창업의 기본과정을 크게 발견(Discovery), 컨셉 개발(Concept Development), 자원확보(Resourcing), 실행(Actualization), 수확(Harvesting)의 다섯 단계로 설명하고 있다.

발견단계는 기업가가 아이디어를 내고 기회를 인식하며 시장을 알아가는 단계이다. 시장에서 창업기회를 잡기 위해서는 기술, 트렌드를 꾸준히 관찰하고, 문제나 고통을 해결하려는 노력을 하면서 틈새시장에 접근해야 한다.

컨셉개발단계는 사업계획의 개발, 즉 비즈니스 아이디어에 대한 세부적인 계획을 수립한다. 사업계획에는 조직의 비젼(vision), 미션(mission), 목표(objectives), 실행계획 등이 포함되어야 한다. 또 성공적인 사업수행을 위한 특허, 도메인, 저작권, 인허가 등 전제조건의 확인도 필요하다.

자원확보단계는 인적·물적자원의 확보 및 활용가능성의 확인과 평가가 필요하다. 기업가정신을 갖춘 인적자원 등을 기반으로 물적자원과의 결합을 통한 팀빌딩을 해야 한다.

실행단계는 목표를 달성하기 위해 실제 비즈니스를 운영하는 단계이다. 주어진 제약조건이나 환경 등의 변화에 대해 적절하게 대응하고 비즈니스 모델을 구축, 사업 수익성과 경제성 등을 높여 지속가능성을 구축하는 단계이다.

수확단계는 사업실행을 통해 창출된 사업의 성과인 수익의 배분과 재투자 등을 결정하는 단계이다. 특히, 사업을 계속할 것인지 말 것인지를 결정하게 되고, 사업을 계속하게 된다면 기존 아이템의 수익모형을 지속적으로 개선해나가야 할 것이다.

2. 창업개시전 검토 및 준비사항

창업은 자신이 생각한 사업의 아이디어를 실제로 현장에 접목하는 것이다. 창업자는 스스로 창업을 하기에 적합한 자질을 갖추고 있는가를 먼저 판단하는 등 창업 예비분석을 해봐야할 것이다. 자신이 사업가로서의 자질이 있다면 자신에 맞는 사업목적과 사업아이디어를 검토하고, 자본을 투자하여 인적·물적 자원을 조직화하며, 실제 착수하기까지 다양한 의사결정을 수립, 실행하는 과정을 거치게 된다. 일반적인 의미에서 창업을 계획하고 나서 사업을 개시하기까지의 창업과정을 살펴보면 [그림 4-3]과 같다.

❙ 그림 4-3 ❙ 창업의 과정

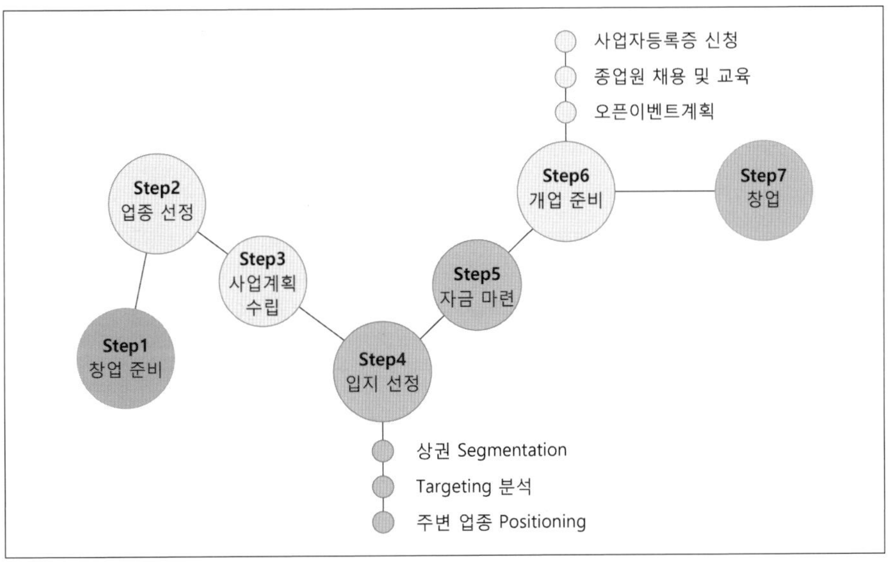

(1) 창업예비분석

창업 예비분석은 창업을 하기에 앞서 창업을 할 수 있는 여건이 갖추어져 있는지를 판단해보는 과정이다. 예비 창업자는 먼저 자신이 창업자로서의 자질 및 적성 등에서 창업자로 적합한지를 평가해 보아야 한다. 또한, 자신이 창업하기에 인적·물적자원을 충분하게 확보할 수 있는지, 창업하기에 적당한 시기인지 등에 대한 검토가 필요하다.

(2) 창업목적의 정의

창업을 결정했다면 창업의 기본적인 이유와 운영방향 등 목적을 분명히 해 두어야 한다. 사업은 외로운 싸움이다. 왜 창업을 하는지에 대한 이유나 목표를 명확히 하지 않으면 창업과정에서 생길 수 있는 많은 어려움과 리스크를 극복해 나가기 힘들다. 사업목적은 향후 기업을 한 방향으로 끌고 나갈 수 있는 구심점 역할을 하기 때문에 본격적인 창업 전에 심사숙고하여 분명히 해두는 것이 좋다. 특히, 최근 우리 사회는 다원화되고 있다. 이젠 기업의 목적을 단순히 이윤 추구에만 둘 수 없다. 사회적 책임이라든가 환경에 대한 고려 등 사회적 가치창출도 사업목적에 포함시키는 것이 바람직하다.

(3) 사업 분야의 결정과 사업 아이템의 모색

창업의 성공은 선택한 사업아이템이 현재나 미래의 트렌드에 맞는 유망한 업종인지, 그러한 업종을 창업자 자신이 수행하기에 적합한지, 사업 아이템이 얼마나 시장조건에 잘 들어맞는지에 달려있다. 사업 아이템을 이끌어냄에 있어서는 어떤 제품 또는 서비스를 생산·판매하며, 그 시기를 언제로 할 것인가에 관한 고려가 중요하다. 이를 위해서는 먼저 시장조사 특히, 소비자조사를 통하여 소비자 수요의 동향을 파악하고 이를 충족할 수 있는 제품과 서비스를 찾아내야한다.

성공적인 사업 아이템이 갖추어야 할 몇 가지 충족 기준을 살펴보면 다음과 같다.

첫째, 현재 만족되지 않은 욕구(needs)를 만족시키는 제품이어야 한다. 즉,

기존에 없던 것이거나 상당히 개선된 혁신적인 제품이어야 시장에서 관심을 끌 수 있고 마케팅 소구도 가능하다.

둘째, 공급의 부족을 만족시키는 제품이어야 한다. 즉, 기존에 존재하는 제품이지만 수요가 많아 소비자들의 구매욕구를 충족시켜 줄 수 있는 제품이어야 한다.

셋째, 경쟁적 우위 요소가 있어야 한다. 이는 기준 제품이나 경쟁제품 보다 더 나은 차별성, 시장성, 경쟁력의 우위 요소가 있어야 수익창출이 가능하고 시장에서 살아남을 수 있다.

(4) 사업성 분석

사업을 시작하기 전에 반드시 해야 할 일은 선택한 사업이 당초의 사업 목적을 충족시킬 수 있는지 사업성을 분석해보는 일이다. 사업성 분석은 주로 수익성, 시장성, 경제성, 기술성 등에 대한 내용을 분석하게 된다. 그러나 사업이 공익과 관계되는 경우 이상의 네 가지 뿐만 아니라 공익성 분석을 추가하여 실시하는 것이 좋다. 사업성 분석을 통하여 사업성이 있다고 판단되면 다음 절차를 진행하고, 그렇지 못할 경우에는 재검토 과정을 통해 사업계획을 수정하거나 변경하여야 한다.

(5) 인적·물적 자본의 조달과 구성

사업성 분석 결과, 아이템이 유망한 것으로 판단되면 이를 실행하기 위한 인적·물적 자본을 조달하여야 한다. 인적자원의 조달은 창업팀을 만드는 것에서부터 시작된다. 창업팀은 주로 활동목표 및 범위를 결정하고 제품 설계, 사업규모와 입지선정, 공정·설비·건물의 선정, 소요자금 및 자금 조달 계획 등 중요한 의사결정을 수립한다. 창업팀 구성 시에는 몇 명으로 창업할 것인지, 팀 구성원 각각의 역할 분담은 어떻게 할 것인지 등의 조직형태를 결정한다. 또한, 물적자본의 조달에서 가장 중요한 것은 소요자금의 조달이다. 필요한 자금을 자기 자본으로 충당할 것이지, 금융기관 차입이나 투자유치 등 외부에서 충당할 것인지 등을 결정한다.

(6) 사업계획서의 작성

인적·물적 자원의 조달이 마무리되면 구체적으로 사업을 수행하기 위한 사업계획서를 작성한다. 사업계획서에는 앞으로 추진할 전반적인 사업에 대한 제품계획, 시장성과 판매계획, 생산 및 설비계획, 인력수급계획, 향후 일정계획 등 활동의 구체적인 내역별로 작성되어야 한다. 또한, 사업계획의 작성이 끝나면 기업의 주요 기능에 따라 업무, 책임, 권한 등을 체계적으로 구분한다.

(7) 추진인력 구성과 사업개시

사업계획서가 어느 정도 마무리되면 사업개시를 해야한다. 사업추진은 사업계획서를 바탕으로 생산 및 판매 등의 사업추진인력을 선발, 배치, 확정하고 사업장이나 사무실 등을 마련해야한다. 그리고 관련 설비를 미리 구매하고 배치해야한다. 사업이 시작되면 제품 생산과 재고관리 및 광고와 판매촉진 활동을 서둘러야 한다. 또 유통경로를 통해 소비자에게 제품을 판매하고 배송하는 과정도 준비해야한다.

(8) 창업기업의 의무신고사항

개인기업이든 법인기업이든 회사를 설립하고 사업자등록이 끝나면 법적으로 사업을 시작할 수 있는 절차가 완료된다. 그러나 실제적으로는 산업재해보상보험, 고용보험, 국민건강보험, 국민연금 등 이른바 4대 사회보험의 가입이 의무화되어, 이들 절차가 마무리되어야 기업 활동을 개시할 수 있다. 창업 이후에 행정절차를 요하는 신고사항을 살펴보면 다음과 같다.

1) 근로자명부와 임금대장 및 임금명세서

창업회사는 근로기준법 제41조의 규정에 의하여 각 사업장별로 근로자 명부를 작성하고 근로자의 성명, 생년월일, 이력, 종사하는 업무의 종류, 고용 또는 고용개선 연월일, 계약기간 등을 적어야 한다. 사용기간이 30일 미만인 일용근로자에 대하여는 근로자명부를 작성하지 아니할 수 있다. 근로자 명부에 적을 사항이 변경된 경우에는 지체없이 정정하여야 한다. 사용자는 근로자 명부와 근로계약에 관한 중요서류는 3년간 보존하여야 하며, 이를 위반시에는 500만원 이하의 과태료를 부과한다. 또 사용자는 각 사업장별로 임금과 가족수당계산의 기초가 되는 사항, 임금액 등을 기재한 임금대장과 근로자에게 임금을 지급하는 때에는 임금구성항목과 계산방법 등 명시된 임금명세서도 반드시 작성해야 한다.

2) 고용보험 신고

고용보험은 실업의 예방, 고용의 촉진 및 근로자의 직업능력 개발과 향상을 도모하기 위하여 실시한다. 고용보험 적용대상 사업장이 1998년 10월 1일부터 모든 사업장으로 확대됨에 따라 사업주는 당해 보험관계가 성립한 날로부터 14일 이내 관할 지방노동청에 신고하여야 한다.

고용보험관계 성립신고를 한 사업자는 고용보험 관계의 변경이 있는 경우에는 보험관계 변경신고, 사업의 폐지·종료 등으로 인하여 보험관계가 소멸하는 경우에는 보험관계 소멸신고를 해야 한다. 또 근로자의 신규 고용 또는 퇴직을 할 경우에는 피보험자격의 취득 또는 상실신고를 소재지 관할 지방노동청 사무소에 하여야 한다.

3) 국민연금 의무가입

1인 이상의 근로자를 사용하는 사업소 및 사무소는 국민연금법에 의하여 국민연금에 의무적으로 가입하여야 한다. 사업장 사용자는 사업장의 주소지를 관할하는 국민연금 공단지사에 당연적용 사업장이 된 날이 속하는 달의 다음달 15일까지 반드시 신고해야 한다. 가입을 하지 않거나 지체할만한 타당한 사유가 없음에도 불구하고 사용자가 가입신고를 지체하거나 해태할 때에는 국민연금법 제14조 제3항에 의거해 직권가입조치 또는 국민연금법 제131조 제1항에 따라 과태료 처분을 받을 수 있다.

4) 국민건강보험 의무가입

국민건강보험법 시행규칙 제2조의 규정에 의하여 사용자와 상시근로자가 1인 이상의 근로자를 사용하는 사업장은 사업장 가입자가 돼 사용자와 근로기간 고용관계 성립일부터 국민건강보험에 의무적으로 가입하여야 한다.

법인사업장은 대표자 1인만 있어도 의무가입대상이다. 단, 무보수 대표자만 있는 법인사업장은 건강보험적용대상에서 제외되나 무보수 법인대표자 인정서류를 제출해야 한다.

5) 산업재해보상보험 의무가입

사업의 종류, 영리성여부 등에 관계없이 근로자를 사용(고용)하는 모든 사업 또는 사업장은 원칙적으로 산업재해보상보험의 가입대상이다.

당연히 산업재해보상보험의 가입자가 된 사업주는 그 보험관계가 성립한 날부터 14일 이내, 사업장 관할 근로복지공단에 보험관계성립 신고해야하고, 보험관계가 소멸한 경우에도 14일 이내 소멸의 신고를 해야 한다.

6) 취업규칙신고

"취업규칙"이란 각 사업장에서 근로계약관계에 적용되는 근로조건이나 복무규율 등에 대하여 사용자가 작성하여 자신의 근로자들에게 전체적으로 적용하는 규칙을 의미한다. 상시근로자 10인 이상을 사용하는 사업자는 근로자의 의견을 들어 취업규칙을 작성하여 관할 고용노동지청에 신고하여야 한다. 또한, 변경하는 경우에도 변경신고를 하여야 한다. 회사가 지방고용노동관서에 취업규칙을 신고하지 않으면 500만원 이하의 과태료가 부과된다. 취업규칙에 포함되어야 할 사항은 근로기준법 제 93조에 명시되어 있다.

PART

Ⅱ

창업기회포착과 사업아이템 찾기

CHAPTER

5

기업의 성장단계와 창업기회탐색

제1절 기업의 성장단계와 제품수명주기

1. 기업의 성장단계

기업은 사람의 일생과 같이 성장하면서 발전하다가 망한다. 따라서 기업의 지속적 성장을 위해선 기업환경과 경제상황 등에 따라 기업이 해야할 역할과 전략이 달라져야한다. 특히 기업은 성장 사이클에 맞춰 자신의 사업아이템을 개발하고 발전전략을 수립해 나가야 경쟁기업을 이길 수 있고 지속적 성장이 가능하다. 일반적으로 기업의 성장단계는 창업기, 유아기, 성숙기, 장년기, 쇠퇴기 다섯 단계로 구분된다.

[그림 5-1]은 이와 같은 성장단계별 기업의 일생을 나타내고 있다.

▌그림 5-1▐ 기업의 일생

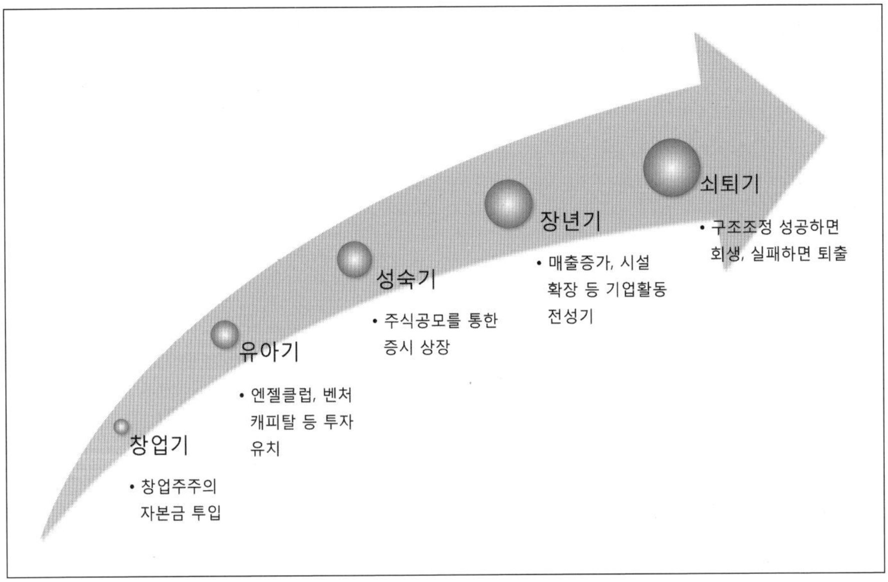

(1) 창업기

창업기는 말 그대로 기업을 설립하는 단계이다. 주로 기업을 설립하기 위한 준비시기부터 설립 후 1년 이내를 말한다. 창업초기에는 영업력이 부족하고 사업영역 또한 유동적이다. 이 시기는 수익성이 있는 사업영역이 무엇이며, 어떻게 사업의 비즈니스모델구축을 통한 수익창출방안모색을 해야할 것인지를 고민하는 시기이다. 결국 비즈니스모델 수립을 위한 사업의 방향 설정이 중요하다. 창업 전과 후 기업의 문제는 매우 상이한 경우가 허다하다. 이를 어떻게 극복해 나갈 것인지가 관건이다.

기업을 창업하려면 사업 아이디어를 중심으로 기술과 자본, 인력이 결합돼 사업주체자가 만들어진다. 사업주체에는 개인사업자와 법인사업자로 나눠진다. 법인사업자 가운데에서는 자기가 낸 돈만큼 주주로서 의사결정권을 갖는 주식회사가 대표적인 법인조직이다.

(2) 유아기

창업 후 수익모형이 만들어질 때까지는 기업의 위험이 곳곳에 도사리고 있다. 상당수 기업은 사업 초창기 위기를 넘기지 못하고 문을 닫는 경우를 자주 볼 수 있다. 창업 후 3년을 견디면 그 기업은 어느 정도 생존할 수 있다고 말한다. 유아기는 유능한 종업원도 채용하고, 설비도 갖춰나가고 공장도 증설해야 한다. 이 모든 일이 돈을 필요로 한다.

일반적으로 처음에는 개인기업으로 시작하다가 어느 정도 매출규모가 커지고 사업자금조달이 필요하게 되면 법인으로 전환하게 된다. 그리고 사업영역의 확대를 통해 다양한 사업을 추진한다. 문제는 이 단계에서 새로운 투자희망자를 찾지 못하는 사업이라면 과연 계속기업으로 생존할 수 있을까? 신생기업에 돈을 대주는 투자자를 엔젤(Angel)이라고 부른다. 앞으로 크게 성장할 것 같은 기업에 뭉칫돈을 대주는 투자자를 벤처 캐피털(venture capital)이라고 한다. 유아기에는 어떤 투자자를 만나느냐에 따라 그 기업의 성장은 달라진다고 할 수 있겠다. 특히 자본투자 뿐만 아니라 기술투자 등의 파트너를 만나는 것이 매우 중요한 시기이다.

(3) 성숙기

성숙기는 창업기업의 사업영역이 시장에서 어느 정도 자리를 잡고 수익모형이 구축돼 안정적인 국면에 접어들었을 때를 일컫는다. 이 때 고객욕구 또는 선호의 변화, 대체재의 출현, 원자재 비용의 상승, 정부 규제의 변화, 경쟁제품의 시장진입, 인수·합병 등이 이뤄진다. 제품개선, 공정기술의 개선, 원재료 가격 하락, 유사 대체재 가격의 상승, 환경변화 등을 체크해 경쟁우위전략을 유지하기 위해선 보다 앞선 기술과 제품으로 무장한 경쟁자로부터 기존 시장을 보호하고 새로운 제품 시장을 개발해 나가야 할 것이다.

기업이 어느 정도 궤도에 오르면 투자자들이 증가한다. 즉, 주식을 새로 발행해 그것을 일반인들에게 팔아 자금을 모을 수 있는 것도 이 시점이다. 이 시기는 현재의 사업의 지속적인 성장과 발전을 위한 차별화와 경쟁력확보를 위한 투자가 중요하다.

(4) 장년기

이 시기는 다른 어떤 시기보다 경제적으로 안정되어 있고, 삶의 다양한 영역에서 경험을 통해 지혜를 터득한 상태이다. 인생에 비유하면 이 때엔 장래의 은퇴와 노후를 위한 준비기라고 할 수 있다.

기업도 성숙기의 사업영역이 안정적으로 구축되면서 시장의 경쟁자가 나타나거나 시장의 확대가 정체되면서 지속적인 성장이 쉽지 않다. 외형적인 성장이 주춤하면 새로운 전환이 필요한 시기다. 시장의 성장을 통해 주식

시장 등에서 자금을 모은 기업은 이를 바탕으로 시설을 확장하거나 신제품 개발에 투자하여 매출의 증가를 꾀한다. 순조롭게 진행되면 성장에 가속도가 붙는 등 기업은 전성기를 맞게 된다. 그러나 이럴 때일수록 기업은 고객과 경쟁사의 움직임을 면밀히 관찰하고 새로운 사업으로 어떻게 성장기업으로 살아남고 발전해나갈 수 있을 것인지를 끊임없이 추구해 나가야 할 것이다.

(5) 쇠퇴기

흔히들 기업의 수명을 30년으로 잡는다. 30년만 생존하면 성공한 기업으로 봐야한다고 한다. 그만큼 적자생존이 심하다는 것이다. 쇠퇴기가 되면 경쟁자가 급증하거나 시장에서 수요가 급감하고 있는 시기이다. 현재 사업 아이템의 지속이냐 아니면 새로운 성장산업의 아이템을 찾아 업종전환 등을 하느냐의 결정이 중요한 시기이다.

우리나라에서도 매일 수많은 기업들이 설립되고 한쪽에서는 문을 닫고 있다. 기업이 잘 팔리는 상품을 꾸준히 개발하고 계속해 수익성을 창출하지 못하면 자금난으로 문을 닫게 된다. 문제는 쇠퇴기에 접어든 사업을 무엇으로 새로운 성장기업으로 이끌어낼 수 있을 것인가가 관건이다.

2. 제품수명주기

제품수명주기는 신제품이 시장에 출시되어 사라질 때까지 매출액과 이익이 변화해가는 과정으로 설명한다. 제품수명주기는 보통 도입기, 성장기, 성숙기, 쇠퇴기 등 네 단계로 구분한다. 기술이나 상표도 살아있는 생명체처럼 생명주기를 가지고 있다. 제품은 각 단계별 소비자와 경쟁자의 행동특성 변화와 그에 따른 마케팅 전략을 수립해나가야 시장에서 생존할 수 있다.

일반적으로 도입기를 지나 성장기에 접어들 때 시장이 커지기 시작하면서 사업기회의 창이 열리기 시작한다. 사업기회의 창이 열려있을 때 사업기회를 포착한 창업자나 기업가는 쉽게 성공할 수 있을 것이다. 그리고 소비자의 취향변화에 따라 지속적인 제품의 개선이나 신제품의 개발이 이루어져야만 기업의 생존과 성장을 가져올 수 있다. 따라서 성장단계별로 제품의 수명주기에 맞춰 경영전략을 펴나가야 한다. 신제품은 현대 기업에 있어서 성장을 위한 필수요소이지만 그 개발에 따르는 시간과 비용이 많이 들 뿐만 아니라 실패율이 매우 높기 때문에 개발과정을 철저히 관리하지 않으면 안 된다.

(1) 도입기

기업이 개발한 신제품을 처음으로 출시하는 단계이다. 이 시기를 개척기라고도 한다. 이 단계에서의 생산은 시험적으로 이루어지는 소량생산이며, 유통경로는 한정적이고, 경쟁자는 거의 없다. 초기 투자에 비하여 수요가 매우 적고 서서히 증가하므로 이익은 적자이다. 이 때에는 고객들이 제품에 대해서 잘 모르고 있으므로, 기업은 제품에 대한 기본적 수요(primary demand)를 자극시켜야 한다. 따라서 광고를 통하여 신제품의 존재, 이점 및 사용방법 등을 소비자에게 적극적으로 알려주는 것이 필요하다.

(2) 성장기

성장기는 신제품에 대한 구매만족과 더불어 제품이 시장에 성공적으로 정착하게 되어 판매가 급격하게 증가하는 단계이다. 이 단계에서는 경쟁자가 대체품 또는 유사품을 개발하여 진입하게 되므로 시장이 확대되며 취급점 수도 증가한다. 매출액 증가에 비하여 판매촉진비의 지출비율이 둔화되므로 이익이 발생한다. 이 단계에서는 제품의 선호도와 시장점유율을 높이기 위하여 제품의 품질을 개선하고 제품차별화를 시도하여 새로운 세분시장이나 유통경로를 확장한다. 동시에 제품을 알리는 광고에서 자사상표에 대한 확신과 선호도를 강화하기 위한 광고로 전환한다.

(3) 성숙기

성숙기는 매출이 최고점에 도달하게 되고 매출증가율은 둔화되나 구매만족을 느끼는 소비자의 재구매에 의해 매출은 높은 수준을 유지하는 시기이다. 그러나 이 단계는 판매성장률의 둔화로 과잉설비가 발생함에 따라 가격인하 경쟁이 유발될 수 있다. 시장점유율 유지와 상표충성도를 강화하기 위한 촉진과 고급형 제품개발을 위한 연구개발의 강화, 소비자 취향이 다양한 표적고객확보를 위한 시장세분화를 실시한다. 또한 기존제품의 사용량 증대, 신용도개발 및 품질, 기능·스타일 등 제품개선을 통한 매출액 증대방안을 강구하여야 하며 쇠퇴기에 대비한 대체제품의 개발도 고려하여야 한다.

(4) 쇠퇴기

쇠퇴기는 소비자 취향의 변화와 대체품의 출현으로 수요가 급격히 감소하고 판매와 이익이 줄어드는 단계이다. 이 시기에는 기존 제품과 관련된 새로운 수요의 창출을 모색하면서 규모를 줄이거나 새로운 지역의 시장개척, 새로운 고객창출의 가능성을 고려한 생존의 모색이 필요하다. 또 경쟁회사가 철수할 것이라는 가정 하에 제품을 유지하거나 각종 비용을 축소시키면서 잔존수익을 극대화하는 수확전략, 제품을 완전 제거하는 회수전략(철수)이 수행될 수 있다.

제2절 창업 아이디어 찾기

1. 새로운 모색과 창조 이해하기

스티브 잡스(Steve Jobs)는 "진정 하고 싶은 일을 하는 것이야말로 위대한 일을 할 수 있는 유일한 방법"이라고 말했다. 즉, 자신이 진정 하고 싶어하는 일, 내가 좋아하는 일과 직업이 일치할 때 우리가 가지고 있는 잠재적 에너지가 발산되고, 그로 인해 성공적인 일, 즉 위대한 일을 만들어 낼 수 있다는 이야기다.

"가슴이 뛰고 설레는 일은 무엇인가?" "내가 집중하고 몰입할 수 있는 일은 무엇인가?" "가장 보람을 느끼는 일은 무엇인가?"

수업시간에 학생들에게 무슨 일을 하고 싶은지 물으면 대다수 학생은 "아직 잘 모르겠다"라고 한다. 자신이 어떤 일을 해야 신바람이 나고 행복한지를 모른다는 것은 어떻게 살 것인가에 대한 고민이 부족한 것이다. 삶에 대한 가치가 명확하지 않으면 그 가치를 실현하기 위해 택해야 하는 업(業)에 대한 개념이 정립되기 어렵고, 자신이 무엇을 좋아하는지에 대한 성찰이 부족하니 직업 선택은 어려울 수밖에 없다.

"내가 좋아하는 일, 내가 잘하는 일을 하고 있는가?" "앞으로 어떤 일을 할 것인가?" "그 일이 누구에게 어떤 영향을 미칠 것인가?" 이렇게 자신의 삶에서 가치를 발견하게 된다면 여러분은 삶의 행복을 더 빨리 찾을 수 있을 것이다. 자신이 좋아하고 잘하는 일을 직업으로 연결시켜서 일에서 기쁨과 보람을 찾을 수 있다면 가장 바람직한데, 그렇지 못한 경우는 무기력해지기 십상이다.

우리가 무기력하고 삶의 의미를 상실했다고 생각하면서 사는 이유는 하고 싶어하는 일을 직업과 연결시키지 못했거나, 우리가 하는 일에 대한 가치를 발견하지 못했기 때문으로 생각된다. 아무리 힘들어도 끝까지 일을 해내고 싶은 경우는 어떤 경우인지 생각해 봤으면 한다. 새로운 모색은 모색으로만 끝나면 안되고 반드시 세상에 의미를 가져오는 일과 연결되어 가치가 창출되어야 한다. 우리가 하는 일의 의미와 가치를 찾을 때 비로소 우리 행위의 지속성이 생기고, 그 지속성은 새로운 모색과 창조의 힘으로 작용한다. 이게 진정한 창조의 의미이다.

피터 드러커(Peter Drucker)는 '새로운 모색과 창조의 삼각형'과 같은 맥락에서 성공적인 혁신가(Entrepreneur)의 자질을 설명하였다. 첫째는 함부로 위험감수를 하는 것이 아니라 자신이 잘하는 일을 찾아 기회를 만드는 사람이라고 하였다. 둘째는 자신의 강점을 바탕으로 사업을 하는 사람, 마지막으로 경제와 사회에 영향을 미치는 혁신을 만들어 내는 사람, 즉 세상이 필요로 하는 일을 자신의 일과 연결시키는 사람을 성공적인 혁신가라고 하였다.

새로운 모색과 창조의 개념을 바탕으로 자신의 5년 후, 10년 후 어떻게 창조해나갈 것인지를 생각하면서 다음의 워크북을 통해 자신의 단기목표와 장기목표를 생각해 보고, 장애요인과 실천계획을 작성해 보면 도움이 될 것이다.

1. 내가 잘하는 일 찾기(Ⅰ)

☞ 평소 내가 관심을 갖고 있는 일들이 있는지 생각해보는 시간을 가져보자. 장래의 꿈이나 학업에 관련된 일이 아니어도 된다.

1) 본인의 관심사는?

2) 현재의 일에 흥미를 갖게 된 계기는?

3) 마지막으로 했던 관련된 활동은?

4) 직업으로 삼고 싶나요?

2. 내가 잘하는 일 찾기(II)

☞ 지금까지 살면서 성취동기와 성취의 기쁨을 느꼈던 일들에는 어떤 것들이 있는지 적어보자. 이러한 성취가 어떤 능력, 기술, 지식 등에서 나온 것인지 생각해보자.

1) 내가 성취한 일:

2) 그 일을 성취하기 위해 필요한 능력, 기술, 지식 등

3. 내가 잘하는 일 찾기(III)

☞ 앞서 작성한 일들을 성취하는 데 더 필요한 능력, 기술, 지식 중에서 공통적으로 혹은 가장 중요한 역할을 하는 3가지를 골라 기록하자.

1)

2)

3)

자신의 관심사에서 아이디어를 도출해 낸 사례를 살펴보고, 관찰을 통한 문제발견 및 문제해결방법, 기존제품 개선을 통한 새로운 아이디어 도출, 트렌드 분석을 통한 아이디어 발굴 방법에 대해서 살펴보면 창업의 동인을 찾을 수도 있다.

2. 관심에서 아이디어 끌어내기

아이디어를 어떻게 발굴할 것인가? 아이디어는 어디에서 오는가? 브리검영대학의 제프리 다이어(Jeffrey H. Dyer) 교수와 클레이튼 크리스텐슨(Clayton M. Christensen) 하버드대학 경영대학원 교수 등이 창조적인 기업가 25명의 습관을 집중 분석한 연구 결과, 아마존의 회장인 제프 베조스(Jeff Bezos), 사우스웨스트 항공의 전 회장인 허브 켈러허(Herb Kellerher), 이베이의 창업자인 피에르 오미디야르(Pierre Omidyar), 델 컴퓨터의 마이클 델 회장 등에게서 아이디어를 끌어낸 '연결', '질문', '관찰', '실험', '네트워킹'이

라는 공통된 5가지 요인을 추출해냈다.

파타고니아사의 창업자인 이본 취나드(Yvon Chouinard)의 경우에는 자신이 좋아하는 암벽등반에서 창업 아이디어를 발굴하였다. 암벽을 등반하는 사람들이 겪는 어려움이 어떤 것인지, 그리고 그 어려움을 해결해 줄 수 있는 제품이 어떤 것인지에 대해서 고민하고, 그에 맞는 암벽등반 장비를 개발하고 자연환경보호에 기여할 수 있는 비즈니스 모델을 만들어 창업에 성공하였다.

실제로 단순한 취미가 과연 창업으로 연결될 수 있을까 하는 의문이 들기도 할 것이다. 단순한 취미가 창업의 성공을 가져왔다기보다는 취미, 즉 좋아하면서 그 일을 잘하고, 이본 취나드의 경우에서처럼 자신의 취미가 세상에 기여하는 바가 있는 그런 일을 함으로써 성공으로 이끌었다고 볼 수 있다.

자신의 개인적인 관심사를 평생직업화한 기업가들도 많이 있다. 자신이 열정을 쏟을 만한 것이 무엇인지 찾기가 어려울 때는 자신을 잘 아는 주변 사람들의 평가를 들어보는 것도 도움이 된다. 보통 스스로 분석하는 것보다 자신을 잘 아는 주위 사람의 평가가 더 정확할 때가 많다. 가족 외에 친구, 선생님, 전 직장 동료 등에게도 물어보자. 그들은 나를 어떻게 보는가? 스스로를 객관적으로 판단하는 것은 매우 힘든 일이다. 자기 자신에 대한 사람들의 솔직한 의견을 구하는 것이 자신을 객관적으로 성찰하고 열정의 대상을 찾는 데 큰 도움을 줄 수 있다.

> 나의 주변인을 통해 나의 관심사 확인하기
>
> 스스로 평가한 자신의 모습과 내 주변의 가까운 사람들이 평가한 내 모습에 차이가 있는지 분석함으로써 내가 모르는 나의 관심사와 강점들을 발견할 수 있다. 그리고 그들의 눈을 통해서 여러분들이 즐거워하는 일을 파악할 수 있다. 가족이나 친구들에게 나에 대해 물어보자.

나는 어떤 사람으로 평가되고 있는가?
누구에게 질문하였는가?
어떤 질문을 하였는가?
무엇을 알게 되었는가?

3. 관찰을 통한 문제 발견 및 해결

쉽게 지나쳐 버리는 일들에 관심을 갖기 시작하고, 어떤 사업 아이디어를 낼 수 있을까 고민하는 일부터 시작하면 다양한 아이디어를 발견할 수 있을 것이다.

무엇보다 관찰을 통해서 그동안 우리가 간과했던 것에 대해 문제점을 파악하고, 그 문제점으로부터 사업 아이디어를 만들어 가는 방법이다. 우리는 우리가 보고 싶고 듣고 싶어하는 것만 선택적으로 취하는 경향이 있다. 그렇기 때문에 우리가 눈과 귀를 열고 주변을 살핀다면 평소에 보이지 않고 들리지 않았던 것들이 보이고 들리게 될 것이다.

이처럼 우리가 평소에 관심 없이 지나친 광경에서 아이디어를 쉽게 떠올릴 수 있다. 이렇게 아이디어를 발굴하기 위해서는 '관찰'에서부터 시작해야 한다. 관찰은 '해석(Interpretation)'과는 다르다. 우리는 관찰을 하라고 하면 우리의 지식과 경험을 바탕으로 해석하는 경향이 있다.

4. 기존 제품 개선하기

처음부터 아주 새로운 아이디어를 발굴할 수도 있지만, 기존 제품을 개선하는 아이디어를 생각해 봄으로써 다양한 아이디어 발굴 연습을 할 수도 있다. 신제품을 출시하는 경우보다 기존 제품을 개선해서 더 좋은 제품을 생산하는 경우가 더 많기 때문이다.

자전거 관련 제품을 생산하는 오르트립(ORTLIEB)이라는 독일 회사에서 생산하는 가방은 방수 기능이 우수한 제품으로 평가되고 있다.

5. 트렌드 분석을 통한 아이디어 발굴

'환경 변화를 통한 탐색'이라는 말이 어렵게 느껴지겠지만, 가령 환경 변화가 우리가 구상하는 사업에 어떤 영향을 줄지, 혹은 이 환경 변화를 통해 우리는 어떤 사업 아이디어를 만들어 낼 수 있는지 고민해 보는 것은 좋은 방법이다. 예를 들어 사회적으로 1인 가구가 증가하고 있다면, 1인 가구의 증가가 어떤 사업 아이디어로 연결될 수 있을지 생각해 보자. 혼자서 이용할 수 있는 식당, 소량 포장된 상품 등 여러가지 아이디어가 나올 수 있을 것이다.

우리가 보통 좋은 아이디어라고 생각하고 있던 것이 제품으로 만들어져 판매되는 것을 흔히 본다. 대부분의 사람들도 나와 같은 불편함을 느껴서 그 불편함을 개선하려는 아이디어를 내놓고, 그것을 나보다 앞서 누군가가 제품으로 만들어 낸다. 내가 머릿속으로 생각만 하고 있을 때 누군가는 벌써 사업화하여 경제적 가치를 창출하고 있는 것이다.

만약 창업에 대한 꿈이 있다면 어떻게 사업 아이디어로 연결시키는지에 대한 연습을 하고, 이제는 그런 아이디어 발굴 연습을 실천으로 연결시켜야 한다.

제3절 창업기회 탐색 및 기회 포착

"내 아이디어는 정말 좋은 기회인가?"라는 질문은 사업을 시작하기 전에 해야 할 가장 중요한 질문이다. 창업의 기회를 찾기 위해선 사업 아이디어가 사업화될 만한 확실한 아이디어인지 그리고 창업의 시작시기가 맞는지, 내게 적합한 아이디어인지 등에 따라 성패가 좌우될 수 있다. 그렇기 때문에 육하원칙에 따른 사업 아이디어의 적합성 등을 평가하고 실현 가능성을 고려해 창업기회를 포착해야 한다.

창업의 성공을 위해선 창업의 아이디어와 시장환경 및 창업시기 등이 중요하다. 아이디어가 좋다고 해서 사업에 성공하는 것은 아니다. 왜냐하면, 기회는 시장의 상황에 따라 달라질 수 있기 때문이다. 따라서 어느날 갑자기 떠오른 순간적인 아이디어의 발상만 가지고 기회를 잡기는 어려운 것이다.

성공적인 창업 역시 즉흥적인 착상만으로 이루어지는 경우가 거의 없다. 일반적으로 시행착오의 과정을 거쳐 고객이 원하는 상품과 서비스의 창출로 이어지게 된다. 이 과정에서 때로는 초기의 계획과는 전혀 다른 상품과 서비스가 주력 사업으로 결정되는 경우가 종종 있다. 주어진 아이디어를 바탕으로 좋은 창업 기회를 만들기 위해 기회를 탐색하고 분석하는 과정을 살펴보도록 하자.

1. 창업 기회의 탐색 및 포착

성공적인 창업을 위해 기회의 발견이 매우 중요하다. 보다 좋은 기회를 찾기 위해서 창업관련 정보를 탐색하고 인맥을 포함한 주변의 네트워크망을 착실히 관리하는 노력이 필수적이다. 이 단계는 창업성공 가능성이 큰 기회를 만들고 사업화하려고 할 때, 시장과 고객, 경쟁자 및 대체공급자의 존재 유무, 정부정책, 글로벌환경, 진입 시기(timing), 경험, 창업팀 구성 등을 탐색하고 접근하면서 창업기회를 포착해야 한다.

(1) 시장(Market)과 고객(Customer)

아무리 좋은 아이디어와 기술을 가지고 있다고 하더라도, 고객들이 원하지 않는 시장성이 없는 제품을 만드는 기업은 생존이 어렵다. 시장의 변화나 고객의 요구 등 끊임없이 시장(market)과 고객(customer)을 찾아나서야 한다.

"고객은 누구인가?" 만약 커피전문점 사업을 생각하고 있다면, 커피를 마시고 싶어하는 모든 이들이 우리의 고객일 것이라고 생각하기 쉽다. "고객은 누구인가?"라는 질문보다는 "타깃 고객은 누구인가?"가 더 구체적이다. 타깃 고객은 반드시 우리의 제품과 서비스를 구매하게 될 핵심고객군을 찾아 제1, 제2, 제3타깃 그룹으로 세분화하는 것이 필요하다. 핵심고객의 방문 빈도 등은 어느 정도이고, 인구통계학적 자료와 심리학적 정보 등을 조사해야 한다. 타깃 고객을 잘 이해하고, 고객의 니즈를 고려해 창업기회를 찾아야 한다.

핵심고객의 파악과 함께 사업아이디어가 실제적인 기회가 될지를 판단하기 위해서 꼭 파악해야 할 것이 시장에 관한 정보다. 사업 아이디어는 좋다 하더라도 고객의 지불 의사가 낮은 경우에는 아무리 좋은 아이디어라고 하더라도 사업 기회로 연결되기 어렵다. 따라서 실제로 충분한 매출을 기대할 만큼 미래의 시장 수요와 시장 규모에 대한 확인이 필요하다. 시장 규모는 예측하기 어렵지만 사업기회를 파악하기 위해서는 반드시 명확한 데이터를 조사해야 한다. 이때 산업분석자료, 경영경제연구소의 시장전망 분석자료, 신문, 경영경제 잡지 등의 자료를 활용하는 것이 좋다.

(2) 경쟁자(Competitor)

흔히들 완전히 새로운 개념의 제품이나 서비스를 내놓았기 때문에 경쟁자가 없다고 생각한다. 이 경우 대부분은 경쟁자를 잘못 파악하고 있는 것이다. 또한 경쟁자가 없다는 이야기는 시장이 매력적이지 않아서 다른 기업들이 그 시장에 진입하지 않은 것이라고 생각할 수도 있다.

가령 1분 만에 완성되는 즉석 파스타를 생산해 판매하는 나의 사업아이디어가 있다고 가정하자. 현재 우리와 똑같은 사업 아이디어는 존재하지 않지만, 기존 제품에는 3분 만에 요리해 먹을 수 있는 즉석 파스타가 있는 것이다. 또한 자동 발열용기를 사용한 우리의 제품이 전자레인지나 끓는 물이 필요 없다면 아주 똑같은 제품이 없기에 경쟁자가 없다고 생각할 가능성이 높다. 우리는 무엇보다 소비자입장에서 생각해 봐야 한다. 만약 '전자레인지 없이도 데워 먹을 수 있는 1분 즉석 파스타'라는 제품이 존재하지 않는다면 소비자는 어떤 선택을 할 수 있을까? 소비자는 기존 제품인 3분 즉석파스타를 사서 전자레인지에 데워 먹거나 집에서 파스타를 직접 만들어 먹을 수도 있다. 또한 식당에서 파스타를 먹을 수도 있고, 즉석 파스타 대신 이와 유사한 냉동 피자를 먹을 수도 있다.

소비자는 우리 제품을 구매하지 않더라도 이처럼 많은 대안을 가지고 있다. 따라서 경쟁자를 정의할 때는 소비자들이 선택할 수 있는 다양한 대안을 모두 경쟁자로 고려해야 한다.

(3) 공급자(Supplier)

PC 운영시스템 공급자인 마이크로소프트와 지배적인 마이크로프로세서 공급자인 인텔은 PC 제조사들에 대해 막강한 교섭력을 지닌다. 이와 같이 공급자가 우리 사업에 큰 지배력을 가지는지 여부를 파악해야 한다.

TV 방송국의 경우에도 특정 연예인의 비중이 매우 큰 경우를 볼 수 있다. 방송 프로그램에서 특정 연예인이 하차할 경우에 시청률에 지대한 영향을 미칠 수 있다면, 그 연예인은 TV 방송국에 대해서 공급자의 위치에 있는 것이며, 공급자의 영향력이 사업에 지대한 영향을 미치게 되는 것이다. 우리 사업도 이러한 경우에 해당되는지를 검토해야 한다.

공급자를 파악하기 위해서는 우리 제품 및 서비스를 만들기 위해서 필요한 원재료에 대해서 공급체인 등을 빈틈없이 파악해야 한다. 주요 공급자가 얼마나 다양한지를 파악하고, 다양한 공급자 중에서 우리의 장기적인 공급자는 어떤 기업이 될지 등을 계획해야 한다.

(4) 정부 정책(Government)

창업희망자는 정부정책에 귀를 기울여야 한다. 정부의 정책이나 법규로 인해 우리가 하려는 사업이 영향을 받을지에 대해 항상 조사하고 대응해야 한다. 규제가 심하여 정부의 승인을 얻어야 하는 경우라면 어느 정도의 시간이 필요한지도 확인해야 한다. 시장의 변화는 심한데 승인을 받는 데 많은 시간이 걸린다면, 승인을 받기 위한 전략과 준비가 필요하다.

정부의 정책 변화가 사업의 기회를 주고 해당 사업에 유리하게 작용하는 경우가 너무나 많다. 예를 들어 전통주 산업을 육성하기 위해 정부는 규제를 완화하는 동시에 전통주 산업에 많은 사업자들이 참여할 수 있도록 유인정책을 쓰고 있는데, 이로 인해 많은 기업가들이 기회를 포착하고 전통주 산업 분야에 새로 진입하였다.

(5) 글로벌 환경(Global Environment)

우리나라의 기업가들은 과거와는 달리 창업 초기부터 해외 진출에 대한 가능성을 보고 사업을 시작하는 경우가 많다. 국내시장의 규모가 한정되어 있어서 성장을 위해서는 정부의 육성 및 지원정책과 함께 글로벌 시장환경의 변화인식과 대응이 필요하다.

해외 시장에 진출할 때도 국내시장과 마찬가지로 우리의 고객은 누가 될 것이며, 어느 나라에 집중할 것인가, 어떠한 고객에게 접근하는 것이 용이한지, 해외 진출시기는 어느 때로 하는 것이 좋은지 등에 대해서 고민해야 할 것이다.

(6) 진입 시기(Timing)

시장의 기회는 시장의 규모와 분위기 등과 밀접한 관계를 지닌다. 일반적으로 시장의 규모는 시간의 흐름에 따라 성장하고 쇠퇴하게 된다. 시장이 충분히 커지고 구조화되었을 때 기회가 존재하기 시작하며, 시장이 성숙기에 접어들었을 때 기회가 사라지기 시작한다. 이와 같은 시장의 성장단계를 통해 티몬스(Timmons) 등은 사업 기회의 창(window of opportunity)과 연계하여 제시하였다.

시장은 시간이 지남에 따라 성장률이 변화하며 시장규모가 빨리 커지면 더욱더 많은 기회가 존재한다. 반면에 시장이 느리게 성장하면 그만큼 적은 기회가 존재하게 된다. 일반적으로 기회의 창은 시장이 형성돼 5년 이후에 열리기 시작하고, 성숙하여 구조화되고 대규모화되는 시점인 12년 정도에 닫힌다고 한다. 따라서 전문가들은 시장이 커지고 구조화될 때 사업을 시작하여야 하며, 시장이 성숙하여 기회가 줄어들기 전에 투자회수와 충분한 이익을 남길 수 있어야 한다고 처방한다. 한편 산업에 따라 시장규모의 성장 속도가 틀리기 때문에 경쟁하고자 하는 산업의 시장성장 정도를 잘 예측해

| 그림 5-2 | 기회의 창(The Window of Opportunity)

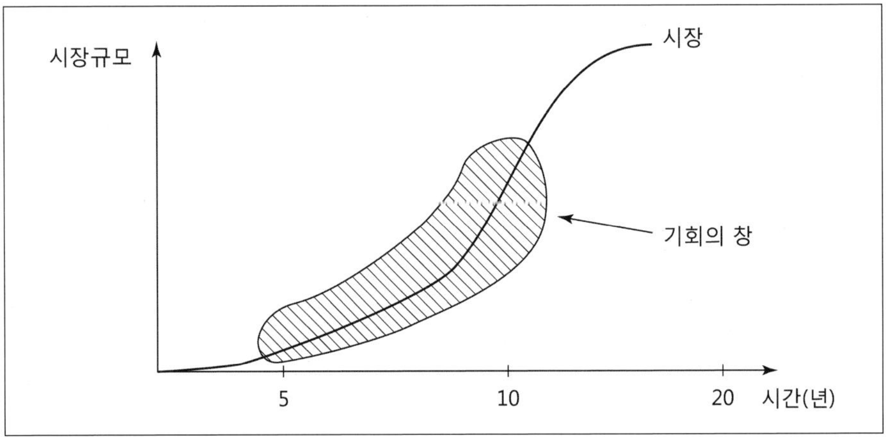

야 한다. 너무 일찍 창업을 하면 충분한 고객을 확보하기 전에 재정적인 어려움에 직면하게 되며, 너무 늦을 경우 충분한 수익을 올리기 전에 시장이 성숙하게 된다.

(7) 경험

사업 아이디어 형성에 있어 창업자 자신의 교육이나 경험, 혹은 취미 등이 중요하게 작용한다.

사업 아이디어를 정리하고 기회를 포착하는 것은 3차원 퍼즐 맞추기와 유사하다. 누구든지 퍼즐 조각을 처음부터 완벽하게 파악하고 조립할 수는 없다. 전체 모양을 모르는 상태에서 비록 관련성이 없어 보이는 것이라도 이들 사이의 관계를 잘 파악해서 맞추어 나가야 한다. 사업의 성공도 예견할 수는 없는 것이지만, 한 분야에서의 경험을 잘 살려 이를 다른 기술이나 마케팅 노하우 등과 잘 결합시킬 때 가능해 지는 것이다.

(8) 창업팀의 구성

기업의 궁극적인 목표인 이익을 창출하여 계속 기업을 운영하는데 가장 중요한 역할을 하는 것의 하나가 사람이다. 그러나 창업기업의 경우 현실적으로 대기업처럼 쉽게 자기가 원하는 사람을 구하기란 쉬운 일이 아니다.

흔히 창업에는 기술과 사업 아이디어가 전부라고 생각하는 경우가 많다. 성공적인 창업기회를 발견하기 위해서는 잘 조직된 창업팀을 어떻게 구성하여 활용하는가는 매우 중요하다. 특히 창업팀이 경쟁하고자 하는 산업에 충분한 경험과 자질을 소유하고 있을 때 더 좋은 사업기회를 포착할 수 있다. 따라서 다양한 분야에서 경험이 많은 사람들로 창업팀을 구성하는 것이 좋다. 아무리 좋은 기회도 창업팀원들 간의 협력이 제대로 이루어지지 않을 경우 좋은 창업기회를 창출할 수 없다. 실무에서 벤처투자자는 기술보다는 창업팀의 자질과 경력을 중요시하는 경우가 많으며 이것이 투자결정의 가장 중요한 요소라고 보고 있다. 따라서 창업 초기에 현실에 맞게 적절한 인력을 어떻게 확보할 것인가를 고려해야 한다.

다음은 창업팀을 구성할 때 고려해야할 요소를 정리해보았다. 첫째, 창업멤버나 기업조직은 간단하게 출발하는 것이 좋다. 둘째, 동업은 가급적 신중히 정한다. 동업을 통한 창업의 경우 인간적인 갈등으로 인해 실패 확률이 많기 때문이다. 동업자와 구체적인 업무분담 사항과 각자 투자방법 및 이익 분배 방법등에 관하여 충분한 협의를 거친 후 사업을 시작하는 것이 좋다. 셋째, 업종에 맞는 창업조직을 구성하는 것이 중요하다. 마지막으로 개인사업자 형태로 할 것인가? 법인 사업자 형태로 할 것인가 등 사업에 맞는 기업의 형태를 결정해야 한다.

2. 창업기회의 분석

창업 기회를 발견하고 난 후 그 창업 기회에 대한 분석은 필수적이다. 사업기회가 매력적일 때 성공적 창업의 가능성은 높아진다. 그러나 사업기회가 매력적이지 못한 경우, 우선적으로 자금조달의 어려움을 겪게 되고, 이로 인해 사업실패의 원인이 되기도 한다. 따라서, 창업을 시작하기 전에 먼저 기회에 대한 매력도를 평가해 봄으로써 가능성이 큰 기회와 그렇지 않은 기회를 구분해야 한다.

실무적으로 기회의 매력도에 대한 평가기준은 다음과 같다. 주로 벤처캐피탈과 같은 기관에서 창업자들이 얼마나 충족하는지에 따라서 투자를 평가하는데, 투자신청 기업의 60～70%가 이 단계에서 거절된다. [표 5-1]에서 제시된 각 기준들에 대해 충족도가 클수록 창업성공 가능성이 높은 기회라 할 수 있다. 창업기회의 분석은 크게 시장 평가, 경제성 평가, 경쟁우위 평가, 창업팀 평가 등으로 구분된다.

┃표 5-1┃ 창업기회 평가 기준

기준	성공 가능성이 높은 기회	성공 가능성이 낮은 기회
고객의 욕구	정확히 파악	파악하지 못함
고객	접근가능 상품에 대해 우호적	접근 불가능 다른 상품이나 브랜드 선호
사용자에게 이익이 돌아오는 기간	1년 이내	3년 이상
부가가치	높다	낮다
제품수명	투자비용 회수하고 이익 지속	투자비용 회수기간보다 짧음
시장구조	불완전 경쟁/ 유망산업	완전경쟁/성숙산업, 사양산업
시장규모	1천억 이상의 매출	작은 시장규모
시장 성장률	30%~50%이상; 지속적	10%이하
5년 내 달성 시장점유율	30% 이상; 선두주자	5% 이하
원가구조	적은 원가 투입	많은 원가 투입
세후 이익	10~15% 이상, 지속가능	5% 미만, 불안한 상태
손익분기시점	2년 이내	3년 이상
ROI 잠재력	연 25%이상: 높은 가치	연 15~20%미만: 낮은 가치
전략적 가치	높은 전략적 가치	낮은 전략적 가치
자금 소요	중간이하: 확보가능	매우높음: 확보불가능
철수 가능성	존재; 환수가능성이 높음	불명확; 현금회수가 어려움
팀의 존재	다양한 전공의 팀이 있음	개인기업가
치명적 약점	없음	하나 이상 있음
생산비 마케팅비 유통비	낮음 낮음 낮음	높음 높음 높음
가격 통제력 원가 통제력 공급채널 통제력	중간 혹은 강한 통제력 중간 혹은 강한 통제력 중간 혹은 강한 통제력	약한 통제력 약한 통제력 약한 통제력
특허보호/ 조정능력 반응/조달 기간 법적/계약상 이점 네트워크	가지고 있거나 확보 가능 즉각적 반응 가능 특허/ 독점적(exclusive) 잘 형성되어 있음; 접근 가능	없음 즉각적 반응 불가능 없음 열악한 수준; 접근 불가능

(1) 시장 평가

가능성이 높은 사업기회는 주요 고객을 식별하고 접근할 수 있으며 그들의 욕구에 부합하는 제품과 서비스를 제공할 수 있는 시장을 가지고 있는 경우이다. 그리고 제품이나 서비스는 고객에게 쉽게 도달할 수 있어야 하며 부가가치를 제공할 수 있어야 한다. 시장의 구조적 특징은 판매자(seller)의 수, 판매자의 유통망 크기, 제품의 차별가능성, 진입 및 퇴출장벽의 크기, 구매자의 수, 그리고 제조원가 등에 따라서 결정되기 때문에 이들 요인들은 시장선택에 있어 매우 중요하게 작용한다.

시장의 크기, 성장률, 점유율, 그리고 원가구조 등도 시장과 관련하여 중요한 평가요인이 된다. 예를 들어, 시장이 크고 성장률이 매우 높은 경우 기회의 창(windows of opportunity)이 보다 많이 열릴 수 있을 것이다. 마찬가지로 마진율이 높으며 시장에서 점유율을 차지할 수 있는 비중이 큰 경우 성공적 사업기회의 가능성은 보다 높아질 수 있을 것이다.

(2) 경제성 평가

경제성과 환수가능성도 기회를 평가함에 있어 중요한 요소가 될 수 있다. 이와 관련해서는 세후이익률, 손익분기점과 양(+)의 현금흐름, ROI, 가치평가, 자금조달, 그리고 퇴출 메커니즘 등이 세부적 고려사항이 될 수 있다. 현금흐름 등 경제성 평가를 통해 투자회수와 충분한 이익창출이 가능해야 하며 퇴출비용이 적어야 한다. 또한 손익분기점이 가능한 빠른 것이 좋으며 창업 시 충분한 자금을 확보할 수 있어야 성공 가능성이 높은 기회가 될 수 있을 것이다.

(3) 경쟁우위 평가

높은 가능성의 창업기회는 아이디어의 우수성이나 차별성과 함께 경쟁하려는 산업 내에서 경쟁우위를 가지고 있어야 한다. 경쟁적 이점을 평가하기 위해서는 변동비용과 고정비용, 통제의 정도, 그리고 퇴출장벽 등을 고려해 보아야 한다. 매력적인 기회는 낮은 유통비용 그리고 생산비용을 갖는 구조라 할 수 있다. 또한 매력적인 기회는 가격, 원가, 그리고 유통경로 등에 대해서 강한 통제력을 가질 수 있어야 한다. 반면에 다른 기업들의 진입을 물리칠 수 없거나 자신이 진입장벽에 직면하는 경우 그것은 매력적인 기회가 되지 못할 것이다.

(4) 창업팀 평가

높은 가능성의 창업기회를 갖기 위해서는 자질과 경험을 갖춘 팀을 보유해야 한다. 만약 해당 산업에서 슈퍼스타가 이끄는 강력한 팀을 구축할 수 있다면 매력적인 기회가 될 수 있을 것이다. 좋은 팀이란 평가를 받기 위해서는 관련 기술, 시장, 그리고 서비스 영역에서 다양한 경험을 겪고 의욕이 넘치는 멤버로 구성될 필요가 있다. 창업팀의 구성은 성공의 성패를 좌우할 수 있으므로 다양한 능력을 보유한 인력의 확보와 네트워크 구축, 관련 아이템의 사업화를 위한 정보력과 마인드 등이 매우 중요하다. 만약 창업팀의 자질이 낮고 팀이 제대로 구축되지 못한다면, 매력적이지 못한 기회가 될 것이다.

대표가 아이디어를 기반으로 제품을 개발하고 창업을 했지만 그것을 직접적으로 만들어 낼 역량이 없으면 투자도 들어오지 않고 매출로 연결되지도 않는다. 투자유치에 있어서 인재영입이 필요하며, 창업성공의 평가에도 팀구성원을 가장 중요하게 봄을 명심해야 한다.

CHAPTER

6

기업가정신과 창업자의 능력 평가

제1절 기업가정신

기업가정신은 부의 창출과 일자리 제공을 통해 개인의 삶을 향상시키고, 지역사회를 발전시켜왔다. 기업가정신이 활발한 사회는 풍요를 누렸고 그러지 못한 사회는 쇠퇴를 면치 못했다. 경제학자 조지프 슘페터(J. A. Schumpeter)는 기업가정신을 "생산적 요소의 새로운 조합을 발견하고 촉진하는 창조적인 파괴(Creative Destruction)의 과정"으로 보고 "인류 생활의 질이 향상되고 자본주의 사회가 진화하는 원동력"이라고 주장했다. 기업가 정신은 창업의 기회를 창출하는 원동력이다. 그리고 창업의 출발은 창업 기회의 발견이다. 창업의 기회를 발견하고 창업의 성공을 위해선 창업자의 자세와 기업가적인 마인드, 사업진입의 타이밍 등이 중요하다. 결국 창업 성공의 핵심요인인 기업가의 경영철학과 핵심역량 및 기업문화도 기업가정신에 바탕을 두고 있다. 기업가는 끊임없이 변화하는 고객의 요구와 시장의 환경변화에 신속하게 대응하면서 기존의 문제 속에서 기회를 찾아내고, 이를 활용해 새로운 가치를 창출할 수 있어야 한다. 이는 단순히 운에 맡기는 것이 아니라, 시장을 분석하고, 트렌드를 파악하며, 고객의 니즈를 깊이 이해하는 데에서 비롯된다. 본장에서는 창업자와 관련한 기업가정신과 창업자의 유형, 창업자의 역량 등을 다루고자 한다.

1. 기업가정신의 정의

슘페터(1934) 이후 기업가 정신이 본격적으로 연구되기 시작하여 다양하게 정의되고 있다. 기업가정신에 관한 연구방법들은 크게 경제학적, 사회문화적, 심리학적, 경영학적 접근방법 등 4가지로 분류할 수 있다. 기업가 정신은 위험(risk)이 있는 새로운 사업(new business)을 운영하기 위한 경영자들의 창의적이고 모험적인 성향이라고 할 수 있다. 따라서 창의적이고 모험적인 성향인 기업가적인 마인드(entrepreneurial mind)를 가져야 한다. 즉, 창업의 성공을 위해선 창업자에 적합한 자질을 가져야 한다. 이 자질 가운데 핵심이 바로 기업가정신(entrepreneurship)이다. 기업가정신의 정의는 학자마다 다르지만, 보통은 '새로운 사업기회를 포착하고 생산 요소를 새롭게 조합하고 조정하고 통제하는 과정'으로 정의된다.

Entrepreneurship의 어원인 Entrepreneur를 보면 기업가정신보다는 창업가정신으로 번역하는 것이 더 적절하다는 주장이 있다.

21세기 급변하는 환경에 적응하기 위해 기업가정신의 중요성은 더욱 커지고 있다. 기업은 국내·외 환경변화에 신속하고도 혁신적인 대응을 해야만 생존할 수 있다. 이 때 기업가정신은 기업이 새로운 환경변화에 대응하여 신속하고도 혁신적인 행동과 의사결정을 하도록 만드는 경영수단이 된다. 경제발전은 새로운 창업과 기존 기업의 혁신을 통해 이루어진다. 이와 같은 창업과 혁신의 과정에는 기업가적(entrepreneurial) 결단과 행동이 필수적이다. 피터 드러커(P. Drucker)는 이러한 기업가적 정신을 발휘하는 특유의 수단을 혁신이라고 하였다.

슘페터(Schumpeter)는 새로운 생산방법과 새로운 상품개발을 기술혁신으로 규정하고, 기술혁신을 통한 창조적 파괴를 하는 기업가를 '혁신자'라고 규정한 후, '혁신자'에게 반드시 필요한 정신 몇 가지를 기업가정신으로 규정했다. 슘페터가 주장한 기업가정신은 다양한 항목이 있지만 그중에서도 대표적인 항목은 다음과 같다.

① 신제품 개발
② 새로운 생산방법의 도입
③ 신시장 개척
④ 새로운 원료나 부품의 공급

⑤ 새로운 조직의 형성

⑥ 노동생산성

이 생각은 흔히 통념적으로 여겨지던 기업가정신인 '미래를 예측할 수 있는 통찰력'과 '새로운 것에 과감히 도전하는 혁신적이고 창의적인 정신'과도 일맥상통한다.

기업가정신 혹은 창업가정신은 외부환경 변화에 민감하게 대응하면서 항상 기회를 추구하고, 그 기회를 잡기 위해 혁신적인 사고와 행동을 하며, 그로 인해 시장에 새로운 가치를 창조하고자 하는 생각과 의지이다.

기업가정신은 문제를 해결하고, 기회를 포착하며, 불확실성 속에서도 혁신을 지속하는 능력을 의미한다. 이러한 정신은 창업뿐만 아니라 대기업, 중소기업, 공공기관에서도 그 가치를 발휘한다. 특히, 창업을 꿈꾸는 이들에게 기업가정신은 성공의 열쇠이자, 지속 가능한 성장을 위한 필수적인 요소이다.

기업가정신은 창의성과 혁신을 바탕으로 새로운 가치를 창출하고 사회적, 경제적 문제를 해결하려는 태도와 행동을 말한다. 처음에는 소규모 사업체를 설계, 출시 및 운영하는 과정을 거쳐 제품, 프로세스 또는 서비스를 제공하거나 판매하는 새로운 사업체를 설계하는 과정으로 이어진다. 이러한 사업을 창조하는 사람들을 기업가라고 부른다. 기업가정신은 이익을 창출하기 위해 기업의 이익과 함께 사업을 발전시키고, 조직을 발전시키고, 관리하고, 관리할 수 있는 능력으로 묘사된다. 기업가정신의 정의는 사업을 시작하고 진행하는 것에 집중하는데, 기업은 창업 초기에 고위험 사업에 집중하기 때문에, "자금 부족, 경제적인 결정, 경제적 위기 또는 이들 모두의 조합"으로 인해 기업의 상당 부분이 문을 닫아야 한다. 2000년대에, '기업가정신'은 어떤 개인(또는 팀)이 기회를 식별하고, 그것을 실행하고, 그리고 그들을 이용하여 새로운 상품 또는 서비스를 개발하고, 새로운 기업이나 서비스를 창출하는 것으로 정의된다. 최근에는 기본적으로 확실하지 않은 기업경영의 본질을 강조한다. 왜냐하면 그들의 존재는 이윤을 실현하기 전에 그들의 존재를 발견하거나 확인하기 전에는 발견되지 않기 때문이다. 진정한 기회는 실제로 필요한 사업 수완, 재정적 또는 사회적 자본이 부족한 기업가들에 의해 실현될 수 없다.

2. 기업가정신의 구성요소

"기업가정신과 혁신을 별개로 떼어 놓고 생각할 수 없다고 생각한다" 현대 경영학을 창시한 미국의 경영학자 피터 드러커(P. Drucker)가 주장한 말이다. 그는 기업가정신이 대기업뿐만 아니라 중소기업 및 공공기관에도 필요하고, 새로운 기업뿐만 아니라 오래된 기업에서도 필요하다고 주장한다.

그렇다면 현재나 미래에 성공창업을 꿈꾸는 예비창업자나 창업자들은 어떠한 기업가정신을 갖춰 어떻게 창업을 준비해야 할까? 성공적인 창업가가 되려면 무엇보다 현재의 환경과 미래의 변화에 맞는 사업아이템을 개발한 뒤 창업기회를 찾고 성공적인 전략을 실천하는 기업가적인 자질과 사고가 중요하다. 개인적 차원의 기업가정신과 일반적 기업가정신은 다음과 같은 몇 가지 중요한 요소로 구성된다.

(1) 개인차원의 기업가정신

기업가정신은 기업에만 국한되지 않고 '한 사회의 모든 구성원이 본질적으로 가지고 있어야 할 자기 혁신의 바탕'이라고 한다. 피터 드러커는 자신의 저서 '넥스트 소사이어티(Managing in the Next Society)'에서 기업가정신이 가장 높은 나라로 한국을 지목하였다. 일제 강점기와 한국전쟁으로 산업기반이 전무한 상황에서 불과 50여년 만에 세계수준의 기업들을 일궈낸 부분을 높이 평가하고 있다. 개인차원 기업가정신의 주요 구성요소들은 [그림

▎그림 6-1 ▎ 개인차원의 기업가정신

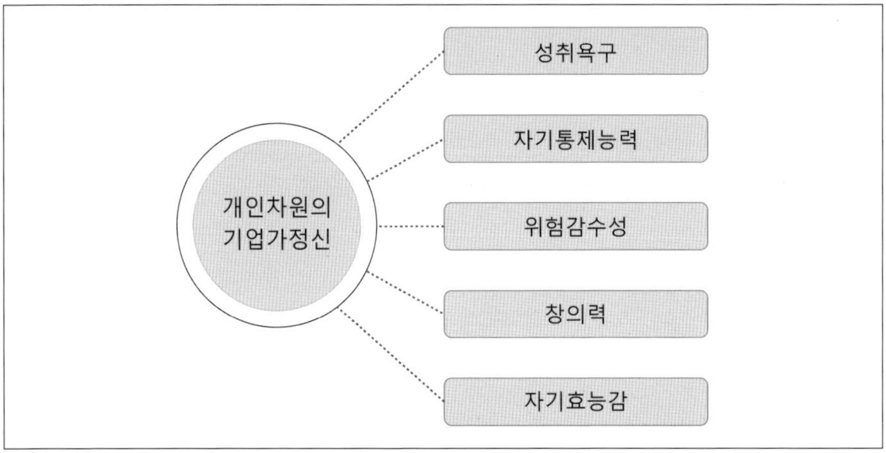

6-1]과 같다.

1) 성취욕구(Need for Achievement)

어려움을 극복하고 자신의 능력을 발휘하여 문제를 해결해 목표를 달성하려는 욕구, 또는 도전적이고 어려운 과업을 훌륭히 성취하여 만족을 얻으려고 하는 내적 의욕이다. 이는 경영자가 어려움을 극복하고 목표를 달성하려는 강한 욕구를 가지고 있을 때 더욱 창의적이고 효과적인 전략을 수립하고 실행할 수 있다는 것이다. 높은 성과를 달성하기 위한 개인의 포부, 노력 및 지구력 높은 성취욕구를 가진 사람이 위험 감수성이 높고 기업가가 될 확률이 높다.

2) 자기통제능력(Locus of Control)

주위에서 일어나는 여러 가지 일과 사건들에 대해 스스로 통제하고 조절할 수 있다고 믿는 신념의 정도를 말한다. 이는 자신의 삶과 운명을 스스로 결정해나갈 수 있다고 믿는 자기 확신의 개념이다.

3) 위험감수성(Risk-taking)

불확실한 결과가 예상됨에도 불구하고 과감히 도전하려는 의지의 정도로서 위험에 맞서 적극적으로 기회를 모색하고 추구하고자 하는 의욕을 말한다. 이는 실패를 두려워하지 않고 도전하는 것이 중요하다. 실패를 통해 배우고 다시 도전하는 과정에서 기업가는 성장한다. 성공적인 기업가는 오히려 불확실한 미래와 위험을 도전정신과 치밀한 준비를 통해 계산하고 통제하려는 태도를 가진다. 이러한 위험감수성은 기업가정신의 핵심 요소이며, 기업가와 경영자를 구분하는 결정적 기준이다.

4) 창의력(Creativity)

주어진 문제나 감지된 문제로부터 통찰력을 동원하여 새롭고 독창적인 산출물을 만들어내는 능력으로 새롭고 유용한 결과물을 생산해 내는 행동 또는 정신과정으로 볼 수 있다.

5) 자기효능감(Self-efficacy)

주어진 과업이나 역할을 성공적으로 수행할 수 있다고 믿는 개인적인 신념의 강도로 다양한 도전과 위험에 능숙하게 대처하며 새로운 기회를 추구할 수 있다는 자신감을 말한다.

자기효능감은 개인의 행동, 태도, 동기 및 정서에 큰 영향을 미치는 심리적 요소이다. 자기효능감이 높은 사람은 어려운 상황에서도 긍정적인 태도를 유지하고 문제를 해결하려는 경향이 있다.

(2) 기업가정신의 일반적 구성요소

기업가정신을 구성하는 요소에는 대표적으로 혁신성, 위험 감수성, 진취성, 창조성, 미래 지향성 등이 있다. 밀러(Miller)는 기업가적 특성으로 혁신성, 위험성, 감수성, 진취성을 강조했다. 이후 코빈과 슬레빈(Covin & Slevin), 자라(Zahra) 그리고 제닝스와 럼프킨(Jennings & Lumpkin) 등에 의해 연구되어 왔다. 기업가정신에 대한 초창기 연구는 기업가의 개인적인 특성과 행동에 초점을 뒀으나 최근에는 기업가정신의 구성요인에 대해 보다 깊이 있는 연구가 진행되고 있다.

1) 혁신성(innovativeness)

새로운 아이디어, 새로운 제품 및 서비스의 개발 등을 통하여 기존의 물적·인적 자원을 새롭게 창출해 가고자 하는 마음가짐이다. 창의적인 아이디어를 현실화하고, 새로운 가치를 창출하는 능력이다. 혁신은 단순한 발명에 그치지 않으며, 기존의 문제를 새로운 방식으로 해결하거나 시장에 새로운 접근방식을 제시하는 것을 포함한다. 새로운 조직 또는 기존 조직에서 아이디어, 제품, 서비스, 시장 또는 기술로 무엇인가 새로운 것을 적극적으로 도입하고 추진하려는 성향이다.

혁신적인 창업가는 창조적인 과정을 수행함으로써 새로운 기회를 추구한다. 혁신성은 새롭게 기업을 설립할 때뿐만 아니라 기존 기업의 지속적인 성장과 변화를 위해서도 기업가가 반드시 갖추어야 할 자세이다.

"기업가정신은 기술혁신을 통한 창조적 파괴에 앞장서는 것이다."

–슘페터(J. A. Schumpeter, 1883~1950) / 국제경제학회 초대 회장,
하버드대 경제학과 교수

2) 위험 감수성(risk taking)

기업 경영에서 어려움 또는 손실을 기꺼이 받아들이는 능력이다. 기업가는 모든 위험을 긍정적으로 받아들이며 이를 감수하려고 하는 마음가짐이 있어야 어려운 일이 닥치더라도 주저하지 않고 성공할 수 있다.

"나에게 시련은 있을지언정 실패는 없다. 낙관하자. 긍정적으로 생각하자."

- 정주영(鄭周永, 1915~2001) / 현대그룹 창업주

3) 진취성(proactiveness)

미래수요를 예측하고 경쟁자들보다 한발 앞서 시장변화에 참여하는 적극적 행동, 무한 경쟁의 경영 환경 속에서 경쟁 관계에 있는 기업보다 우위를 차지하기 위하여 노력하는 자세이다. 진취적 자세를 갖추면 경쟁에서 이기고 시장 점유율을 극대화하여 기업이 지속해서 성장해 나갈 수 있다.

"없으면 만들어서 경쟁하라."

-마이클 포터(Michael E. Porter, 1947~) / 하버드대 비즈니스 스쿨 교수

4) 창조성(creativeness)

기존에 없던 유·무형의 요소를 새로이 만들어 내려는 자세이다. 새로운 것을 추구하려고 하는 창조적 자세로 임해야 새로운 가치를 창출할 수 있고, 나아가 기업의 경쟁력으로 이어질 수 있다.

"자신의 창조성을 적시에 사용하라. 그리고 실행하면서 꿈을 실현하라."

- 빌 게이츠(William H. Gates, 1955~) / Microsoft사의 CEO

5) 미래 지향성

미래에 발생할 변화와 문제를 예측하여 적절한 대응과 전략 등을 준비하는 자세이다. 미래 지향성은 시장의 기회를 이용하는 전략으로 이어질 수 있으며, 시장을 선점하고자 하는 기업에서 반드시 갖추어야 할 중요한 요소이다.

"고객들에게 무엇을 원하는지 묻고 나서 그들에게 바로 그 물건을 제공할 수는 없다. 당신이 제품을 완성할 때쯤이면, 고객들은 뭔가 새로운 제품을 찾을

것이다."

-스티브 잡스(Steve P. Jobs, 1955~2011) / Apple사의 창업자

기업가정신에 대한 측정방법은 그 활용도에 따라 다양하게 평가되고 있다. 기업가정신은 실질적으로 아무것도 아닌 것으로부터 가치 있는 어떤 것을 만들어내는 인간적이고 창조적인 행동을 말한다. 기업가정신을 바탕으로 끊임없는 혁신을 추구해나갈 때 지속가능한 성장기업으로 인정을 받을 수 있을 것이다.

3. 기업가정신과 창업

기업가정신은 오늘날과 같은 불확실한 시대에 더욱 강조되는 능력이다. 특히 창업을 시작하는 준비는 단순히 사업을 시작하는 방법을 가르치는 것이 아니라, 수강생들이 변화에 대응하고, 문제를 해결하며, 지속적으로 성장할 수 있는 역량을 갖추도록 돕는 과정이다. 기업가정신도 변화하는 비즈니스 환경에 맞춰 끊임없이 발전해야 한다.

창업자는 성취욕구와 혁신성, 위험감수성, 진취성 등의 기업가정신을 바탕으로 장기적으로 시장이 성장하는 산업분야나 독자적인 수익모델창출이 가능한 제품과 고객을 찾아야 창업성공의 꽃을 피울 수 있을 것이다. 고객이 찾는 제품과 서비스를 통해 사업아이디어를 찾았더라도 더 중요한 것은 경쟁사업자를 이겨 그 사업을 통해 수익모형을 실현할 수 있어야 한다. 그러나 막상 시작시점부터 지속적인 수익창출이 가능한 사업아이디어로 사업계획을 세워 시작하는 것이 쉽지는 않는 게 현실이다.

그렇다면 어떻게 해야 할까?

가장 안전한 창업은 자신이 하고 있는 일 가운데 제품과 서비스를 통해 지속적인 수익창출이 가능한 사업아이템을 찾아 창업계획을 수립하는 것이 좋다. 그런 아이템을 찾지 못한다면 산업의 애로요인이나 시장전문가의 자

문, 아이디어나 기술구매 등을 통해 끊임없이 산업과 기술의 변화에 따른 창업기회를 찾다가보면 의외의 좋은 아이템을 얻을 수도 있다. 이를 위해선 경제의 트렌드를 읽고 미래에 유망한 업종이나 신기술을 바탕으로 끊임없이 기업가정신을 키우고 사업아이템을 찾아야 할 것이다. 현재 유망하게 보이는 사업아이템도 창업자의 태도와 시간의 흐름 및 경제환경의 변화 등에 따라 성공가능성은 달라진다. 창업기업이 독자적인 수요를 창출하는 제품과 서비스산업 아이템을 찾는 경우는 드물다. 실제로 창업아이템의 대부분은 원청업체와 하청업체의 생산체인의 관계 속에 존재한다. 이 경우 든든하게 밀어주는 원청업체가 없다면 사업을 성장하고 지속하기는 어려울 수도 있다. 그리고 해당분야에 우수하고 독보적인 기술이 없다면 타 경쟁업체를 이기는 것은 더욱 쉽지 않고 존속하기도 어렵다.

창업의 기회를 잡기 위해선 최근 성공한 기업의 사업계획서와 비즈니스 모델링을 참고하여 후속사업이나 성장산업분야를 찾는 것도 좋은 방안이다. 특히 유사한 업종이나 분야에서 성공한 기업의 사업계획서를 분석하거나 활용하여 다른 무언가를 결합하여 자신만의 특별한 사업을 만드는 방안을 찾아보는 것이 쉽게 아이디어를 찾는 방법이다. 그렇다고 그 사람이 성공했다고 나도 성공할 수 있을까? 그렇지는 않다고 생각한다.

4. 기업가와 경영자의 비교

기업가는 경영자와 어떠한 차이가 있는가를 비교함으로써 기업가정신을 보다 잘 이해할 수 있다. 기업가는 모든 생산수단을 활용하여 새로운 결합을 수행해 신제품을 소개하고, 새로운 생산수단을 고안하고, 새로운 시장과 공급원을 개척하고, 필요에 따라서는 새로운 조직을 창출하는 사람이다. 또한 기업가는 변화를 탐구하고, 변화에 대응하며, 변화를 기회로 이용할 줄 아는 사람을 말한다. 따라서 심리적인 측면에서 기업가는 성취동기, 모호성,

인내도, 내적통제, 열성, 위험감수, 사회적 재능, 자율성, 변화 등의 속성이 강하고 경영자는 순응, 대인적 정서, 손실회피, 의존성 등의 성향을 갖는다.

조직 내 역할 측면에서 기업가는 일반적으로 새로운 시장기회의 발견과 사업화에 주력하나, 경영자는 기업가의 사고와 계획을 실행 및 관리하는 역할에 치중한다. 이상의 기업가와 경영자의 차이점을 자세히 정리하면 다음 〈표 6-1〉과 같다.

▌표 6-1▐ 기업가와 경영자의 차이점

항 목	기업가	경영자
적응 대상	• 환경에의 적응	• 조직에의 적응
적응방식	• 사전 대응적	• 사후 반응적
환경변화	• 비연속적	• 연속적
역할	• 전략 중시	• 관리 중시
결정대상	• 목적	• 수단
성과척도	• 효과성	• 효율성
목표의 중점	• 성장, 혁신	• 안정성, 수익성
결정영역	• 신사업 진입 • 기존 사업철수 • 대규모적 기술혁신	• 생산성 향상 • 생산기술개선 • 원가절감
위험부담	• 개인적	• 조직적
필요분야	• 성장산업, 쇠퇴산업	• 성숙산업, 안정산업
사업환경	• 불안정	• 안정

스티븐슨(Stevenson)은 사업수행 행위에 초점을 두어 〈표 6-2〉와 같이 기업가적 행위와 관리적 행위를 비교하였다. 그는 이를 위해 기업가적 행위와 관리적 행위로 구분하고 전략과 관리방식 등 6가지 차원에서 차이점을 지적하였다.

첫째, 전략에 있어 기업가적 행위는 새로운 기회를 인지하고 실현시키는

| 표 6-2 | 기업가적 행위와 관리적 행위 비교

구분	기업가적 행위	관리적 행위
전략	• 새로운 기회의 인지 및 실현	• 보유자원 중심
기회 추구	• 단기간 / 혁신적	• 장기간 / 점진적
자원 동원	• 단계마다 최소자원 투입	• 한번에 대량자원 동원
자원 조달	• 필요자원의 외부 차용	• 필요자원의 소유
관리 방식	• 비공식적 의사소통중시 • 수평적 조직구조	• 공식적 보고체계 • 수직적 조직구조
보상 정책	• 가치창출 중시 / 팀단위 보상	• 단기자료에 근거한 개인 승진

데 초점을 두는 반면에, 관리적 행위는 기존에 보유하고 있는 자원을 우선적으로 고려하여 수립한다. 둘째, 기회의 추구에 있어 기업가 행위는 혁신적인 방법을 동원하여 단기간에 쟁취하려는 반면, 관리적 행위는 여러 이해관계자들의 입장을 고려해 장기적이면서 점진적으로 접근한다. 셋째, 자원동원의 방식에 있어서는 기업가적 행위는 단계별로 접근하며 각 단계에서도 최소한의 자원을 투입하려는 반면, 관리적 행위는 한 번의 큰 결정에 기초하여 한꺼번에 자원을 투입한다. 넷째, 자원 통제에 있어서는 기업가적 행위는 그때그때 필요에 따라서 외부에서 차용하는 반면, 관리적 행위는 필요자원을 소유하거나 조직 내 보유하려 한다. 다섯째, 조직관리 방식에 있어서 기업가적 행위는 비공식적 네트워크에 의해 의사소통을 원활하게 하고 수평적 조직구조를 통해 하부에 권한을 위임하려는 성향이 강한 반면, 관리적 행위는 공식적 보고체계를 중시하고 수직적 조직구조를 유지하려 한다. 마지막으로, 보상방법에 있어서 기업가적 행위는 성과 위주의 보상과 팀 단위의 보상을 선호하는 반면, 관리적 행위는 회사의 안정적 위치를 고수하는 데 역점을 두기 때문에 개인이 주어진 책임을 완수한 정도를 중시하고 개인승진 위주의 보상을 하려 한다.

제2절 창업자의 유형

창업자는 사업을 위한 자원을 모으고 위험을 극복하고 조직을 이끌어가면서 도전정신 및 혁신과 창의성으로 이윤을 추구하고 성과를 창출하는 사람으로 정의한다. 슘페터(1934)는 창업자를 경제계의 리더라고 정의하면서 창조적 파괴(creative destruction)과정을 추구하며 기업관련 구성요소를 통합해 이를 잘 수행하는 사람이라고 하였다.

1. 기술창업자

기술창업자는 기술적 경험과 아이디어를 가지고 사업을 시작한 사람을 말한다. 일반적으로 기술적 경험이나 아이디어를 중시하기 때문에 창업자의 높은 학력이나 기술, 경험이 반드시 성공 요소라고 보는 경향이 강하다. 이러한 창업은 특허 등 기술력을 바탕으로 벤처기업을 창업하는 경우가 많다.

2. 일반창업자

일반창업자는 기술이 아닌 자신의 상업관리능력을 바탕으로 한 창업자를 말한다. 주로 지식이나 경험을 활용하여 틈새시장에서 자신의 생업 등을 위해 창업하는 경우를 말한다.

3. 사내창업자

사내창업자는 말 그대로 회사나 조직 내 실험실이나 컴퓨터, 기자재 등의 제반 자원을 활용하여 혁신을 창출하는 사람을 말한다. 이들은 주로 조직구성원을 대상으로 아이디어를 발굴, 회사와 관련된 사업이나 회사의 차세대 사업의 육성, 아웃소싱 등을 위해 벤처팀으로 참여해 창업 및 자금지원을 받는 경우이다.

제3절 창업자의 역량

1. 창업자의 역량평가

일반적으로 창업자의 높은 학력이나 경험이 반드시 창업성공 요소라고 보는 경향이 강하다. 창업의 성공에 창업자가 중요한 부분을 차지하는 것은 사실이지만, 창업자에 관해 많은 사람들이 잘못 이해하고 있는 부분이 많다. 가령, 창업자의 특성을 조사할 때 학력과 사업 성공 사이에 상호 관련성이 있다고 보는 경향이 있다. 하지만 최근 연구결과에 의하면 학력은 개인의 경영능력에 대한 믿을 만한 지침이 될 수 없다고 한다. "대학에서 성적이 최상위 1/3 이하로 졸업한 학생들이 최고 경영자가 될 확률이 높다"라고 한 미시간 대학의 제닝스(Jennings) 교수의 말처럼 창업에서 학력과 성적은 중요하지 않다.

창업능력에 대한 지표로 학력, 지능지수, 그리고 학점에 의존하는 것은 바람직하지 않다. 창업이전의 경험에서 화려한 경력 또한 결정적인 요소가 아니다. 실제 경영에 성공하기 위해선 리더십, 기회포착 능력, 그리고 타고난 사업가적 자질 등이 중요하지만 산업의 사이클이나 경제상황, 경쟁관계, 참여구성원들의 역할 등에 따라 달라진다.

2. 창업자의 역량평가항목

일반적으로 창업자에게 요구되는 자질을 평가하기 위한 항목으로 바움백과 로어(Baumback and Lawer)는 〈표 6-3〉과 같이 창업자 자질 자가평가표를 제시하였다. 본인의 창업가로서 자질을 나름대로 평가하여 창업자로서 자질을 객관적으로 살펴볼 필요가 있다. 창업준비 바움백 테스트의 평가를 통해 51점 이하이면 창업자로서 자질이 부족하다고 판단하여야 한다.

첫째, 창업을 성공적으로 이끌기 위해서는 창업자의 리더십이 중요하다. 종업원들을 고용하여 사업을 하는 경우 이들에게 비전을 제시해주고 이들이 사업목표에 적합한 일을 열정적으로 할 수 있도록 북돋우어 주어야 한다. 즉, 종업원들의 잠재력을 최대한 이끌어내도록 창업자가 자신의 리더십을 발휘하는 것이 필요하다. 리더십은 타고난 부분도 있지만, 창업자 자신의 노력에 따라서 더욱 높아질 수 있는 자질에 해당한다.

둘째, 창업에 성공하기 위해서는 창업자 자신이 사업 아이디어를 통해 기회를 감지해낼 수 있는 능력이 중요하다. 창업에서 중요한 것은 무엇을 어떻게 하느냐 보다, 창업 초기에는 무엇을 어떻게 찾아내어 핵심적인 곳에 자신의 자원과 노력을 집중하는 것이 더 중요하다. 피터 드러커는 이를 기회포착 능력이라고 표현하였다. 기회포착 능력은 현장에서 직접 개인적 경험을 통해 터득할 수 있다. 현장경험 없이는 기회와 문제를 찾아내는 방법을 배우기가 쉽지 않다. 경험은 학습에 필수적인 것으로 문헌, 사례연구, 교재만으로는 기회포착 능력을 개발하는 데 한계가 있다. 체험은 무엇을 할 것인가를 인식하는 데 뛰어난 창업자를 만드는 중요한 방법이다.

셋째, 창업자 자신의 타고난 경영자질 즉, 사업가적 자질이 필요하다. 그러나 사람마다 각각의 개성과 스타일이 다르기 때문에, 어떤 경영스타일이 가장 효과적이라는 정답은 없다. 즉, 어떤 창업자에게는 효율적인 경영스타일이 다른 창업자에게는 전혀 다른 비효율성을 가져오기도 한다. 따라서 자신의 타고난 경영스타일이 어떤 것인지를 명확히 파악하고, 개인적 특성에 적합한 경영 기법을 택할 필요가 있다. 자신의 개성과 자질과 전혀 다른 경영스타일은 결국 창업을 실패로 이끌어낼 확률이 높다. 따라서 훌륭한 경영자는 자신의 개성을 가장 잘 발휘하는 사람이라고 할 수 있다.

▌표 6-3▌ 창업자 자질 자가평가표

자질 항목		그렇다	간혹 그렇다	그렇지 않다
1. 다른 사람과 경쟁 속에서 희열을 느낀다.		(3)	(2)	(1)
2. 보상이 없어도 경쟁이 즐겁다.		(3)	(2)	(1)
3. 신중히 경쟁하지만 때로는 허세를 부린다.		(3)	(2)	(1)
4. 앞날을 생각해 위험을 각오한다.		(3)	(2)	(1)
5. 업무를 잘 처리해 확실한 성취감을 맛본다.		(3)	(2)	(1)
6. 일단 하기로 결심한 일이면, 무엇이든 최고가 되고 싶다.		(3)	(2)	(1)
7. 전통에 연연하기 싫다.		(3)	(2)	(1)
8. 일단 일을 시작하고, 나중에 상의하곤 한다.		(3)	(2)	(1)
9. 칭찬을 받기 위해서라기보다 일 자체를 중요하게 생각한다.		(3)	(2)	(1)
10. 남의 의견에 연연하지 않고, 내 스타일대로 한다.		(3)	(2)	(1)
11. 나의 잘못이나 패배를 잘 인정하지 않는다.		(3)	(2)	(1)
12. 남의 말에 의존하지 않는다.		(3)	(2)	(1)
13. 웬만해서는 좌절하지 않는다.		(3)	(2)	(1)
14. 문제가 발생했을 때, 직접 해결책을 모색한다.		(3)	(2)	(1)
15. 호기심이 강하다.		(3)	(2)	(1)
16. 남이 간섭하는 것을 못 참는다.		(3)	(2)	(1)
17. 남의 지시를 듣기 싫어한다.		(3)	(2)	(1)
18. 비판을 받고도 참을 수 있다.		(3)	(2)	(1)
19. 일이 완성되는 것을 꼭 봐야 한다.		(3)	(2)	(1)
20. 동료나 후배가 나처럼 열심히 일하기를 바란다.		(3)	(2)	(1)
21. 사업 지식을 넓히기 위해 독서를 한다.		(3)	(2)	(1)
합계				
평가결과	63점 이상	완벽한 창업자 자질		
	52점~62점	창업자로서 좋은 자질		
	42점~51점	보통의 창업자 자질		
	41점 이하	창업자 자질 보강 필요		

CHAPTER

7

사업아이디어개발 및 사업아이디어선정

아무리 좋은 창업 능력을 갖춘 창업자라도 사업 아이디어가 시장과 고객의 요구에 부합되지 않으면 실패하기 마련이다. 그리고 창업아이디어를 선정해 창업을 실행할 때 사업의 장·단기적 수익모형이 구축되지 않으면 안 된다. 따라서 철저한 분석을 통한 유망한 사업 아이디어의 창출과 창업아이템 선정이 중요하다.

제1절 사업 아이디어의 의의와 중요성

1. 사업 아이디어의 의의

사업 아이디어란 무엇을 가지고 창업할 것인가? 어떠한 제품(재화)을 생산하고 서비스(용역)할 것인가? 등에 대한 사업동기를 말한다.

사업 아이디어는 시장에서 소비자 요구를 조사하여, 그 요구에 부합하는 제품 아이디어를 발견하고, 그 제품이 시장에서 어느 정도 요구가 있는가가 파악돼야한다. 사업 아이디어가 성공하려면 시장의 요구와 기술력, 경쟁력, 적합한 성공전략을 갖추어야 한다. 사업의 매력성과 창업하는 기업에 적합성, 즉 '사업도=매력도+적합도'의 공식에 따라서 선정하는 것이 좋다.

2. 창업을 위한 사업 아이디어의 중요성

성공적인 창업을 위해서는 무엇보다 수익성 있는 참신한 사업 아이디어를 발굴해야 한다. 자신이 생각하기에는 기발하고 사업성이 있는 멋진 아이디어라도 실제로 사업화하였을 경우 성공률이 낮은 경우가 많다. 특히, 벤처기업으로서 창업아이디어의 성공 가능성은 훨씬 더 낮다. 그러므로 벤처기업 창업예비자는 보다 많은 아이디어의 창출과 선택에 피나는 노력이 전제되어야 사업에 성공할 수 있을 것이다. 성공적인 아이디어의 창출을 위해서는 되도록 많은 사업아이디어를 고려하여야 한다. 왜냐하면 신기술이나 첨단 과학기술 분야에서는 수천, 수만 가지의 아이디어 중에서 단 한두 가지만이 제품화되어 성공하는 경우가 많기 때문이다.

창업을 꿈꾸는 사람들이 창업을 준비하는 과정에서 사업 아이템을 잘못 선택하면 성공하기는 쉽지 않다. 창업을 구상하는 사람이라면 먼저 어느 사업(산업) 영역에서 어떤 아이디어, 어떤 상품, 어떤 서비스 등으로 시작할 것인가를 먼저 고려하지 않으면 안 된다. 그리고 그 사업성은 상품성(독창성 및 실용성, 혁신성 등), 시장성(시장의 성장성 및 장래성 등), 창업자의 사업가로서의 자질과 능력, 기술성, 수익성 등을 충분히 검토해야 성공가능성이 높아진다.

제2절 사업 아이디어 창출

창업을 위해선 새로운 기술 또는 좋은 아이템 등의 사업 아이디어가 있어야 한다. 창업을 꿈꾸는 많은 사람들이 자신의 인생을 걸고 다양한 사업 아이디어 탐색과 선정에 나서고 있다. 그 이유는 사업 아이디어가 곧 창업의 성공과 직결된다고 생각하기 때문이다. 성공적인 창업 아이디어를 발견하기 위해서는 될 수 있으면 많은 아이디어를 탐색하고 최적의 사업 아이디어를 선정하는 것이 창업의 지름길이다. “Think the unthinkable.” 색다른 아이디어, 새로운 아이템은 모든 예비창업자가 좇는 ‘이상’이다. 창업을 위한 아이디어 발상법은 그 유형과 방법별로 다양하다. 번뜩이는 사업 아이템은 기발한 아이디어로부터 나온다.

1. 사업 아이디어 창출과 선정원칙

(1) 창업 업종의 선택 시 유의사항

창업 아이디어의 결정 과정에서 무엇보다 중요한 것은 사업 실패 확률을 낮추는 것이다. 사업 실패 확률을 낮추기 위해서는 무엇보다 창업 업종 선택이 매우 중요하다. 다음은 창업 업종 선택 시 실패를 낮추기 위해서 고려해야 할 사항들이다.

- 자신의 성격을 먼저 파악하고 그에 맞는 업종을 고른다.
- 자신의 경력, 특히 전문지식이나 인맥을 활용할 수 있는 업종이면 더욱 좋다.
- 자금 및 기술 등 경영자원의 관점에서 이상적인 기준과 너무 큰 차이가 없는 업종이 좋다. 즉, 현실성이 있어야 한다.
- 시대 변화를 반영하되 자신이 따라잡을 수 있는 업종이 좋다.
- 성격, 경력 및 경영자원이 동시에 만족된다면 더욱 이상적인 업종선택이 될 것이다.

(2) 사업 아이디어의 원천

사업 아이디어의 원천으로는 기술적 발견, 가치관과 생활양식의 변화, 정부규제의 변화, 천재지변, 자원의 발견 등을 들 수 있다. 이 같은 원천의 여러 상황에서 다양한 사업아이디어가 도출될 수 있다. 사업 아이디어 창출은 기대하지 않았던 사업설명회의 초청, 이전 직장, 권리의 획득, 취미 생활, 인간관계, 단순한 관찰, 관심분야에 대한 계획적 탐색 등에서 나온다. 사업 아이디어 창출의 원천은 [그림 7-1]과 같이 새로운 시장, 새로운 기술, 새로운 혜택 등의 세 가지 유형으로 구분할 수 있다.

첫째, 새로운 시장의 개척을 통한 사업 아이디어 창출 유형은 기존 시장

▎그림 7-1▎ 사업 아이디어 창출 유형

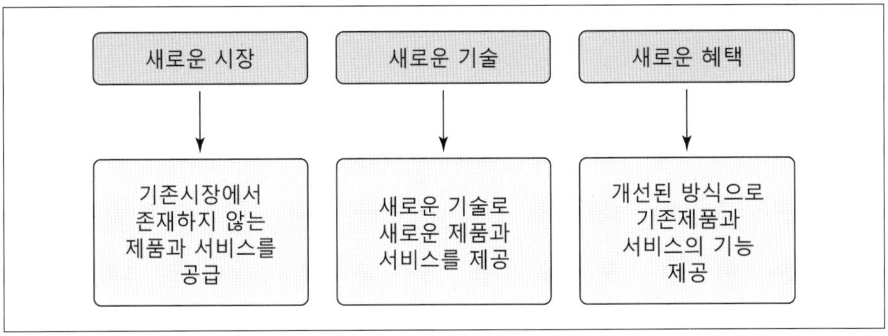

에서 존재하지 않는 제품과 서비스를 공급함으로써 새로운 시장을 창출하는 방식이다.

둘째, 새로운 기술의 개발을 통한 사업 아이디어 창출 유형은 새로운 기술로 새로운 제품과 서비스를 제공하는 방식이다.

셋째, 새로운 편의 및 혜택의 제공을 통한 사업 아이디어 창출 유형은 개선된 방식으로 기존 제품과 서비스의 기능을 제공하는 방식이다.

2. 사업 아이디어의 창출 기법

사업 아이디어를 어떻게 만들어 낼 것인가? 남보다 앞서 시장에서 얻거나 느낀 지식과 경험을 바탕으로 시장의 요구를 반영해 새로운 사업적 노하우로 연결시켜 새로운 사업 아이디어를 창출할 수 있다. 사업 아이디어를 창출하는 기법에는 브레인스토밍(brainstorming), 체크리스트(check list)법, 자유연상법, 강제연상법, 포커스 그룹, 세네틱스 등이 있다. 여기에서는 가장 많이 활용되고 있는 브레인스토밍기법과 체크리스트법, 제품탐색을 통한 아이디어개발방법 등에 대해서 살펴보자.

(1) 브레인스토밍

브레인스토밍은 말 그대로 두뇌폭풍이다. 미국의 유명 광고대행사인 BBDO의 오스본(Alex F. Osborn)이 다양한 광고관련의 아이디어를 내기 위해 고안한 일종의 회의방식이다. 브레인스토밍은 문제에 대한 가능한 많은 해법들을 도출하는 것이 목표이다. 이 기법은 제안된 아이디어에 대한 비판 없이 '열린 마음' 혹은 '자유로운 사고'를 가지도록 한다. 브레인스토밍은 토의 참가자의 적극적인 참여를 유도하여 "질(質)"보다는 많은 양질의 아이디어 창출을 목표로 하고, 모든 멤버들이 제안된 어떠한 아이디어라도 비판하지 않는다는 동의하에 가능한 많은 수의 해결안을 도출시키는 방법이다. 이때 토론을 통한 대화 및 협의, 이해력 증진, 협동심유발 등을 바탕으로 진행된다.

- 비판금지: 제시된 아이디어에 대해서 좋고 나쁨을 비판하지 않는다.
- 자유분방: 아이디어는 색다른 시각에서 나온다. 아이디어는 자유분방할수록 좋다.
- 다다익선: 우스꽝스럽거나 현실적이지 않은 아이디어, 엉뚱한 아이디어도 좋다. 되도록 많은 아이디어를 낸다.
- 결합개선: 다른 아이디어를 결합하여 더 좋은 아이디어로 만들 수 있다.

(2) 체크리스트법

사업 아이디어 제안의 내용과 방법의 효과성을 높이기 위해서는 체크리스트법이 적합하다. 체크리스트는 사고의 출발점 또는 문제해결의 착안점을 미리 정해 놓고 그에 따라 다각적인 사고를 전개함으로써 능률적으로 아이디어를 얻는 방법이다. 이 기법은 문제개선, 개혁을 위한 정보를 수집·분석하여 자신의 생각을 제안하거나 체크리스트에 의한 각자의 생각을 수집하고 제안하는 방법으로 활용한다. 다음은 체크리스트의 7가지 요소를 보여주고 있다.

- 다른 용도로 쓴다면?
- 지금 사용하는 곳 외에 다른 곳에 사용한다면?
- 용도를 변형해서 사용할 수 없을까?
- 변형한다면? 새롭게 모양을 구성한다면? 색, 구조, 냄새 등을 새롭게 변화시킨다면? 확대한다면? 더 두껍게 해보자. 더 길게 한다면? 두 배로 늘린다면? 더 강하게 한다면? 더 자주 한다면 어떨까?
- 축소하면? 더 작게 하면? 더 가볍게 하면? 단순화한다면, 표현을 삭제한다면? 제거하면 어떨까?
- 결합한다면? 용도를 합친다면? 아이디어를 결합한다면? 뒤바꾼다면? 거꾸로 놓는다면? 역할을 반대로 한다면? 입장을 바꾸어 본다면?
- 재배열한다면? 다른 순서로 놓는다면? 속도를 바꾸면? 구성요소를 상호교환시키면?

체크리스트법은 아이디어의 새로운 창출과 연쇄적인 파생효과를 얻고자 하는 데 그 목적이 있다. 그러나 이 방법은 다음과 같은 결점을 갖고 있다.

- 체크리스트에 너무 의지하면 새로운 문제에 필요한 것들을 빠뜨릴 우려가 있다.
- 도표에 없는 것까지 체크하여 시간을 낭비할 우려가 있다.
- 체크리스트에 너무 의지하면 자신의 생각을 하지 않을 우려가 있다.

(3) 제품 탐색을 통한 사업 아이디어의 개발 방법

일반적으로 제품 탐색을 통해 사업 아이디어를 개발하는 경우가 많다. 제품 탐색을 통한 사업 아이디어를 개발하는 방법에는 〈표 7-1〉과 같이 크게 기존 제품을 탐색하는 방법, 변경제품을 탐색하는 방법, 신제품을 탐색하는 방법 등이 있다.

기존제품 탐색방법은 이미 존재하는 제품을 통해 새로운 수요를 창출하거나 시장에 접근하는 방법이다. 변경제품을 탐색하는 방법은 기존 시장을 목표로 이미 존재하고 있는 제품을 변형하여 새로운 수요나 시장에 접근하는 방법이다. 신제품을 탐색하는 방법은 기존 제품과 전혀 다른 새로운 제품을 개발하여 기존 시장이나 새로운 시장을 공략하는 방법이다.

❙표 7-1❙ 제품 탐색을 통한 사업 아이디어 개발 방법

탐색 유형	사업 아이디어 선정 기준	개발 방법
기존제품 탐색	기존시장	• 이미 존재하는 제품을 가지고 기존시장에서 새로운 수요를 창출하거나 새로운 시장에 접근하는 방법
	새로운 시장	
변경제품 탐색	기존시장	• 기존의 시장을 목표로 이미 존재하고 있던 제품을 변형하여 만든 제품을 가지고 • 기존시장에서 새로운 수요를 창출하거나 새로운 시장에 접근하는 방법
	새로운 시장	
신제품 탐색	기존시장	• 기존의 제품과 다른 새로운 제품을 개발하여 기존에 형성되어 있는 시장이나 새로운 시장을 공략하는 방법
	새로운 시장	

3. 사업 아이디어 선정 절차

창업의 준비를 위해 예비 사업 아이디어가 탐색된 뒤, 창업자에게 적합한 후보 사업 아이디어가 1차적으로 선정된다. 일반적으로 사업 아이디어의 선

❙그림 7-2❙ 사업 아이디어 선정 절차

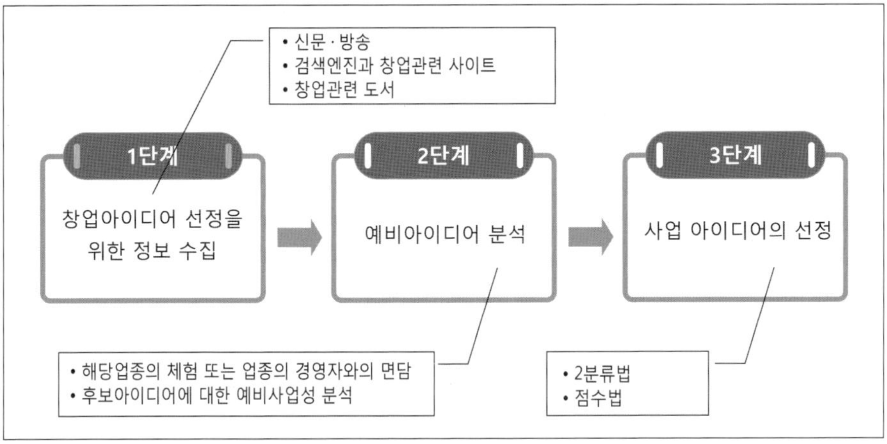

정 절차는 [그림 7-2]와 같이 정보수집 단계, 예비 아이디어 분석 단계, 사업 아이디어 선정 단계 등 3단계를 통해 이루어진다.

첫째, 정보수집 단계는 자신의 사업 아이디어 선정을 위한 다양한 정보를 수집한다. 가령, 각종 신문과 방송, 인터넷 검색, 창업관련 사이트, 창업관련 도서 등을 통해 사업 아이디어에 대한 정보를 수집할 수 있다. 성공가능성이 높은 아이디어를 찾는 방법에는 정책적으로 지원하는 중소기업업종, 기술집약형 업종이나 산업박람회 및 발명품 전시회, 제품 아이디어 관련 간행물 활용 등이 있다.

둘째, 예비 아이디어 분석 단계는 정보수집 단계를 통해 도출된 여러 사업 아이디어를 분석하는 과정이다. 이 단계에서는 해당 업종을 직접 체험하거나 업종의 경영자와 면담을 통해 알게된 지식 등을 활용해 후보 아이디어에 대한 예비 사업성을 분석하게 된다.

셋째, 사업 아이디어 선정단계에서는 후보 사업 아이디어에 대한 분석 결과를 토대로 2분류법이나 점수법과 같은 사업 아이디어 평가방법을 통해 최종 사업 아이디어를 선정하는 과정이다.

4. 사업 아이디어 선정의 기본 원칙과 전제조건

사업 아이디어 선정에 있어서 반드시 지켜야 할 가치판단기준과 기본원칙, 사업 아이디어로서 유용하기 위한 전제조건이 있다. 즉 어떠한 업종을 선택하느냐와 후보 업종의 성공가능성이 높으냐 자신이 이 사업을 수행할 수 있느냐이다.

(1) 사업 아이디어의 가치판단

창출된 많은 아이디어를 몇 가지 기준에 따라 질문하여 아이디어의 가치를 판단한다. 창출된 많은 아이디어를 몇 가지 기준에 따라 질문하고 비교해보면 어느 아이디어가 성공가능성이 큰지를 판단할 수 있을 것이다.

- 1단계: 원하는 결과를 얻을 수 있는 것인가? 기술성이나 경제성 등
- 2단계: 기존 상품이나 서비스보다 나은가?
- 3단계: 사용하기 쉬운 상품인가?
- 4단계: 얼마나 간절하게 이 아이디어가 사업화되기를 원하는가?
- 5단계: 시대흐름에 맞는가?
- 6단계: 할 만한 가치가 있는가?

이상의 6가지 질문에 틀림없이 '그렇다'라는 결과를 얻었다면 실행에 옮길 가치가 있는 사업아이디어를 획득한 것이다. 그렇더라도 실행에 옮기기 전에 전문가나 경험자의 확인을 거치는 것이 좋다. 흔히 벤처기업은 아이디어와 기술력으로 승부를 한다고 한다. 사업의 기회를 만들기 위해서는 충분한 조사와 연구가 필요하다. PM(Patent Map), TRM(Technology Road Map), MRM(Market Road Map)의 3가지 필수로드맵을 통하여 사업아이디어에 대한 사업화 가능성을 체계적으로 분석 검토할 수 있다.

(2) 사업 아이디어 선정의 기본 원칙

사업 아이디어 선정은 가능한 성장 가능성이 높은 업종일수록 좋다. 그리고 자신의 적성에 맞고 자신의 경험을 적극 활용할 수 있으며, 무엇보다도 실패위험이 적은 아이디어를 선택하는 것이 중요하다. 사업 아이디어 선정에 있어서 7대 기본 원칙을 정리하면 다음과 같다.

첫째, 무엇보다 성장 및 발전가능성이 있는 업종을 선택해야 한다. 신규 창업자가 창업을 하기에 가장 적합한 시기는 [그림 7-3]에서와 같이 성장기 초기이며, 성숙기 후반에 뒤늦게 참여할 경우 사업에 실패할 우려가 매우 높다. 수요와 시장성이 높아 1~2년 내에 수요가 형성될 수 있으면 더욱 좋을 것이다.

둘째, 창업자의 경험, 지식, 기술, 특징 등에 알맞은 업종을 선택해야 한다. 아무리 성장성이 높은 업종이라도 다른 사람이 성공했다고 막연히 자신도 성공할 것이라고 기대해서는 안된다. 창업자의 경험, 지식, 기술, 특징 등과 결합될 때 성공의 확률이 높으며, 실패율을 줄일 수 있을 것이다.

셋째, 실패위험이 적은 성공가능성이 높은 업종을 선택하는 것이 중요하다. 고수익-고위험(High Return, High Risk)을 추구하기보다는 그 사업 아이디어의 수준에 맞는 위험의 보상을 확보한 안정적인 사업을 선택하는 것이

❙그림 7-3❙ 시장 성장단계별 창업 진입 시기

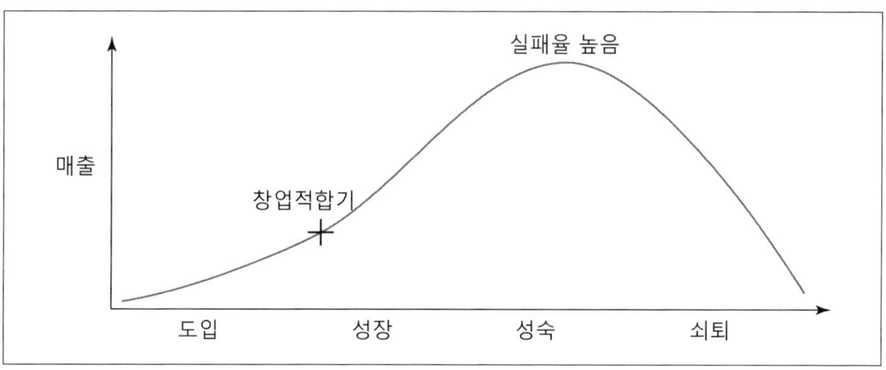

실패율을 줄일 수 있는 하나의 방법이 된다.

넷째, 자기와 적성이 맞는 업종을 선택해야 한다. 창업자의 적성과 성격에 적합하지 않는 사업 아이디어는 장기 지속화하기 힘들다. 자신의 성격유형이 외교·사교형/ 내향집착형/ 아이디어형/ 우직·원칙주의형/ 저돌추진형이냐를 분석하면서 자신에 맞는 사업아이템을 찾는 것이 좋다.

다섯째, 해당 업종을 창업하는데 필요한 인·허가 유무 사항이 있는지를 반드시 확인 및 검토한 뒤, 사업 아이디어를 선정해야 한다. 이러한 인·허가를 검토하지 않은 경우, 개업하고 난 후 사업이 취소되거나 인·허가 요건이 부합될 때까지 사업을 할 수 없는 경우가 발생한다.

여섯째, 자금조달 능력이 가능한 업종을 선정해야 한다. 필요한 자금을 조달할 수 없는 업종을 선정하는 경우 창업 자체가 불가능한 경우가 많다.

일곱째, 가족 및 친지, 친구, 거래처, 후원자 등 창업자 주변의 지지와 이해를 얻을 수 있는 업종을 선정해야 한다.

여덟째, 투입비용에 대비하여 수익성이 높고 장기적인 수익창출이 가능한 업종이어야 한다. 그리고 대기업 등의 진입이 쉽지 않은 업종의 선택이 무엇보다 중요하다.

(3) 사업 아이디어 전제 조건

1) 사업 아이템의 업종선택과 기준

사업 아이템을 선택하기에 앞서서 먼저 업종과 업태를 선정하고 다음으로 구체적인 아이템을 선택하는 순서로 진행되는 것이 바람직하다. 사회환경의 변화 및 소비자의 욕구에 부응하는 업종인지, 대기업이나 대자본의 참여로 경쟁력이 떨어질 수 있는 업종은 아닌지, 정부의 정책변화에 큰 타격을 입을 수 있는 업종은 아닌지 등 여러 측면에서 종합적으로 검토할 필요가 있다는 것이다. 또 업종을 선택할 때에는 특정 업종 군을 먼저 선택한

다음 구체적인 업태를 정하고 좀 더 세부적인 업종을 최종 선택하여 결정하는 단계를 밟는 것이 바람직스럽다. 또 창업자의 자금조달 능력, 동업계의 경험, 금융 수혜 정도, 개인의 목표나 취향 등을 고려해서 판단해야 한다.

창업자가 업종선택을 할 때는 우선 다음 항목들을 고려하여 자신이 생각한 업종에 해당되는 것을 찾아보는 것이 좋다.

① 자신의 성격에 맞는 업종인가?
② 지금까지의 경험이나 지식을 활용할 수 있는 업종인가?
③ 가족의 찬성과 협력을 얻을 수 있는 업종인가?
④ 개업 시점에서 일정의 수익이 예상되는 업종인가, 장래성은 있는가?
⑤ 고도의 기술이나 전문적인 지식을 필요로 하는가, 만일 그렇다면 배울 방법은 있는가?
⑥ 면허, 허가, 등록, 신고 등을 필요로 하는 업종은 아닌가, 법적 규제는 없는가, 만일 그렇다면 조건을 충족시킬 수 있는가?
⑦ 개업에 어느 정도의 자금을 필요로 하는 업종이나, 그 조달은 가능한가?

한편, 신용보증기금에서는 '창업을 위한 업종 선택의 원칙'으로 다음의 4가지를 제시하고 있다. ① 경쟁업체보다 유리한 업종 선택, ② 자신의 적성에 맞는 업종 선택, ③ 성장성이 있는 업종 선택, ④ 자신의 사업조건에 맞는 업종 선택.

2) 창업기업 형태 결정과 창업자금 투입규모 결정

업종이 선택되면, 다음에는 어떠한 형태로 창업기업을 시작할 것인지를 결정해야 한다. 즉 주식회사, 유한회사, 유한책임회사, 합명회사, 합자회사, 개인기업 등 창업기업의 형태를 결정해야 한다. 이와 같은 창업기업의 초기

형태는 자본의 규모와 자금 조달능력에 따라 결정하는 것이 좋다. 일반적으로 창업 초기 소요자본의 50% 정도는 최소한 자기자본으로 확보하는 것이 안전한 창업의 방법이다.

5. 사업 아이디어 선정 기준과 우선순위 결정

(1) 사업 아이디어 선정 기준

적합한 후보 사업 아이디어의 선정을 위해서는 ① 창업자 자신의 적성과 능력에 적합한가? ② 시장성과 ③ 수익성의 전망이 밝은가? ④ 상품성이 우수한가? 그리고 ⑤ 위험 요소는 있는가? 등의 선정기준을 검토한 후 정해야

┃표 7-2┃ 사업 아이디어 선정 기준

구분	선정 기준
적성·능력 적합 여부	• 적성 및 성격은 맞는가? • 건강유지 능력은 있는가? • 해당 업종의 경험 또는 사업수행능력과 지식은 있는가? • 해당 업종의 창업자금 조달능력은 양호한가?
시장성·입지성 전망	• 해당 지역의 시장 분석 상 입지가 해당 업종에 적합한가? • 사업발전 단계상 도입기, 성장기 업종인가? • 해당 업종의 시장규모가 커지고 있는가? • 시장의 경쟁현황과 전망은 양호한가?
수익성 양호 여부	• 투자비용에 비해 수익전망은 양호한가? • 손익분기점은 얼마이며, 언제인가? • 2년~3년 이내 흑자실현이 가능한가? • 인테리어 공사 등 고정비가 권리금화에 유리한가?
상품성 우수 여부	• 고객 입장에서 가격에 비해 유용한 상품인가? • 고객에게 인기도와 경쟁력은 있는가? • 영업 및 A/S의 가능 여부? • 상품 조달 및 공급의 용이성은?
위험 요소 여부	• 해당 업종 인허가 문제에서 미비한 점은 없는가? • 경쟁업체 및 거래업체와의 분쟁 소지 여부?

한다. 위의 〈표 7-2〉는 후보 사업 아이디어에 대한 선정기준을 정리한 것이다.

(2) 사업아이템 선정의 순서

최적 후보사업 아이디어가 제시되면 마지막으로 후보사업 아이디어를 대상으로 창업아이템을 선정해야 한다. 창업아이템 선정의 기본순서는 다음과 같다.

① 창업하고자 하는 업종에 대한 정보수집
② 기존기업, 체험자 또는 종사자의 면담
③ 사업 아이템에 대한 구체적 정보수집 및 정밀분석
④ 사업타당성 분석
⑤ 최적 사업 아이템의 선정

(3) 후보 사업 아이디어의 평가요소와 평가기준

모든 후보 사업 아이디어에 대한 상품성과 시장성, 수익성, 안정성 등 평가요소를 비교 및 평가함으로써 우선순위를 결정하게 된다. 후보사업 아이디어의 평가요소와 평가기준은 다음과 같다.

1) 후보 사업 아이디어의 평가요소

후보 사업 아이디어의 평가요소는 다음 〈표 7-3〉과 같다.

▌표 7-3▐ 후보 사업 아이디어 평가 요소

항목	평가요소	세부 평가 항목
상품성	상품의 적합성	① 창업자가 잘 아는 제품이나 서비스인가? ② 비 필수품이거나 사치품은 아닌가?
	상품의 독점성	① 소상공인의 참여를 배제하는 사실상의 독점은 없는가? ② 정부의 인허가에 의해 실제 창업이 제한되어 있지 않는가?
시장성	시장의 규모	① 예상되는 고객의 수 는 어느 정도인가? ② 국내 및 해외시장 규모는 금액으로 어느 정도인가?
	경쟁성	① 경쟁자의 세력 및 지역별 분포는 어떠한가? ② 경쟁제품과 비교했을 때 품질과 가격관계는 유리한가? ③ 판매 유통이 용이하며, 물류비용이 저렴한가?
	시장의 장래성	① 잠재고객 수의 증가는 있는가? ② 새로운 창업기업의 침투 가능성은 어느 정도인가? ③ 소비자 성향이 안정적이고, 필요성이 증가하는가?
수익성	생산비용의 효율성	① 적정 비용으로 제품을 생산할 수 없는 요인이 있는가? ② 생산공정이 복잡하지 않고 효율성은 있는가?
	적정이윤 보장성	① 원자재 조달이 용이하고 값은 안정적인가? ② 필요한 노동력 공급이 용이하며 저렴한가? ③ 제조원가, 관리비, 인건비 등 제비용 공제 후 적정이윤이 보장되는가?
안정성	위험수준	① 결제순환 과정에서 불황 적응력은 어느 정도인가? ② 기술적 진보 수준은 어느 정도이며, 기술적 변화에 쉽게 대처할 수 있는가?
	자금투입의 적정성	① 초기 투자액은 어느 정도이며, 자금조달이 가능한 범위인가? ② 이익이 실현되는데 필요한 기간은 어느 정도이며, 그 동안 자금력은 충분한가?
	재고수준	① 원자재 조달, 유통 과정 상 평균재고 수준은 어느 정도이며, 재고상품의 회전기간은 어느 정도인가? ② 수요의 계절성은 없는가?

2) 후보 사업 아이디어의 평가기준

사업 아이템의 평가는 절대적 평가기준과 상대적 평가기준으로 나누어 진행할 수 있다.

가. 절대적 평가기준

① 적당한 원가로 제품을 생산할 수 없게 하는 법률, 특허, 에너지, 특수 자재나 시설, 공정, 기술 등이 존재하는가?

② 소요자금이 자신의 능력에 비해 과다한가?

③ 법규위반이나 환경공해요인이 있는가?

④ 제품판매활동을 저해하는 중대한 요인이 있는가?

나. 상대적 평가기준

① 충분한 현재의 시장이 존재할 것

② 잠재시장을 포함하여 높은 성장이 예상될 것

③ 생산원가와 유통비용면에서 경쟁우위에 있을 것

④ 수요, 가격, 원가와 관련하여 위험요소가 적을 것

(4) 후보 사업 아이디어의 우선순위 결정

1) 1단계: 후보 사업 아이디어 비교 분석

아이디어선정의 1단계는 먼저 각 후보 사업 아이디어에 대해 서로 비교 분석하는 것이다. 이러한 비교 분석을 위해서는 후보 사업 아이디어군을 대상으로, 상품성, 시장성, 수익성, 안정성 등의 평가요소를 중심으로 비교 평가하게 된다.

2) 2단계: 평가항목 가중치 부여 및 점수 산정

1단계 후보 사업군에 대한 비교 평가가 끝나면, 평가항목별로 가중치를 부여하고 점수를 산정하여 상대평가를 하게 된다. 〈표 7-4〉는 후보 사업 아이디어에 대한 가중치 및 점수 산정의 예시이다. 이와 같은 상대평가 및 가중치를 통해 평가결과를 바탕으로 최적 후보 사업 아이디어를 결정한다. 일반적으로 평가 결과가 80점 이상이면 우수, 60점 이상이면 보통, 60점 미만이면 불량으로 평가한다.

▌표 7-4▌ 후보 아이디어 상대평가 및 가중치 부여 사례

항목	평가요소	세부 평가 항목 가중치	후보 아이디어			우선 순위
			A	B	C	
상품성 (30점)	상품적합성(15점)	① 8점 ② 7점				
	상품독점성(15점)	① 8점 ② 7점				
시장성 (30점)	시장규모(10점)	① 5점 ② 5점				
	경쟁성(10점)	① 4점 ② 3점 ③ 3점				
	시장장래성(10점)	① 4점 ② 3점 ③ 3점				
수익성 (30점)	생산비용 효율성(15점)	① 8점 ② 7점				
	적정이윤 보장성(15점)	① 5점 ② 5점 ③ 5점				
안정성 (10점)	위험수준(4점)	① 2점 ② 2점				
	자금투입적정성(4점)	① 2점 ② 2점				
	재고수준(2점)	① 1점 ② 1점				
계	100점	100점				

CHAPTER

8

사업타당성분석

제1절 사업타당성 분석의 개념과 절차

사업아이템이 선정되고 창업을 위한 사업 기회를 발견하였다면 사업의 성공가능성을 평가해야 한다. 이 과정이 사업타당성 분석이다. 사업타당성 분석은 과연 이 사업이 성공할만한 사업인가? 사업을 추진하면 얼마나 수익성이 있는가? 등을 평가하는 것이다. 사업타당성분석을 하지않고 사업을 하는 것은 막무가내로 사업에 뛰어드는 것과 같다. 어떤 목적으로 사업타당성 분석을 하느냐에 따라 사업성 평가요소의 가중치가 달라질 수 있다. 사업타당성 분석은 사업계획서 작성의 밑바탕이 된다.

1. 사업타당성 분석의 개념

사업타당성 분석은 여러 사업기회 후보안 가운데 시장성, 판매전망, 제품 및 기술성, 수익성 및 경제성, 사업가능성 등에 대한 자료를 토대로 사업의 성공가능성을 평가하는 과정이다. 이는 주로 신규사업을 대상으로 사람, 기술 또는 제품, 시장, 자금을 투자하여 제품을 생산하고 판매하는 행위가 기업가치와 수익 증대 등 창업의 목적을 달성할 수 있을 지를 조사·분석한다.

사업타당성분석은 누구를 위한 평가이냐에 따라 크게 창업자와 투자 관련 목적으로 나눌 수 있다. 창업자는 자신이 추진하는 사업에 대한 내용을 면밀히 검토하여 시행착오를 줄이기 위한 목적에서 사업타당성 분석을 한다. 또 외부 투자유치를 하려할 경우 객관적인 자료가 필요할 때 분석하기도 한다.

성공적인 사업계획서(business plan)를 작성하기 위해선 사업타당성 분석 후 사업타당성이 인정된 사업 아이디어에 대해서 구체적으로 작성해야 한다. 사업타당성의 검토는 외부 전문기관에 의뢰하는 것이 좋고, 사업계획서는 사업타당성을 근거로 창업자가 작성하는 것이 바람직하다.

2. 사업타당성 분석의 필요성

사업타당성 분석은 사업을 추진하고자 하는 예비사업자의 주관적 판단과 과정상의 문제점 등을 요인별로 파악하고, 이 결과를 바탕으로 사업성의 성패를 판단할 수 있게 된다. 이 분석은 예비창업자가 불필요하게 부담할 수도 있는 비용에 대한 경제적인 손해를 사전에 막아주는 역할을 한다.

사업타당성 분석과정을 통해서 다음과 같은 효과를 얻을 수 있다.

첫째, 창업자가 보다 객관적이고 체계적인 사업타당성 검토를 통하여 사업의 성공확률을 높일 수 있는 후보사업을 선정할 수 있도록 해준다. 둘째, 창업자가 독자적으로 점검해 볼 수 없는 계획제품의 기술성, 시장성, 수익성, 자금수지계획 등 세부항목을 분석·제시함으로써 해당업종에 대해 미처 깨닫지 못한 부분들을 찾아낼 수 있다. 셋째, 사업의 구성요소를 정확하게 파악함으로써 창업자의 경영능력향상에 도움을 줄 뿐만 아니라, 보완해야 할 사항을 미리 확인하여 조치를 취할 수 있게 된다. 넷째, 창업자들이 사업타당성 검토를 통하여 구상하고 있는 기업의 제 구성요소를 정확하게 파악하여 창업기간을 단축할 수 있고 효율적인 창업업무를 수행할 수 있다. 다섯째, 사업타당성 분석 자료를 통해 투자자를 비롯한 기업의 이해관계자에게 신뢰를 받을 수 있는 객관적인 자료를 제공할 수 있다.

3. 사업타당성 분석의 초점사항

사업타당성 분석은 [그림 8-1]과 같이 크게 제품과 기회, 사람, 전략, 재무추정과 보상, 그리고 위험과 경영관리 측면에 초점을 둔다.

| 그림 8-1 | 사업타당성 검토 시 초점 사항

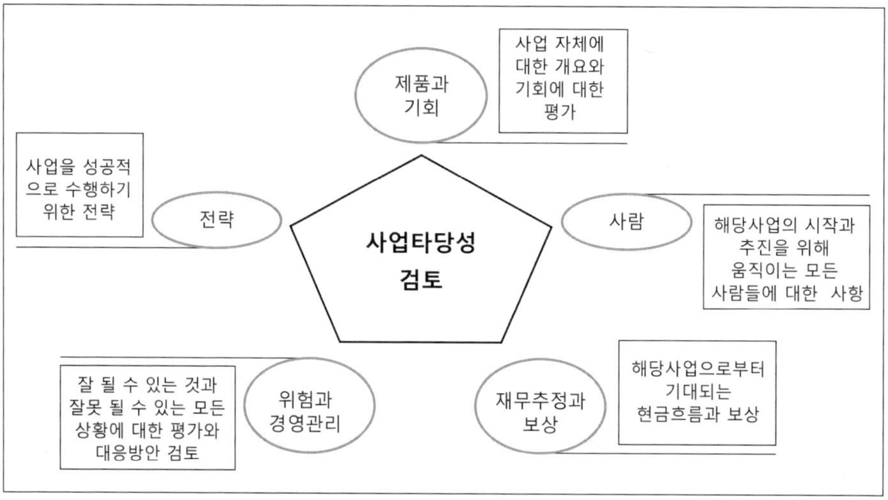

사업타당성 분석은 다음 네 가지에 초점을 맞춰 진행한다.

① 창업자의 사업수행능력 평가

기업가로서의 적성과 자질(장단점 파악), 창업자의 경험과 경력 그리고 이것에 의한 업종선택의 적합성 등을 검토한다.

② 시장성 분석

시장의 특성 및 구조, 잠재수요, 유통경로, 판매시장 환경, 경쟁상태, 시장진입 가능성 및 중장기 수급 전망 등을 검토한다.

③ 기술성 분석

제품의 기술수준, 품질, 성능분석, 생산시설 계획, 기술 및 기능인력 확보 등을 검토한다.

④ 수익성 분석

수익성 전망, 손익분기점 전망, 투자수익 및 계획사업의 경제성을 검토한다.

4. 사업타당성 분석의 절차

일반적으로 사업타당성의 분석 절차는 [그림 8-2]와 같이 사업 아이디어 탐색과 발견, 후보아이템에 대한 예비사업성분석, 시장성분석, 기술성분석, 재무분석(수익성과 경제성 등) 등 크게 5단계를 통해 수행된다.

| 그림 8-2 | 사업타당성 분석 절차

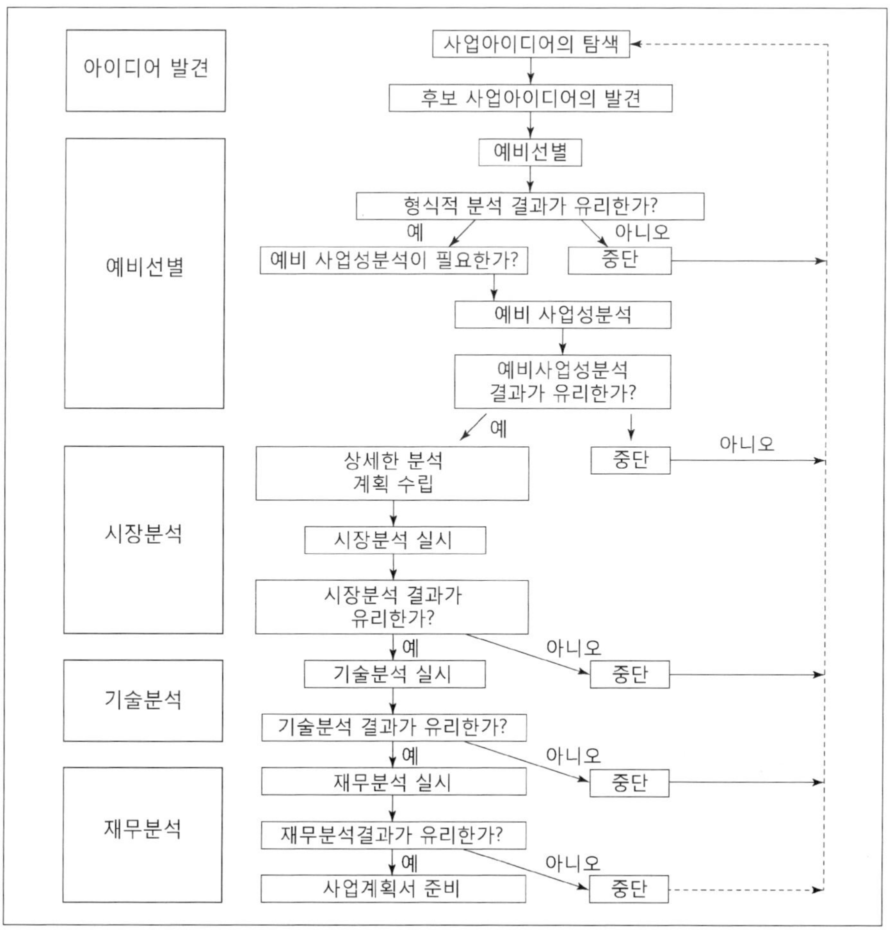

5. 사업성 분석

(1) 사업성 분석 대상

사업성 분석은 제품성과 기술성, 시장침투가능성과 판매전략, 수익성 등에 대한 향후 전망에서부터 통계적 방법에 의한 수요 예측, 회계적 방법 및 재무적 분석 기법에 의한 수익성 분석 등 사업 아이디어의 성공가능성에 초점이 맞추어진다.

신규창업의 경우 사업타당성 분석요소 중 반드시 분석해야 할 것은 최소한 후보 아이디어 상대평가 시 검토항목 및 후보 아이디어별 우선순위결정을 위한 예비사업성 분석항목과 손익분기점 매출액 등이다.

기존 사업을 확장하거나 기존의 제품을 새로운 방법과 새로운 기술로 생산하는 사업 또는 새로운 제품을 새로운 기술로 생산하는 사업을 신규로 추진하거나 업종 전환 등을 위한 신규사업의 경우에도 사업성 분석절차에 따라 반드시 사업타당성을 평가해야 한다.

(2) 사업성 분석 절차

1) 후보 사업 아이디어 탐색

사업타당성의 첫 출발은 후보 사업 아이디어의 탐색에서 비롯된다. 앞서 창업기회의 발견에서 설명한 바와 같이 성공적인 사업 아이디어 또는 사업 아이디어를 발견하기 위해서는 가능한 브레인스토밍 등의 기법을 활용하고 전문가의 조언 등을 통해 많은 아이디어를 탐색할 필요가 있다. 창업 시 가능한 모든 분야에서 출발하여 점차 범위를 좁혀가는 것이 좋다. 예비사업아이템을 두고 창업자의 경영능력과 창업의 목적, 기대효과 등을 고려해 사업의 성장성과 수익성, 시장성 등을 예비분석한다. 이 과정을 통해 창업자에게 적합한 후보 사업 아이디어를 1차적으로 선정한다.

2) 후보 아이디어 우선순위 결정과 예비사업성 분석

예비 사업성분석은 1차적으로 선정된 후보 아이디어를 비교분석하여 아이디어의 우선순위를 결정할 수 있도록 상대평가 및 후보 아이디어에 대한 창업자의 적응도 분석을 통해 최적의 아이디어를 선택하는 과정을 말한다. 모든 후보 아이디어에 대해 개별적인 예비 사업성 분석이나 세부 분석을 한다는 것은 현실적으로 많은 시간과 비용이 소요된다. 그러므로 성공할 가능성이 희박한 사업 아이디어는 예비선별을 통해 제거하고, 남아있는 사업 아이디어를 비교 평가함으로써 우선순위를 결정하게 된다. 예비사업성 분석 과정을 살펴보면 다음과 같다.

첫번째 단계는 후보 아이디어를 비교·분석하는 것이다. 이 후보 아이디어의 상대평가 시 검토항목은 〈표 8-1〉과 같다.

두번째 단계는 제1단계에서의 평가요소별 세부검토사항에 대한 가중치부여와 각 요소에 대한 점수 산정이다. 여러 가지 후보 아이디어를 비교·평가하기 위해 4가지 주요 항목(상품성, 시장성, 수익성, 안정성)에 대한 평균점수를 구해 비교한다. 산정은 네 가지 주요항목에 대한 배점, 각 평가요소에 대한 가중치 부여, 세부검토사항에 대한 점수산정, 후보 아이디어별 평균점수 산정 및 우선순위 결정 등의 순서로 비교·평가하여 선별한다.

세번째 단계는 후보 아이디어에 대한 창업자의 적응도 분석 및 예비사업성 분석이다. 창업자가 어떤 방법으로 사업 아이디어를 얻든지 간에 창업에 성공하기 위해서는 창업자 개인의 경험, 능력, 관심, 목적 등에 적합한 아이디어이어야 한다. 따라서 예비사업성 검토의 마지막 단계는 ① 후보 아이디어가 창업자의 경험, 지식, 취미 등과 부합하여 창업자에게 적합한지, ② 창업 과정에서의 인·허가, 자금조달능력 등을 감안하여 창업자의 능력 범위 내인지의 여부, ③ 해당 아이디어가 빠른 성장과 투자 수익률이 높아 발전 가능성이 높은지 등을 최종적으로 분석해 보아야 한다.

후보 아이디어별 우선순위결정 및 예비사업성 분석표에 의거 아이디어별로 평점을 산정하여 우선순위를 정하는 것과 병행하여 예비 사업성 분석표 외적 요인에 대한 분석을 실시할 필요가 있다.

| 표 8-1 | 후보 아이디어 상대평가 시 검토 항목

주요항목	평가요소	세부 검토사항
상품성	상품의 적합성	• 창업자가 잘 아는 제품이나 공정인가? • 비필수품이거나 사치품은 아닌가?
	상품의 독점성	• 창업 중소기업의 참여를 배제하는 사실상의 독점은 없는가? • 정부의 인·허가에 의해 실제 창업이 제한되어 있지 않은가?
시장성	시장의 규모	• 예상되는 고객의 수는 어느 정도인가? • 국내 및 해외 시장 규모는 금액으로 어느 정도인가?
	경쟁성	• 경쟁자의 세력 및 지역별 분포는 어떤가? • 경쟁제품과 비교했을 때 품질과 가격관계는 유리한가? • 판매 유통이 용이하며, 물류비용이 저렴한가?
	시장의 장래성	• 잠재 고객 수의 증가는 있는가? • 새로운 창업기업의 침투 가능성은 어느 정도인가? • 소비자 성향이 안정적이고, 필요성이 증가하는가?
수익성	생산 비용의 효익성	• 적정 비용으로 제품을 생산할 수 없는 요인이 있는가? • 생산공정이 복잡하지 않고, 효율성은 있는가?
	적정 이윤 보장성	• 원자재조달이 용이하고, 값은 안정적인가? • 필요한 노동력 공급이 용이하며 저렴한가? • 제조원가, 관리비, 인건비 등 제 비용 공제 후 적정 이윤이 보장되는가?
안정성	위험수준	• 경제 순환 과정에서 불황 적응력은 어느 정도인가? • 기술적 진보 수준은 어느 정도이며, 기술적 변화에 쉽게 대처할 수 있는가?
	자금투입의 적정성	• 초기 투자액은 어느 정도이며, 자금조달이 가능한 범위인가? • 이익이 실현되는 데 필요한 기간은 어느 정도이며, 그 동안 자금력은 충분한가?
	재고수준	• 원자재 조달, 유통과정 상 평균재고 수준은 어느 정도이며, 재고상품의 회전기간은 어느 정도인가? • 수요의 계절성은 없는가?

예비사업성 분석표 외적 요인인 ① 후보 아이디어에 대한 소비자 및 소비지역의 인식 정도, ② 사업장의 확보가능성 등을 검토하고, 여러 가지 방법을 이용하여 관련 업계에 대한 정보 및 자료를 수집해 보아야 한다. 이와 같은 관련 업계 정보 및 자료는 ① 정부 및 협회 간행물, ② 해당 업계의 협회 또는 조합 탐방, ③ 정부·공공기관 인사 및 창업 전문 컨설턴트와 면담, ④ 판매원 및 관련 업계 종사자와의 접촉, ⑤ 구매자 및 소비자와의 면담 등을 통해 수집할 수 있다.

예비사업성 분석은 이상의 과정을 통해 구체화되고, 문제점이 제거된다. 창업자의 입장에서는 다소 복잡하고, 불필요한 과정일 수도 있지만, 예비사업성 검토는 창업 과정의 기본단계로서 철저히 검토해야 한다.

3) 선정된 아이디어에 대한 사업타당성 분석

예비 사업성 평가가 끝나면 사업 아이디어로서의 특정한 업종 및 상품이 결정된다. 특정 업종과 창업상품이 결정되면 해당업종과 상품에 대한 세부적 사업타당성 분석을 반드시 실시하는 것이 원칙이다.

제2절 사업타당성분석기법

1. 사업타당성 분석 요소

특정한 업종과 상품의 최종 결정을 위한 사업타당성 분석에 있어서 검토해야 할 항목은 사업 타당성 검토 목적에 따라 약간의 차이가 있다. 창업자가 어떤 목적으로 사업 타당성 분석을 하느냐에 따라 사업성 평가 요소 및 그 가중치가 달라질 수 있다.

(1) 창업자의 계획사업 수행능력 및 적합성

일반적으로 창업자의 계획수행능력 및 적합성 평가에 활용되는 창업자의 수행능력 평가요소와 세부평가항목 내용은 다음 〈표 8-2〉와 같다.

사업의 성패는 기업가로서의 적성과 자질, 창업자의 계획사업 수행능력 및 해당 업종에 대한 적합도에 달려 있다. 개인이든 기업이든 계획된 일의 성공과 실패는 그 일을 추진하는 주체 내지는 참여인력의 인적요인에 의해 좌우된다고 해도 과언이 아니다. 특히 신규 창업의 경우에는 창업자의 새로운 계획사업 수행능력과 업종에 대한 경험·지식 및 관련성이 필요불가결한 요소이다. 따라서 사업 타당성을 검토할 때 가장 먼저 창업자의 계획사업 수행능력과 해당 업종에 창업자가 적합한가를 분석해 보아야 한다.

그러나 문제는 계획한 사업의 수행 능력과 그 사업에 창업자가 과연 적합

Ⅰ표 8-2Ⅰ 창업자의 수행능력 평가요소 및 세부평가 항목

평가요소	세부 평가 항목
적성 및 자질 (선천적 자질)	① 모험심 ② 가능성에 대한 집념 ③ 스케일 ④ 리더십 ⑤ 의지력 ⑥ 기타 창업자의 성격·체질·체력적인 소질
경험 및 지식 (후천적 자질)	① 창업관련 분야에서의 경험 ② 학문과 지식 ③ 창업자의 자격 ④ 교제인물의 폭과 깊이 ⑤ 창업환경을 둘러싸고 있는 인과관계
업무수행 능력 (경영능력)	① 가정유지 능력 ② 창업 멤버의 구성 및 통제능력 ③ 서비스 및 기술혁신 능력 ④ 경영·경제적 환경적응 능력 및 경영분석·판단능력

한가의 판정을 누가 할 것이냐 하는 것이다. 사업이란 거래처와 관계자간 상호이해관계가 얽혀 있기 때문에 창업자 혼자만의 생각으로 사업참여를 결정해서는 안된다. 따라서 창업자 자신은 물론 현재 자기를 가장 잘 알고 있는 직장 동료나 상사 등의 의견 및 전문 컨설턴트 등과 충분한 검토를 거쳐 평가하는 것이 가장 합리적인 자기평가방법인 것이다.

(2) 시장성 분석

상품과 서비스는 시장에 출시하여 소비자로부터 인정을 받을 때 비로소 매출이 늘어나고 시장범위도 확대되어 갈 것이다. 그러나 처음 시장에 내놓았을 때 대부분의 상품이나 서비스는 소비자로부터 품질의 우수성이 확인되기 전까지는 판매가 결코 쉽지 않다. 따라서 사업 성공의 관건이 바로 시장성과 판로확보이기 때문에 시장성 분석이 무엇보다 중요하다.

시장성 분석 요소에는 국내·외 수급동향 및 중장기 수급전망, 시장 특성 및 구조(시장의 위치, 수송방법, 유통경로 및 조직, 거래조건 등), 동업자 또는 유사제품과의 경쟁상태 및 향후 경쟁제품의 출현 가능성, 국내외 가격구조 및 가격동향, 목표시장 선정 및 판매전략 등이 있다. 특히 판매량을 추정하기 위하여 기본적으로 다음과 같은 자료를 수집하고 분석한다.

- 수요분석: 주요고객, 예상소비량, 소비총액 등
- 공급분석: 기존기업의 공급능력, 기존제품의 가격, 품질, 판매전략 등
- 거래수요의 분석: 생산품에 대한 미래수요를 추정
- 시장점유율 추정: 수요·공급·경쟁자의 위치와 구상하고 있는 사업의 판매계획 등을 고려하여 계획한 상품의 시장점유율을 추정한다.

(3) 기술적 타당성 분석

기술적 타당성이란 제품의 생산과 관련되는 제 요소, 즉 제품이 당초 계획대로 원만하게 생산될 수 있는지를 분석하는 것이다. 제품에 대한 특성, 화학적 반응, 기계적 기능, 생산 시스템, 공정 등 생산제품에 대한 철저한 조사·분석과 더불어 공장입지, 시설계획 및 생산시설 규모, 생산능력 및 조업도, 원재료 조달 및 제품 1단위에 대한 원재료 소요량 산정, 기술 및 기능 인력 확보, 예상불량률 및 개선 가능성 등을 종합적으로 분석한다. 흔히 특허나 실용신안 등에 의한 창업을 하는 경우 이론과 실제와 격차가 어느 정도인지, 또 예상되는 불량률 및 하자발생의 가능성 등에 대해 세밀하게 검토하여야 한다.

기술적 타당성 분석은 사업계획의 기술적 타당성과 원가추정을 위한 기초자료를 제공하고, 사업에 영향을 미치는 여러 가지 요인을 고려하여 기술적 대안을 비교·검토하는 단계이다. 기술적 타당성 분석에서는 이용할 기술과 공정을 검토하여 다음과 같은 내용을 포함시켜야 한다.

- 제품의 물리적·기계적·화학적 특성에 관련된 사항
- 제조공정에 대한 사항
- 수요량을 생산할 수 있는 생산일정 및 공장규모의 결정
- 구입할 기계의 규격 및 공급가격, 구매일정, 대금지불방식, 설비의 성능, 예비부속품의 조달가능성 등을 고려하여 기계를 선정
- 기계의 장·단점을 충분히 비교·검토한 자료 및 기계의 배치(layout)
- 이용되는 기술로부터 예상되는 폐기품의 종류, 양, 처리방식 및 처리비용

(4) 재무타당성 분석

아무리 제품이 성공적으로 생산되어 적정량이 상이 판매되더라도 소요자

금이 적기에 조달되지 못한다든가 적정 수익을 제대로 실현하지 못한다면 그 사업은 성공가능성이 없는 것이다.

수익성 검토는 대부분이 향후전망을 현재적 관점에서 분석하는 것이다. 수익성의 근거자료가 되는 추정손익계산서와 추정대차대조표, 자금수지예상표 등 추정재무제표 작성을 통해 수익성을 예측하고 분석한다. 또한 계획사업의 위험도도 분석해야 한다. 이는 예측가능한 기업환경 변수를 적용하여 계획사업에 결정적인 영향을 미치는 변수가 어떤 것이며, 어느 정도 계획사업에 영향을 미치는지를 분석하고 이에 대한 대응책을 모색하여야 한다.

자금조달 및 운용분석은 사업에 필요한 총소요자금의 적정한 규모와 조달가능성, 자금조달상의 위험 분석 등을 토대로 자금조달 및 운용계획서를 작성한다. 자금조달 및 운용 계획서는 단기적 측면과 장기적 측면, 그리고 특정시설에 소요되는 자금으로 구분하여 주의해 작성해야 한다.

- 총사업비의 명세, 초기 자본소요액 및 사업에 관련된 현금수지 분석
- 손익계산서, 대차대조표, 현금수지분석표에 기초를 둔 재무예측
- 재무예측을 뒷받침하는 보조자료로 판매대금의 회수기간, 재고수준, 구매제품 및 제 경비 지불기간, 생산원가의 항목 및 비용, 판매 및 관리비 등
- 수익에 관한 투자수익률, 손익분기점, 적정생산량 및 가격분석 등
- 차입계획 뿐만 아니라, 차입금 상환 재원 및 차입금 상환 능력

(5) 성장가능성 및 위험요소 분석

자신이 선정한 사업의 성장성 분석은 외형적이나 내형적 성장의 측정을 통한 향후 시장의 확장도나 수익률의 변화 등을 예측해볼 수 있다. 외형적 성장세의 측정치로는 총자산증가율, 내형적 성장의 측정치로는 매출액증가율이나 영업이익증가율, 순이익증가율 등을 통해 성장추세를 파악할

수 있다.

위험요소분석은 기업성패에 중대한 영향을 미치는 기업 환경 요소 중 기업경영에 치명적 영향을 미칠 위험 요소를 파악하고, 이들 위험요소에 대한 정확한 대응전략의 수립이 가능한지의 여부를 검토하는 것이다. 위험요소에는 정량적 위험요소와 정성적 위험요소로 나눠 분석하면 이해가 더 쉽다.

(6) 분석결과 종합: SWOT 분석

이와 같은 사업타당성분석의 결과를 토대로 사업계획서를 작성하게 된다. 이 때 SWOT분석을 통하여 종합적으로 사업의 타당성을 분석할 수도 있다.

SWOT분석은 기업의 내적인 강점(Strength) 및 약점(Weakness)과 외적인 환

❙ 표 8-3 ❙ SWOT 분석 예시

내부역량 / 외부환경		강점	약점
		자동화 설비, 지능형 로봇에 대한 기술축적 우수한 기술력 삼성전자의 기술 후원 과감한 도전정신	개발체제 및 사업화 자금 부족 핵심기술 습득의 어려움 기술의 신뢰성 확보 우수인력 확보의 어려움
기회	각국의 초고속정보통신망 확산 인터넷 인구의 급성장 정부의 적극적인 지원 자동화장비 수요 확대	**우선수행과제** • 광통신부품 제조장비 개발 및 양산체제 조기 구축 • 해외시장 진출을 통한 시장선점 • 지속적 기술개발	**우선보완과제** • 투자유치를 통한 자금 확보 • 우수인력 스카우트 • 신뢰성 확보
위협	외국업체의 경쟁위협 세계적인 경기침체 선진 신규기술 습득의 어려움	**RISK 해결과제** • RISK 해결과제 • 초기 시장진입으로 수익 극대화 • 해외사무소 개설을 통한 정보입수	**장기보완과제** • 해외전시회 참가 등을 통한 해외시장 적극 개척 • 해외기술 동향 파악 및 습득

경의 기회(Opportunity) 및 위협(Threat)을 의미하는 복합어로서 기업의 내·외환경요인을 기업의 경영전략과 연결시켜 분석하는 방법이다. 위의 〈표 8-3〉은 SWOT 분석의 예시이다.

2. 시장성 분석

(1) 시장성 분석의 중요성

아무리 품질이 우수하고 신제품이라 하더라도 판매가 되지 않으면 결코 사업에 성공할 수 없다. 흔히 좋은 제품을 만들고서도 매출이 제대로 되지 않거나, 매출액증가율이 높지 않아 손익분기점 매출액에 이르는 기간이 너무 길어 사업이 본궤도에 올라보지도 못하고 도산해 버리는 경우가 많다. 따라서 철저한 시장성 분석이 선행되어야 한다.

시장성 분석은 그 구체적 목표에 따라서 신제품개발에 필요한 정보수집을 위한 시장분석, 미래수요예측을 위한 시장분석, 유통경로 개선 내지는 유통경로 발굴을 위한 시장분석, 광고전략 수립을 위한 시장분석 등으로 구분해 볼 수 있다. 그러나 어떤 경우든지 시장성 분석의 최종목표는 계획제품에 대한 판매예측, 즉 앞으로 생산할 제품이 시장에서 얼마나 팔릴 것인가, 향후 수요증가추세는 어떻게 변할 것인가 등을 분석하는 것이다.

(2) 시장성 분석의 순서 및 내용

창업과정에서의 시장성 분석은 계획사업의 전반적 타당성 조사의 일부로 수행하는 경우가 대부분이기 때문에 각 평가항목 상호간의 관계와 순서도 생각하면서 분석하지 않으면 안 된다.

일반적으로 시장성 분석 순서를 간략히 정리하면 다음 [그림 8-3]과 같이, 제일 먼저 자료수집 및 분석을 통해 시장환경 분석을 수행한다. 다음으로 시장구조 분석을 통해 시장규모를 추정하고, 최종 마케팅 전략을 수립한다.

▌그림 8-3▐ 시장성 분석 순서

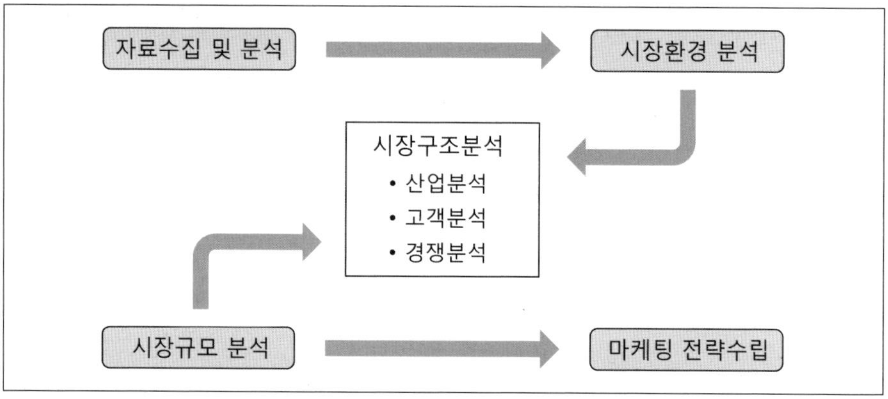

(3) 시장성 분석 과정

1) 분석 목표설정

시장성 분석에서 먼저 해야 할 일은 계획제품의 시장성을 분석하기 위한 구체적인 작업 목표를 설정하는 것이다. 이는 제품의 종류, 원료, 용도나 특성에 따라 달라진다. 따라서 계획제품의 수요처가 그렇게 많지 않고, 경쟁사의 현황도 잘 알려져 있다면 목표 설정과 시장성 분석 자체가 비교적 쉽다. 그러나 제품 용도가 일반 대중적이고, 유통구조가 복잡할 뿐만 아니라, 경쟁사도 많은 경우라면 시장분석을 위한 작업이 매우 복잡해지므로 목표 설정 과정에서부터 상세하고, 체계적인 계획을 세우지 않으면 안된다.

시장성 분석의 최종목표는 제품이 얼마나 팔릴 수 있는가를 조사·분석하는 것이다. 이 분석을 위해선 전체시장 규모와 동종 및 유사제품과의 경쟁상태에서 경쟁시장 침투 가능성, 당해 회사가 점유할 수 있는 시장의 규모를 추정하는 일련의 과정에 따라 세부적인 시장성 분석목표를 설정하여야 한다.

창업과 관련하여 시장성 분석을 하는 경우에는 다음과 같은 세부적인 사항들을 조사목표로 설정하는 것이 보통이다.

첫째, 제품에 대한 전체 시장 규모가 어느 정도이며, 경쟁제품과 유사제품 그리고 수입제품에 대한 시장은 어떤 특성과 구조로 이루어지고 있는지를 조사함과 동시에 소비자 구성 분포 및 변화 추세 등도 분석한다.

둘째, 계획제품이 경쟁제품과 비교하여 어떤 특성을 가지고 있으며, 품질 수준은 어느 정도인지 파악한다. 특히 경쟁회사에는 어떤 회사들이 있으며, 이들 회사의 기본적 재무상태와 영업실적, 가격 경쟁력의 여부도 분석해야 한다.

셋째, 국내의 주요 경쟁업체의 시장점유율 현황 분석과 각 판매 영역에 있어서 제품별 판매가능량을 향후 2-3년간 추정한다.

넷째, 시장 및 제품 환경 분석과 판매전략의 수립이다. 아무리 정확한 수요예측이 이루어졌다 하더라도 이 예측은 시장 및 제품환경의 변화에 따라 유동적일 수밖에 없다. 따라서 가능한 모든 환경변화를 고려하여 그에 따른 구체적인 판매전략이 수립되어야 한다.

창업에 있어서는 이상과 같은 항목은 심층적으로 분석되어야 하며, 이들 요소를 창업과 관련한 시장성 분석의 목표로 설정할 필요가 있다.

2) 분석 계획수립

시장성 분석 계획에는 조사명, 조사목적, 조사내용, 조사방법, 조사일정, 조사자 및 조사부문이 포함된다. 시장성 분석 계획은 시장성 분석의 최종 목표인 정확한 수요예측과 판매전략을 전제로 수립되어야 한다.

시장성 분석 목표상의 하위 분석 목표, 즉 분석 항목의 범위와 수준을 결정하는 일이다. 모든 항목을 분석대상으로 하기보다는 조사자의 능력과 분석 계획기간에 맞춰 적절한 항목을 선별하지 않으면 안 된다. 또한 시장성 분석의 수준은 창업자 또는 조직원에 의한 약식 시장성 분석 정도로 할 것인가, 아니면 외부의 전문 컨설턴트 또는 전문기관에 의한 정식 시장성 분석으로 할 것이냐도 계획 수립 시 검토해야 할 사항이다.

시장성 분석의 핵심은 수요예측방법의 결정이다. 시장성 분석에서 주로 쓰이는 수요예측 방법에는 분석자의 직관과 주관적인 관점의 판단 예측법, 계획제품 시장과 깊은 관련 종사자 대상 설문조사 예측법, 통계적 방법을 활용한 시계열 분석법과 상관 분석법 등이 있다.

3) 자료 수집 및 분석

시장성 분석의 계획 수립 단계에서 설계된 내용에 따라 수집된 자료는 분석과정을 통해 시장성 분석 목적에 맞게 재생산되어야 한다. 이렇게 재생산된 시장성 분석자료는 시장성 유·무의 평가기준으로 활용되어진다. 또한 기존시장의 크기, 시장점유율, 시장의 성장 추세 및 전망, 유통과정 및 기타 시장의 특성에 대한 정보로도 활용된다.

창업자가 창업과정에서 흔히 실수하기 쉬운 부분이 바로 자신의 계획사업 및 제품에 대해 지나치게 자기중심적으로 판단하거나 낙관적으로 판단하는 경향이 있다. 무엇보다 객관성이 요구된다.

4) 시장성 분석의 핵심요소

시장성 분석의 핵심요소는 전반적인 시장동향 분석, 제품성 분석, 경쟁적 지위 분석, 제품가격 분석, 수요예측, 그리고 시장 및 제품 환경 분석 등을 말한다. 시장성 분석요소는 계획제품의 시장성 유·무평가의 기준이며, 이들 요소의 평가 결과 사업성이 있다고 판단되는 경우에는 판매계획 및 판매전략 수립을 통해 그 효과를 극대화하여야 한다. 이 평가는 시장성 측면에서 종합평가이고, 다른 사업타당성 평가 항목과도 연관지어 분석되어야 한다.

5) 판매계획 및 판매전략 수립

판매계획 및 판매전략을 수립하는 데 있어 고려하여야 할 사항은 마케팅 계획, 광고 등의 판촉활동, 판매비용 계획 등이다. 특히, 광고·판촉·판매

활동에 투입할 인적·물적 자원의 규모와 투입시기도 함께 결정되어야 한다. 그리고 제품별·지역별 판매계획을 수량 또는 금액으로 표시하여야 한다. 이 마케팅 계획은 생산 및 원자재 구입계획과 연결되도록 계획되어져야 한다.

광고와 판촉계획에는 판촉방법, 광고매체 및 시기, 광고 선전비 등이 포함되어야 한다. 계획단계에서 결정해야 할 주요한 내용은 계획제품의 성격, 시장의 특성, 소비자의 분포 등에 따라 광고와 판매활동을 어느 수준에서 어떤 방법으로 전개할 것인지 이다.

판매비용계획은 마케팅 계획을 근거로 하여 고객과의 접촉, 제품의 인도 및 배달, 수금 등에 소요되는 비용 계획을 대상으로 산정한다. 비용은 변동비와 고정비를 구분하여 수립하면 손익분기점 분석 등에 용이하다.

6) 시장성 유·무 평가

일반적으로 시장성이 있다는 것은 연도별로 점진적인 시장점유율 확보가 가능하고, 계획기간 내에 손익분기점 매출액에 도달할 수 있는 경우를 말한다. 손익분기점 매출액은 제조업이거나 설비투자 규모가 큰 사업일수록 창업 후 오랜 기간이 지나야 달성된다. 도·소매업의 경우에는 특별한 경우가 아니면 당해년도부터 이익이 시현되는 것이 보통이다. 그러나 설비투자 규모가 큰 제조업 등이라도 적자가 3년 이상 지속된다면 금융기관의 신용평가에서 좋은 점수를 받기 어렵고 자금조달도 쉽지 않다. 따라서 창업 후 2-3년 이내에 흑자경영이 곤란한 사업은 창업품목으로 부적합하다고 볼 수 있다. 이런 사업은 포기하거나, 시장규모가 신장될 때까지 착수를 늦춰야 한다. 아울러 시장성 유·무 평가 시에는 시장성 검토 과정에서 파악된 여러 가지 불확실성 요인에 의한 위험성의 정도와 그 위험의 극복 가능성도 평가되어야 한다.

3. 기술적 타당성 분석

(1) 기술적 타당성 분석 의의

사업타당성 평가요소 중 가장 어렵고 전문성이 요구되는 부분이 바로 기술적 타당성 분석이다. 신기술 및 기술집약형 사업의 기술적 타당성 분석은 계획사업의 핵심 기술에 대한 내용을 정확히 파악함은 물론, 기술의 유용성 기술의 위험요소 및 성공 가능성 정도를 평가하는 것을 핵심과제로 하고 있다.

기술적 타당성평가의 핵심은 기술진에 의해 원만히 생산할 수 있는지, 불량률을 목표수준까지 낮출 수 있는지, 현재의 상황에서 제품의 경제성 및 경쟁력을 확보할 수 있느냐에 대한 평가이다. 결국 제품이 당해 회사의 기술수준에 의해 원만히 생산되고, 생산된 제품의 불량률이 목표수준을 달성할 때 제품의 경제성이 인정된다. 또 생산된 제품이 국내 경쟁사의 경쟁제품뿐만 아니라 외국의 제품과 비교해서 품질 및 가격 측면에서 경쟁력이 있을 때 기술적 타당성이 높다고 볼 수 있다.

(2) 기술적 타당성 평가 요소

제품에 대한 기술적 타당성 평가는 일반적으로 ① 제품의 효율적 생산가능성과 관련된 제품의 특성, 생산공법, 생산공정의 적정성, ② 공장입지조건의 적합성, ③ 시설규모 및 생산능력, 계획시설의 적정여부, 생산계획의 적정성, ④ 소요원재료의 수급계획 등을 대상으로 하고 있다. 이와 같은 기술적 타당성 평가요소는 다음과 같은 관점에서 객관적이고 심층적으로 분석되지 않으면 안된다.

첫째, 기술적 근본문제로서 기술사활 결정요소라고 할 수 있는 치명적 요소가 존재하는지를 검토하는 일이다. 둘째, 생산환경 요소로서 제품개발에 간접적으로 작용하는 평가요소를 검토하는 것이다.

1) 기술사활 결정요소의 평가

기술사활 결정요소는 기술과 제품 사이에 존재하는 핵심요소를 간과하였을 때 제품생산은 물론 사업 실패와 직결되는 치명적 요소를 말한다. 기술사활 결정요소는 ① 제품생산관련 요소 중 어떤 특정문제로서 제품생산 자체가 불가능한 경우는 없는지 ② 제품의 불량률이 경쟁사와 비교하여 상대적으로 높은지 ③ 제품의 경쟁성, 과다한 제조원가, 소비자 인식제고 곤란 등의 이유로 인하여 기술의 경제성이 없는지 등을 검토하기 위한 것이다.

기술사활 결정요소 평가 결과 장기적으로 부정적인 요인이 존재한다면 해당 기술을 기각하고 새로운 대체기술 개발이 이루어져야 할 것이다. 그리고, 새로운 대체기술마저도 없다면 그 사업 자체를 포기하는 것이 바람직할 것이다.

2) 생산환경 요소의 평가

생산환경 요소는 기술관련 사항 중 직접요소 이외에 제품기술에 간접적으로 작용하는 평가요소를 말한다. 이에는 크게 ① 계획제품의 용도·품질 및 경쟁성 분석 ② 일반적 입지조건 및 제조업 주요입지인자 분석 ③ 계획시설의 적정성 및 장래성 분석 ④ 생산설비의 선정 및 적정성 분석 ⑤ 생산 및 재고 분석 등으로 나눌 수 있다.

① 계획제품의 용도·품질 및 경쟁성 분석

기술적 타당성 평가요소 중 계획제품의 용도·품질·경쟁성은 ① 제품의 용도·주요 소비처 ② 제품의 기능과 제품의 물리·화학적 특성 ③ 제품의 품질, 특성, 기술보유 내용 등 계획제품의 품질 및 기술수준, ④ 원가·품질·공정·채택 원료상 국내·외 경쟁제품과의 비교 우위성, 가격 경쟁성 등 제품 및 기술의 경쟁성, ⑤ 계획사업 기술에 대한 대체기술 여부 및 출현 가능성, 보유기술의 기술 변화 사이클 상 단계 등 기술의 장래성을 검토한다. 제품은 근본적으로 그 용도·특징·품질 및 경쟁성을 분석해 보아야 한다. 하나의 기술이 제품화될 때 가장 먼저 평가되는 부분이 바로 어떤 소비자에게, 어떤 용도로 쓰여지는 제품이며, 품질수준이 어느 정도인지 분석하는 일이다. 제품의 특질 및 품질은 제품의 일반적 특징 뿐 만 아니라 화학적, 물리적 특성까지도 분석되어야 한다.

제품의 경쟁성은 국내 경쟁회사의 경쟁제품, 유사제품, 대체제품 뿐만 아니라 해외 업계의 도입제품에 대해서도 분석해야 한다. 국내 경쟁업계에 대해서는 업체명, 사업장 소재지, 공정과 시설 내용, 자동화 정도, 시설의 노후도 및 최근 시설개체 내용 및 향후 계획, 기술수준 및 원단위, 신제품 출현 가능성 및 개발계획 등 경쟁회사에 대한 모든 정보를 수집하여 심층분석해야 한다.

해외 수입제품에 대해서도 원가 및 수송비, 기술수준, 유통경로, 국내 판매원 등도 조사·분석해야 한다. 해외 경쟁업체들의 생산시설, 기술수준, 향후 수출입과 관련된 해당 국가 간 상호무역협정, 지역동맹, 교역수준, 향후 수출입 규모 등과 더불어 기타 계획 제품과의 경쟁에 영향을 미치는 제 요인을 함께 검토해야 한다.

다음은 기술의 장래성에 대한 분석이 필요하다. 현재 계획 기술이 최상의 것이라 해도 기술수준이 수시로 변화하기 때문에 계획사업 기술에 대한 대체기술 여부 및 향후 출현 가능성과 보유기술의 기술변화 사이클상의 단계도 미리 예측해야 한다.

② 계획시설의 적정성 및 장래성 분석

시설계획의 적정성 분석은 ① 주요 계획 시설의 내용, 시설규모 및 능력분석 등 계획 시설의 적정여부, ② 시설 배치의 합리성, ③ 시설 공사진행계획 분석, ④ 생산기계 진부화에 따른 위험도, 시설개체 시기 및 경제성, 생산설비의 대체성 및 호환성 등 계획시설의 장래성을 주요 분석 대상으로 하고 있다.

과잉시설의 경우에는 설비투자에 따른 금융비용이 상대적으로 높고, 시설관리비 및 생산원가 등이 많이 소요되기 때문에 결국 자금부족 현상으로 이어진다. 따라서 계획시설 문제는 그 규모, 성능 등이 경쟁회사와 비교하여 경쟁성이 있어야 하는 동시에, 과잉설비로 인한 자금부담을 경감해야 하는 상반된 틀 속에서 조화성 및 적정성을 염두에 두고 계획되어야 한다.

생산설비 설치계획이 수립되면 구체적으로 어떤 기계 설비를 설치할 것인가 하는 문제이다. 즉 국산 기계냐, 외국산 기계냐, 자동화 기계냐, 수동식 기계냐, 값은 어느 정도의 기계설비로 할 것이냐 등을 결정해야 한다. 생산설비는 비교적 값이 고가이기 때문에 한 번 잘못된 설비를 새로 교체하기가 불가능하다. 설령 교체가 가능하더라도 전체 생산설비와의 조화 등에서 예상 밖의 문제가 생길 수도 있으므로 설비 선정에 신중을 기해야 한다.

③ 생산 및 재고 분석

생산 및 재고 분석은 ① 생산방식과 생산공정의 효율성, ② 생산능력 및 가동률 사정, ③ 생산조직 및 인력 효율성, ④ 소요원재료 수급의 원활성과 ⑤ 안전재고량(적정재고량) 사정 및 최소 재고유지비 등을 그 대상으로 한다.

재고수준의 결정에 따라서 생산량이 결정되기 때문에 생산 계획수립을 위해서는 적정재고 수준을 분석해야 한다. 즉, 생산계획을 수립하기 위해서는 맨 먼저 계획 생산량을 산출하고, 생산량은 예상 수요량과 재고수준에 따라서 결정된다. 따라서 계획 생산량과 예상수요량 및 적정재고수준은 불가분의 관계에 있다.

업종에 따라서 약간의 차이는 있지만 일반적으로 제조업에는 원자재·재공품·완제품·소모품·부자재 등의 많은 재고자산이 존재한다. 이들 재고자산을 관리하는 데는 기본적으로 보관료·운반비·냉난방비·보험료·전기료 등의 관리비용이 소요된다. 이런 관리비용은 결국 제조원가에 포함되어 제품가격으로 소비자에게 전가되는 것이다. 이와 같은 관점에서 기술적 타당성 분석의 한 측면으로서 생산 및 재고 분석은 중요한 의미를 갖는다.

4. 재무타당성 분석

(1) 재무타당성 분석의 필요성 및 전제조건

재무타당성 분석은 수익성과 경제성 등 사업타당성 분석의 가장 중요한 단계이다. 만약, 계획제품의 수익성이 낮다면 인건비나 경비 등을 줄일 수밖에 없으며, 경제성이 없다면 새로운 사업분야의 탐색 등이 필요하다.

재무타당성 분석은 추정 재무제표의 작성을 그 전제로 하고 있다. 수익전망은 향후 3년 내지 5년간의 추정제조원가 명세서와 추정손익계산서를 작성하여야만 그 예측이 가능하다. 이와 같이 예측된 매출액 및 당기순이익 규모에 의해 손익분기점 분석이 가능한 것이다. 또한 추정 대차대조표와 자금 조달 운용계획표가 작성되어야만 이를 근거로 투자수익 및 계획사업에 대한 경제성 평가가 가능하다. 이에 근거한 자금흐름 예측을 통해 자금수지 및 자금조달 능력을 검토할 수 있다.

(2) 분석의 범주 및 평가항목

재무타당성분석의 평가항목은 크게 ① 수익 전망, ② 손익분기점 분석, ③ 투자수익 및 계획사업의 경제성 분석 등으로 분류할 수 있다.

첫째, 수익 전망은 창업 후 3년 내지 5년간의 추정 손익계산서(제조원가 명세서 포함), 추정 재무상태표(대차대조표) 및 자금수지 예산표를 작성한 후, 이를 근거로 기준시점 이후 3년 내지 5년간의 수익 전망 및 흑자실현 가능시점 등 수익성을 검토한다.

둘째, 손익분기점 분석은 손익분기점 매출액, 즉 기업이 영업활동에서 발생하는 수익과 비용이 일치하는 매출액과 비용은 어느 정도이며, 어느 시점에 실현 가능한지를 중점적으로 분석한다. 또한, 부수적으로 손익분기점 산출 후 판매수량, 금액, 고정비, 변동비 등이 균형을 이룰 수 있는지도 검토되어야 한다.

셋째, 투자수익 및 계획사업의 경제성 분석은 각종 투자수익률 산출 방식에 의한 투자수익률을 산출함과 동시에 계획 사업을 통해 최소한 목표수익률 이상의 수익실현이 가능하며, 나아가서 계획사업의 경제성은 있는지를 분석하게 된다.

(3) 항목별 평가기준 및 방법

1) 수익 전망

수익 전망은 추정 손익계산서를 근거로 예측한다. 향후 3년 내지 5년간 추정 손익계산서가 작성되면 손익계산서상 연도별 매출액, 매출총손익, 영업손익, 법인세차감전 순손익, 그리고 당기 순손익 등을 분석한다. 매출액에 대한 매출원가는 동 업계와 비교하여 과다하지 않은지, 판매비와 일반관리비는 매출액 또는 전체적인 영업규모에 비해 과다하지 않은지 종합적으로 분석해 보아야 한다. 또 최종적으로 당기순이익 규모가 적정한지, 매출액에 대한 당기순이익율은 경쟁사 대비 어느 수준인지도 검토되어야 한다.

수익전망분석에서 검토되어야 할 또 다른 요소는 흑자실현 가능시점의 분석이다. 몇 년이 지나도록 이익이 실현되지 못하고 있거나, 이월 결손금 보전이 안 된 경우라면 결코 사업성이 있다고 볼 수 없다. 아무리 창업기업이라 하더라도 2-3년 내에 이익실현이 불가능한 경우이거나 5년 이내에 이월 결손금이 보전되지 않은 사업이라면 재고의 여지가 있다고 본다. 또한 아무리 대규모 장치 산업이라 하더라도 중소기업에 있어서는 5년 이내에 이익실현이 불가능한 경우라면 5년 이후에 큰 수익이 기대되더라도 사업자체를 재고하지 않으면 안된다. 5년 내에 자금 압박으로 도산해 버린다면 5년 이후의 큰 수익은 아무 소용이 없기 때문이다.

2) 손익분기점 분석

손익분기점이란 기업경영에 있어서 수익총액과 비용총액이 일치하게 되는 즉, 이익도 손실도 없는 매출액 또는 조업도를 말한다. 손익분기점은 어느 정도의 매출을 실현하여야만 이익도 손실도 아닌 분기점에 도달할 수 있으며, 손익분기점 도달 시점은 영업개시 후 언제 이익실현이 가능한지가 분석의 핵심과제이다.

손익분기점 분석은 사업성패의 관건인 동시에 자금수급계획의 지침이기도 하다. 매출이 손익분기점에 이르기 전까지, 그리고 손익분기점에 이른 후에도 일정기간 동안은 자금투입이 이루어지기 때문에 동 기간 동안 소요될 자금을 미리 확보하지 않으면 사업이 본 궤도에 오르기 전에 도산하고 마는 결과를 가져올 수 있는 것이다. 따라서 손익분기점 분석은 자금조달계획을 미리 수립하기 위한 척도로서 활용할 수 있다.

3) 계획사업의 경제성분석

계획사업의 경제성분석은 목표수익률 이상의 수익률실현이 가능하며, 얼마나 확실성이 있는지를 순현가법(Net Present Value Method), 내부수익률법(Internal Rate of Return Method) 등의 재무적 방법을 사용하여 평가한다.

4) 자금수지 분석

① 자금수지 및 자금조달능력 검토

자금수지 및 자금조달 능력은 수익성이 있는 사업이라 하더라도 과연 그 사업에 필요한 적정자금의 규모는 어느 정도며, 이 자금을 적기에 차질 없이 조달할 수 있는지, 그리고 조달된 자금은 상환조건에 따라 상환기간별로 원만히 상환할 능력이 있는지 여부를 검토하는 것이다.

② 소요자금규모 및 조달가능성 검토

자금 조달·운용 계획을 수립하는 제1단계는 총소요자금 규모에 따라 자금조달 계획을 수립하는 것이다. 창업 단계에서 자금 조달 계획을 수립할 때는 총소요자금을 최대한 정확히 산정하여야 한다. 기령, 소요자금의 불확실성 및 소요자금 산출상의 누락분 등을 감안하여 총소요자금의 1.5배 내지 2배로 자금조달 계획을 수립하는 것이 좋다. 1.5내지 2배의 근거는 이와 같은 불확실성 또는 불예측성 요인뿐만 아니라, 창업 소요기간의 연장에 따른 가산분, 즉 창업 초기 1-2년 또는 2-3년간의 소요자금 산정만으로는 창업이 본 제도에 오를 수 없는 경우도 허다하기 때문이다.

제2단계는 자금조달 능력을 검토하여야 한다. 자금조달 능력은 자금조달에 따른 위험 수준에 따라 창업자 또는 창업맴버들의 형편에 맞춰 자기자본과 타인자본의 조달 범위를 결정하여야 한다.

제3단계는 자금조달 능력의 적정성 평가이다. 자금조달 계획이 아무리 정확하게 산정되었다 하더라도 사업을 하다 보면 추가로 자금이 소요되는 경우가 반드시 생길 수밖에 없다. 안정적 경영을 도모하기 위해선 사업 규모를 자금조달능력의 1.5 내지 2배 정도로 결정함이 바람직할 것이다.

③ 자금조달 및 운용 계획표의 작성 및 분석

소요자금 규모 및 조달가능성 검토가 끝나면 이들 자료와 추정재무제표, 특히 자금조달·운용표를 작성한 후 이를 근거로 자금조달·운용 계획표를 작성한다. 자금조달·운용 계획표는 기간 및 자료 성격에 따라 단기 총괄자금계획, 시설자금 조달계획, 연도별 소요자금 및 조달계획(장기)을 작성한 후, 이를 심층적으로 분석한다.

④ 차입금 상환능력 검토

차입금은 장기적 측면에서 상환능력 범위 내에서 조달되어야 한다. 흔히 차입금의 상환 가능성을 염두에 두지 않고 차입을 늘리다 보면 이들 차입금의 상환기간이 거의 일시에 중복적으로 도래할 경우 기업은 큰 곤경에 처하게 된다. 이런 관점에서 차입금 상환능력 검토 시에는 연도별 매출액과 당기순이익의 규모 및 증가율을 감안하여 조달계획을 수립해야 한다.

5. 성장성 및 위험요소분석

사업타당성 분석의 최종적인 단계로서 기업의 성패에 중대한 영향을 미칠 수 있는 위험요소의 분석과 더불어, 장기적 기업 경영 측면에서 지속적인 성장발전이 가능한지를 분석하는 성장성 분석이 요구된다. 이들 성장성 및 위험요소분석은 기업의 장기 안정 성장을 도모하는 데 절대적으로 필요하다.

(1) 성장성 분석

기업의 성장성 분석은 근본적으로 장기 경영계획을 전제로 분석하는 것이다. 즉 장기 경영계획을 토대로 장기계획이 순조롭게 이행될 수 있는지의 여부와 각종 계획 수행에 필요한 자금 및 예산이 원활이 조달되고 집행될 수 있는지의 여부를 분석한다. 창업기업에 있어서는 창업 초기부터 장기 경영계획 수립이 불가능하지만, 장기분석을 반드시 해보아야 한다.

첫째, 제품의 수명 및 신제품의 개발 전망 분석이다. 제품의 수명 분석은 제품의 수명주기에 의해 시장 상태를 알아보는 이외에 해당 제품시장이 5년 후 또는 10년 후 어떤 상황, 어떤 상태에 있을 것인지를 예측해 보는 것이다.

둘째, 추정 재무제표에 의한 매출액, 당기순이익 등의 적정성 및 성장전략의 달성 가능성을 분석해야 한다. 특히 추정 손익계산서를 근거로 한 매출액 등의 정확한 예측과 증권거래소 상장 가능성 등의 예측도 필요하다.

셋째, 조직 및 인력의 성장도 분석 대상이 된다. 설립 후 5년 또는 10년 후의 조직 규모, 총인원 등에 대해 미래 지향성을 분석해 볼 필요가 있다.

(2) 위험요소 분석

기업경영은 경영 환경 변화에 따라서 수시로 변한다. 계획사업에 대한 위험요소도 수행하고 있는 업종에 따라, 그 업체의 특성에 따라 다르다. 일반적인 경우를 살펴보면 〈표 8-4〉와 같다.

분석자는 이와 같은 위험요소 중 해당기업의 성패에 중대한 영향을 미칠 수 있는 항목을 선택하여 그 항목의 변화 정도에 따라 계획사업에 어느 정도의 영향을 미치며, 위험요소별로 대응책을 마련함으로써 그 위험요소가 통제범위 내인지를 분석하여야 한다.

┃표 8-4┃ 계획사업에 대한 위험 요소

구분	위험 요소
정책변동	• 조세, 관세정책 및 금융지원제도의 변경 • 금리 및 환율의 변동 • 생산제품에 대한 중소기업 고유업종 해제 및 수입 개방
시장경쟁 격화	• 경쟁기업 진입(대기업 참여 포함) • 판매 단가 조정
생산요소 변동	• 주요원자재(수입, 내수)파동 가능성 • 생산량 및 생산수율, 판매량, 가동률 변동요인 발생 여부 • 전략 제품의 변경 및 제품믹스의 실패
기타	• 노사분규 • 시설자금 및 소요 운전자금의 적기 조달 실패 • 입지조건 부적합 • 자연환경 및 공해 규제 • 환경, 보건, 조세 등 법률상 제약 • 공장 건설의 지연 • 기타 계획사업에 대한 위험요소 등

CHAPTER

9

창업 준비와 자신에 맞는 창업 설계

제1절 창업결정과 준비

1. 창업결정 이전 고려 사항

창업을 결정하기 이전에 창업자는 자신의 창업과 관련된 아이디어와 창업절차 등에 대한 사전적인 학습이 필요하다. 창업은 불확실한 사업기회를 정확히 평가하고, 필요자원과 보유자원 간의 격차를 메우는 일은 엄청난 위험과 도전이 따른다. 따라서 자신의 창업아이템을 선정하고 창업을 결행하기 이전에 면밀한 사전분석과 준비과정이 필요하다.

다음 질문에 대한 명확한 답변을 마련해야 한다.

- 주어진 기회의 실체가 무엇이고 그것이 얼마나 매력적인가?
- 어느 정도의 자원과 노력이 요구되고 그것은 감당할 수준인가?
- 사업수행 시 닥칠 위험과 과제가 무엇이며 그것을 극복할 전략이 있는가?

(1) 기회의 평가

창업은 사업기회의 포착에서 시작된다고 할 수 있다. 자신의 관심 영역의 유망한 업종을 선정하고 그 창업을 시작하기에 앞서 사업기회의 평가가 필요하다.

가장 먼저 자신이 생각하는 사업기회가 무엇인가를 파악해야 한다. 과연 그 사업기회에 대한 시장의 크기와 성장률이 어느 정도이며 그 기회가 얼마나 오래 지속될 수 있는지를 확인해야한다. 그리고 이익 잠재력의 평가도 필요하다. 특히 투자수익률(ROI), 투자회수 기간, 기회비용 등을 고려할 때 그 사업기회가 제공하는 이익의 정도가 투자비용 대비, 적절한지를 분석한다.

다음으로 추가적인 기회가 더 주어지는가에 대한 확인이다. 사업확대나 다각화를 할 수 있을 만큼 추가적인 사업기회를 얻을 수 있는 지를 점검한다. 또 이익이 충분히 지속될 수 있는가 여부이다. 확보된 이익이 경영환경의 변화에도 불구하고 계속 획득되어질 수 있는지를 검토한다.

마지막으로 실제 고객의 욕구를 충족시켜 줄 수 있는가이다. 제공하고자 하는 제품과 서비스가 기능, 품질, 가격 등에 있어 실제로 고객의 욕구를 만족시켜 줄 수 있는지를 분석해봐야 한다.

(2) 사업 개념의 평가

창업의 결정에 앞서 사업개념의 평가도 중요하다. 첫째 진입장벽을 구축할 수 있는가이다. 경쟁자들이 시장에 진입하여 기존 아이디어에 대한 모방과 개선을 통해 도전해올 때 대처할 전략대안이 존재하는지를 검토해야 한다.

둘째는 소비자들의 호응을 끌어낼 수 있는가이다. 제공하고자 하는 새로운 제품과 서비스에 대해 과연 그것을 흔쾌히 수용할 만한 소비자들을 적정수준 확보할 수 있는지를 파악한다.

셋째는 공급자 및 수요자와의 교섭능력이 적절한가이다. 아무리 좋은 사업이라도 창출된 이익과 부가가치를 거래하고 있는 공급자나 수요자들이 차지해서는 곤란하다. 따라서 거래관계에서 적절한 교섭능력이 확보가능한지를 점검해야 한다.

(3) 필요 자원의 평가 및 획득

창업의 결정을 위해선 필요자원의 평가와 획득여부를 고려해야한다. 첫번째는 보유자원이 무엇이며 부족자원의 공급원은 어디에 있는가이다. 이미 보유하고 있는 자원, 기술, 네트워크가 무엇이며, 필요자원 중 부족분을 채워줄 수 있는 외부 공급원이 어디에 존재하는지를 확인해야 한다.

둘째는 어떠한 자원과 기술을 핵심역량으로 키울 것인가이다. 경쟁자가 흉내낼 수 없는 핵심역량을 창출하기 위해 보유해야 할 자원과 기술이 무엇인지를 결정해야한다. 셋째는 핵심자원을 원활히 조달하기 위한 통제수단이 있는가이다. 핵심자원을 가장 안정적으로 확보하기 위해 장기계약이나 파트너쉽 등 동원할 수 있는 적절한 다른 대안들이 존재하는지를 점검한다.

마지막으로 필요자원의 공급처와 적절한 관계를 설정할 수 있는가이다. 잠재적 공급처로부터 필요자원을 원활히 조달 받을 수 있는 방안이 있는지를 검토하고 문제점은 없는지에 대한 확인이 필요하다.

(4) 창업팀 관리

창업을 결정하기에 앞서 창업팀의 구성과 활용전략이 선행돼야 한다. 먼저 어떻게 조직 구성원들을 선발하고 동기부여 할 것인가이다. 불확실하고 열악한 근무환경 속에서 열정을 가지고 일할 구성원들의 고용과 동기부여를 통해 궁극적으로는 핵심 인력으로 키울 수 있는 방안을 생각한다. 그리고 사업이 성장하고 발전됨에 따라 이에 걸맞는 경영자가 될 수 있는 의지와 학습능력이 있는지를 검토해야 한다.

(5) 투자회수 및 성과배분

창업을 결정하기 위해선 투자회수와 실현된 이익의 성과배분 등에 대한 분석과 검토가 필요하다. 먼저 투자회수를 위한 가능한 투자환수방법 등 구체적인 방법이 제시돼야한다. 그리고 파트너, 투자자, 공급업자, 내부 핵심 인력 등 창업 관련 이해관계자 집단들에게 창업 결정 후 성과기여도나 대가 등으로 만족시킬 수 있어야 한다.

2. 창업사전 준비단계

창업 결정이 이뤄지면 실제 창업을 위한 사전 준비가 필요하다. 창업을 미리 준비했더라도 초보창업자에게는 사업 아이디어 선정, 정보 부족 등으로 준비과정에 많은 어려움을 겪게 된다. 중요한 원칙과 절차를 확인하고 차분히 준비한다면 어려움을 줄일 수 있을 것이다.

(1) 직접 현장을 통한 정보수집

창업을 위한 정보에는 쉽게 인터넷을 통해 찾을 수 있다. 그리고 최근에 나온 각종 창업관련 서적이나 매스컴 자료, 창업박람회 등과 소상공인지원센터나 창업컨설팅 업체 등에 발품을 팔면 많은 정보를 얻을 수 있다. 창업사관학교 등의 창업교육과정이수나 창업전문지원기관 등을 통한 정보도 많다. 또 직접 현재 운영 중인 업소를 방문해 창업의 어려움이나 실제 운영상태를 점검하는 등 적극적인 벤치마킹도 필요하다.

(2) 전략적인 접근에 따른 사업 아이디어 선정

아이디어를 선정할 때는 체계적이고 전략적인 접근이 필요하다. 최근 아웃소싱 붐을 타고 경력을 활용하거나 소자본 무점포 사업도 생기고 있다. 30대에서 50대의 경우 오랜 직업적 경력이나 적성을 활용한 커리어 형태의 창업을 고려해보는 것이 바람직해 보인다. 특히 아이디어 선정 시 유행아이디어를 따라가는 것은 삼가는 것이 좋다. 사업은 막연히 남들이 잘 된다고 해서 나도 잘 되라는 법이 없고, 유행성 아이디어는 그 수명이 길지 못하다. 한 때 유행했던 노래방이나 게임방, 최근 우후죽순으로 생기는 커피전문점 등에서 보듯이 일시에 유행하는 아이디어는 빠르게 성숙기에 올라 경쟁심화로 급속히 수익성 악화 내지는 쇠퇴기로 접어들 수 있다. 따라서 일시적인 유행 아이디어보다는 차라리 적성에 맞는 아이디어가 스트레스도 덜 받으면서 사업을 유리하게 전개해나갈 수 있다.

특히 창업을 결심한 예비창업자들의 가장 큰 고민은 창업 업종의 선정이다. 어떤 업종이든 도입기, 성장기, 성숙기, 쇠퇴기의 과정을 겪기 마련이다. 업종을 선택할 때는 해당업종이 어떤 시기에 속하는지 고려하는 것이 좋다.

도입기에 있는 업종들은 전망은 밝아 보이지만 안정성이 비교적 낮다. 또 이미 쇠퇴기에 접어든 사업을 시작한다면 기대한 만큼의 성과를 거두기는 어려울 수밖에 없다. 따라서 신규창업을 할 때는 도입기에서 성숙기로 넘어가는 단계에 있는 아이디어 중 이미 성공한 것으로 확인된 업종을 선택하는 것이 유리하다고 할 수 있다.

단독 창업이냐? 프랜차이즈 창업이냐?도 고민거리다. 단독창업은 프랜차이즈와 달리, 입지선정에서부터 원료조달, 마케팅 등에 이르기까지 모두 본인이 해야 한다. 그만큼 자금도 많이 들고 위험도 따른다. 프랜차이즈는 본사가 어려워지면 연쇄위험에 봉착한다. 따라서 가입 시 반드시 본사의 신용상태 등을 면밀히 살펴본 후, 참여 여부를 결정해야 한다.

(3) 역발상을 통한 문제 해결

최근 창업을 하려면 점포구입 비용이 억대 이상을 호가한다. 따라서 창업자금이 적은 경우는 가장 어려움을 겪는 것이 입지를 구하는 문제다. 이럴 때는 역발상을 하는 것도 하나의 방법이 될 수 있다. 즉 아이디어를 우선적으로 선정하기보다는 입지를 먼저 구하고 거기에 맞는 아이디어를 선정하는 방법이다. 이렇게 하면 의외로 점포 구하기도 쉽고 성공률도 높일 수 있다.

(4) 적극적인 프로 근성

경쟁이 심해지면서 이제 점포만 벌려놓고 적당히 앉아서 손님을 기다리는 시대는 지났다. 적극적인 홍보는 물론 한번 찾은 손님이 다시 찾도록 철저한 프로 사업가가 돼야 성공할 수 있다. 또 사업성공을 위해서는 과감하게 전직의 틀을 벗어 던져야 한다. 전직이 화려하다고 사업성공이 보장되는 것은 아니기 때문이다.

(5) 창업 준비 시 금기사항

오랜 세월 직장생활을 한 샐러리맨들이 창업을 결심하고 점포를 열었다면 절대 금해야할 것들이 있다. 열심히 연구하고 열심히 살아야하는 기본에 충실해야한다. 초보 창업자들의 금기사항들을 소개한다.

첫째, 게으른 자는 석양에 바쁘다

- 점포는 적어도 밤 12시 다돼야 끝난다.
- 늦게 자고 일찍 일어나는 생활이 몸에 배야한다.
- 샐러리맨 때처럼 일찍 자고 늦게 일어나는 습관이 일찌감치 버려야한다.

둘째, 오늘 일은 내일로 미루지 말자.

- 오늘 달성해야할 매출을 어떤 일이 있어도 오늘 달성하는 각오가 있어야한다.
- 만약 매출이 미달될 조짐이 보이면 온 몸을 던져 마케팅 활동을 펼쳐야 한다.

셋째, 아는 것이 힘이다

- 내 업종은, 내 가게는 나보다 더 잘 아는 사람이 없는 수준이 되도록 자신을 끌어올려야 한다.
- 현대는 프로의 시대다.
- 적당히 해서는 성공이 불가능하다는 걸 명심해야 한다.

넷째, 두 마리 토끼를 잡지 말라

- 사람의 능력에는 한계가 있다.
- 자신의 능력을 벗어나는 욕심을 부리지 말아야 한다.
- 여러 업종을 벌리지 말고 한 가지 업종을 성공한 뒤 다음을 생각하는게 좋다.

3. 창업단계

창업은 누구에게나 기회가 많이 주어지는 만큼 경쟁이 치열하고 실패할 확률도 높다. 많은 사람들이 '사장'의 꿈을 안고 뛰어들지만 쓴맛을 마시고 나가떨어지는 사례가 부지기수다. 따라서 창업은 준비에서부터 만만치 않다.

창업절차는 업종과 기업형태, 그리고 공장을 설치하느냐 여부에 따라 절차와 준비사항에 많은 차이가 난다. 창업에 대한 업종별 절차와 준비사항 등을 제대로 알지 못한 상태에서 창업을 하게 되면 많은 시행착오를 거치게 된다. 창업 준비에서 부터 업종선정, 매장오픈, 고객확보 및 유지에 이르기까지 각 단계별로 구체적이고 실행가능한 계획을 수립하고 강력하게 추진하지 않으면 성공을 보장받기 힘들다.

(1) 창업 준비

창업가는 사업주체로서 모든 창업과정에서 핵심적인 역할을 한다. 창업을 결심했다면 첫 번째로 해야할 일은 창업자의 경영철학과 경영이념을 설정하는 것이다. 이는 무엇 때문에 사업을 시작하려고 하는 지와 어떻게 사회에 기여할 것인지를 검토함으로써 보다 의미 있는 출발점으로 삼아야한다. 물론 수익목표도 세워야한다. 창업환경에 대한 이해도 필요하다.

(2) 업종선정

창업환경과 자신에 대한 객관적인 검토를 거쳐 시대의 흐름과 자신에게 맞는 업종을 찾아내는 것이다. 성공적인 업종선정을 위해서는 수익성, 안정성, 성장성 등을 갖추고 있어야 하고 자금조달 범위 안에 있는 업종이어야 하는 등 여러 가지 조건을 충족해야 한다.

업종선정 기준을 충족하는 후보업종이 선정되면 그 업종이 과연 얼마나 사업적으로 타당한가를 구체적으로 검토해볼 필요가 있다. 이를 위해서는 우선 시장조사를 통해 시장규모, 예상 시장점유율 및 매출액 등 유용한 데이터를 수집할 필요가 있다. 이들 자료를 기초해서 사업타당성 분석을 통해 가장 높게 나타난 업종을 최종적으로 선정하면 된다.

(3) 사업계획 수립

사업성 분석을 통해 최종적으로 업종을 선정하고 나면 구체적으로 사업계획서를 작성해야 한다. 계획사업의 개념과 세부 실행계획을 담고 있는 사업계획서는 사업의 추진방향과 성공여부를 결정하는 매우 중요한 문서이다.

여기에는 업종과 제품, 시장현황에 대한 조사 및 분석 결과를 토대로 마케팅 계획, 운영계획, 자금 및 수지계획 등이 포함된다. 이 중에서도 가장 중요한 부분은 시장에서 성공을 거두기 위해서는 효과적인 마케팅 전략을 수립하는 것이다.

(4) 입지선정과 상권분석

창업자가 어떤 업종을 선정하느냐에 따라 입지의 선호도는 달라진다. 업종을 먼저 선정했다면 선정한 업종의 주 고객층이 많이 모여드는 곳에 입지를 정한 다음, 상권분석 과정을 거쳐야 한다.

점포사업을 할 경우 상권분석은 사업의 성패가 걸릴 만큼 중대한 문제다.

상권분석의 핵심은 유동인구를 파악하는 것이다. 연령대별 성별 시간대별로 유동인구를 조사하고 해당 상권의 현재 상황 뿐 만 아니라 앞으로의 전망도 분석하는 것이 좋다.

(5) 자금마련

창업자금의 50% 이상은 자기자금으로 하는 것이 원칙이다. 외부에서 자금조달을 과다하게 하게 되면 창업초기부터 무리수를 두게 되는 경우가 많고 예측하지 못한 사태가 발생했을 때 대응능력이 저하된다.

사업을 벌이다 보면 뜻하지 않은 곳에 자금수요가 발생하는 경우가 많기 때문에 사업을 시작하기 전부터 은행 등 금융기관의 자금, 정부지원 자금에 대한 정보를 수집해 자금마련과 수지계획을 세워둬야 한다.

(6) 영업 준비

창업준비를 잘해 여러 가지 과정을 원만히 처리했다고 하더라도 창업의 마무리 단계인 영업준비를 철저히 하지 않으면 출발부터 삐걱거릴 수 있다. 이 단계에서는 판매할 상품을 준비하고 종업원을 채용하고 훈련하는 일이 가장 중요하다. 또한 영업허가나 신고 등 행정절차도 미리 밟아야 한다.

(7) 개업

창업과정의 마지막 단계는 개업이다. 실제로 사업을 착수함으로써 영업을 시작하는 것이다. 개업을 하게 되면 특정 시장을 놓고 다투는 경쟁자를 이겨내지 못하면 자신이 희생되는 냉엄한 현실을 직시해야 한다.

제2절 자신에 맞는 창업설계

자신의 강점을 활용해 자신에 맞는 최고의 사업아이템을 선정하고 창업해야 성공할 확률이 높다. 사업분야의 선정은 사업의 성패를 결정짓는 매우 중요한 요소이다. 그리고 해당분야의 사업이 도입기나 성장기 업종 즉, 유망업종의 아이템일수록 좋다. 해당업종의 산업현황과 소비자들의 태도를 고려해 시장의 진입의 시기를 맞추는 것도 성공을 높일 수 있을 것이다. 무엇보다 자신이 최고 잘할 수 있는 업종과 자신의 나이에 맞는 업종의 선택이 중요하다.

〈표 9-1〉은 업종에 부합하는 창업적정연령과 경기흐름분석에 따른 창업시점, 연령에 맞는 사업성공유형에 대한 창업시기를 나타내고 있다.

▌표 9-1▌ 창업시기

(1) 업종에 부합되는 창업 적정연령 (2) 경기 흐름 분석에 의한 창업 시점 (3) 연령에 맞는 사업성공 유형의 선택 ① 20대의 모험창업 ② 31세~35세의 선택창업 ③ 36세~40세의 기반창업 ④ 41세~50세의 전문창업 ⑤ 51세 이상의 안전창업

1. 업종에 부합하는 창업적정연령

창업으로 성공할 수 있는 연령은 중소기업의 경우 두뇌의 활동과 신체적으로 민첩한 25세부터 35세까지 가장 적정연령 인 것으로 알려지고 있다.

특히 40세가 되면 두려움 때문에 창업의 용기가 쉽지 않게 된다. 45세부터 50세는 더욱 어려움을 느끼고, 55세부터 60세까지는 경험하지 못한 일에 적응하는 것이 매우 어렵다. 따라서 현재까지 해온 일들을 중심으로 창업을 하거나 직업을 전환하는 것이 보다 안전한 방법이다.

2. 창업 시 업종별 고려사항

창업아이템이 제조업과 도·소매업, 서비스업, 프랜차이즈 등 각 업종에 따라 창업시 고려사항은 차이가 있다.

(1) 제조업 선정 시 고려사항

제조업을 창업하고자 할 경우 해당업종에 대한 최소한 직·간접적으로 깊은 관계와 지식이 있는 분야를 선택하는 것이 유리하다. 따라서 해당 관련 분야의 제조업체에 근무하면서 생산, 마케팅 등의 분야에서 경험을 쌓은 후 창업한다면 성공 가능성은 높일 수 있을 것이다. 또한 제조업은 기술변화가 심하므로 기술변화의 추세를 파악한 후 제품의 수명주기를 고려한 창업이 필요하다. 특히 창업 후 제품판매량 등에 대한 예측을 통해 기술개발이나 자금조달능력, 소비자들의 선호도 등을 고려한 창업전략이 요구된다.

(2) 도·소매업 선정 시 고려사항

도·소매업은 제조업이나 서비스업 등에 비해 비전문가가 도전하기 쉬운 만큼 실패확률이 높은 분야이다. 도·소매업의 경우 주로 제품의 중간 내지 최종소비자가 직접 만나 거래가 이뤄지므로 입지가 매우 중요하다. 소비자의 접근성이나 소비자의 만족도를 높여줄 수 있는 입지일수록 더 좋다.

도·소매업을 창업하려는 예비창업자는 자신의 판매네트워크나 자신의 사업아이템인 상품의 차별화 등을 통해 자신의 능력을 발휘할 수 있을수록 더 매력적인 창업업종이다. 차별화 등을 통한 경쟁력을 확보하기 위해서는 고객친화적이고 소비자의 만족도를 높이는 고도의 노력이 필요하다. 도·소매업에서 주로 다루는 소비재는 취급하는 품목에 따라 편의품, 선매품, 전문품으로 구분된다. 취미에 따라 기호도가 높은 고급의류나 귀금속 등 전문품일수록 창업자의 네트워크 능력에 따라 차이를 보일 수 있다.

(3) 서비스업 선정 시 고려사항

서비스업은 자신의 우월적 지위와 능력을 제3자에게 제공해 수익을 창출하는 업종이다. 따라서 창업자의 능력 자체가 사업의 핵심 요소가 되는 경우가 대부분이다. 서비스업의 성공적 창업과 운영을 위해서는 창업자 자신이 모든 업무수행에 필요한 능력을 갖출 필요는 없지만 최소한 사업 분야의 전체 흐름에 대한 이해를 하고 타 경쟁업체에 비해 차별화되고 전문화된 지원체제의 구축이 필요하다. 서비스업은 대부분 비정형적, 비반복성, 비표준화의 특성이 있는 경우가 많다. 이 때 창업자 자신이 업무에 정통하여 전체 흐름을 주도하면서 새로운 아이디어와 방향 제시로 사업을 이끌어 가야만 성공가능성을 높일 수 있다.

(4) 프랜차이즈업 선정 시 고려사항

프랜차이즈는 경영의 노하우를 제공하는 본사와 그 대가로 돈을 지불하는 가맹점으로 조직된다. 프랜차이즈 업체에 따라 다소 차이는 있지만 그 기본적인 형태는 다음과 같다. 가령, 본사는 창업을 위한 입지나 점포, 설비, 제조판매의 기술과 메뉴, 광고 선전 등의 노하우를 제공하거나 지휘하고, 이후에도 제품이나 재료의 제공, 제품 개발 및 영업관리 등을 책임진다. 반면 가맹점은 이 같은 지원에 대해 가맹료와 로열티를 지불하는 형태이다.

프랜차이즈의 경우, 기본적으로 본사가 관리해주므로 입지선정 등을 위한 창업에 따른 시간과 노고가 적게 들고 창업 후에도 안정된 수입을 얻을 수 있는 장점이 있다. 반면에 본사의 인테리어비용이나 재료비 등에 대한 과도한 요구나 본점의 지도력, 자금력 등에 의해 가맹점이 어려움을 겪는 단점도 적지 않다.

3. 제품수명주기

본인이 창업하고자 하는 사업아이템의 제품수명주기를 먼저 확인해봐야 할 것이다. 제품수명주기는 보통 도입기, 성장기, 성숙기, 쇠퇴기 등 네 단계로 구분한다. 자신의 창업아이템이 각 단계별 소비자와 경쟁자의 행동특성변화와 그에 따른 마케팅 전략을 수립해나가야 시장에서 생존할 수 있다.

일반적으로 도입기를 지나 성장기에 접어들 때 시장이 커지기 시작하면서 사업기회의 창이 열린다. 자신이 포착한 사업아이템의 창업이 성공하기 위해선 소비자의 취향변화에 따라 지속적인 제품의 개선이나 신제품의 개발을 통해 고객을 창출할 수 있는 상품일수록 성공확률은 높아진다고 할 수 있을 것이다. 과연 자신의 창업아이템에 의해 생사할 제품과 서비스는 성장단계별과 제품의 수명주기에 적절한 시기인지를 검토해보고 창업을 시도해야 한다.

4. 진입시기의 결정

시장의 기회는 시장의 규모와 분위기 등과 밀접한 관계를 지닌다. 일반적으로 시장의 규모는 시간의 흐름에 따라 성장하고 쇠퇴하게 된다. 시장이 충분히 커지고 구조화되었을 때 기회가 존재하기 시작하며, 시장이 성숙기에 접어들었을 때 기회가 사라지기 시작한다.

시장은 시간이 지남에 따라 성장률이 변화하며 시장이 빨리 커지면 더욱 더 많은 기회가 존재하고 시장이 느리게 성장하면 그만큼 적은 기회가 존재하게 된다. 일반적으로 기회의 창은 시장이 어느 정도 커지기 시작하는 5년 이후에 열리기 시작하고, 시장이 성숙하여 구조화되고 대규모화되는 시점, 즉 12년 정도에 닫힌다고 한다. 따라서 시장이 커지고 구조화되기 시작하여 기회가 존재하기 시작할 때 사업을 시작하여야 하며, 시장이 성숙하여 기회가 줄어들기 전에 투자회수와 충분한 이익을 남길 수 있어야 한다고 처방한다. 특히 산업에 따라 시장규모의 성장속도가 틀리기 때문에 경쟁하고자 하는 산업의 시장성장 정도를 잘 이해하면서 시장진입시기를 결정해야 한다.

5. 자신의 경험과 지식의 활용

창업할 때는 예비창업자의 지식과 경험 하나하나가 사업의 성패를 결정할 수 있을 만큼 소중하다. 그래서 창업은 자신의 능력을 바탕으로 자신이 잘 아는 것에 도전하는 것이 좋다. 창업은 크게 하거나 상품의 가격을 저렴하게 한다고 해서 성공하는 것이 아니다. 창업자는 자신만의 지식과 경험을 토대로 가치 있는 콘텐츠를 만들고, 예상 고객을 파악하여 그에 맞는 마케팅을 통해 널리 알려야 한다. 또한 성공했다고 해서 현실에 안주하지 말고 끊임없이 자기계발을 해야 한다.

결국 창업자의 동기와 창업자의 자세 및 성공을 위한 자신의 교육이나 경험의 활용이 중요하게 작용한다. 경험이 많은 기업가는 기회가 아직 완전히 형성되지 않았을 때, 경험을 바탕으로 기회가 형성되어 나갈 방향을 미리 포착할 수도 있다.

사업 아이디어를 정리하고 기회를 포착하는 것은 3차원 퍼즐 맞추기와 유사하다. 퍼즐 조각을 처음부터 완벽하게 파악하고 조립할 수 없다. 자신의 경험과 지식을 바탕으로 창업분야를 결정하고, 전체적인 관점에서 보고 세부적인 사항에 대한 점검을 하는 것이 매우 필요하다.

6. 창업업종의 선택

창업자가 업종선택을 할 때 다음 항목들을 고려하여 자신이 생각한 업종에 해당되는 것을 찾아보는 것이 좋다.

① 적성에 맞는 업종인가?

② 경험과 지식의 강점을 살릴 수 있는 업종인가?

③ 수익의 지속성이 예상되는가?

④ 개업에 어느 정도 자금이 필요한 업종인가, 그 조달은 가능한가?

⑤ 고도의 기술이나 전문적인 지식을 필요로 하는 업종인가, 기술 확보의 방안은 있는가?

업종 선택에 있어 대부분 인기상품과 번창하고 있는 업종을 쉽게 선택하지만 시장의 확대에 따른 강력한 경쟁상대를 고려해야 한다. 그리고 창업자는 흔히 남이 전혀 생각하지 못한 아이템이나 업종에 집착하는 경향이 있다. 시대를 너무 앞서가도 실패한다. 성공하는 기업이란 그 시대를 살아가고 있는 보편타당한 고객층의 지지도에 의해 이루어진 기업을 말한다. 이 점을 명심하고 창업업종과 창업의 시기를 결정해 자신의 성공창업을 설계하기 위해 서로 토론해보면 더 좋은 방안을 수립해볼 수 있을 것이다.

7. 창업아이템의 선정

창업 아이템 선정은 창업을 준비하는 가장 중요한 단계이다. 성공적인 창업을 위한 아이템을 찾기 위해서는 직접 발로 뛰면서 조사하고 사람을 만나고 경쟁업체를 찾아가서 아이템에 관한 최대한 많은 정보를 획득하여야 한다.

아이템 선정은 어떤 제품(서비스)을 판매할 것인가를 결정하는 것이다. 창업자는 자신의 전공과 적성, 취미, 자금 조달 능력, 성격, 주변 여건 등을 충분히 고려한 후, 유망업종의 아이템을 선정해야 한다. 자신이 가장 잘할 수 있는 아이템이 무엇인지에 초점을 맞추는 것이 좋다. 제조업, 도·소매업, 서비스업, 외식업, 전자상거래업 등 업종군을 먼저 선택한 후, 구체적인 창업 아이템을 결정하는 것이 바람직하다.

먼저 창업자가 좋아하고 누구보다 잘할 수 있다고 생각되는 10개의 후보 아이템을 정해 본다. 10개의 후보 아이템 선정 후, 10개의 후보 아이템에 대한 자세한 정보 수집 및 조사에 착수하게 된다. 무엇보다 정보 수집은 후보 아이템을 현재 운영하고 있는 대표, 종업원과 일반 고객을 대상으로 폭넓게 자료를 조사해 많은 정보를 끌어 모아야 한다.

첫째, 전체 시장의 크기와 해당 업계의 현황 및 시장 점유율 등에 대해서 조사한다. 둘째, 다양한 고객들의 구매 습관과 구매 이유, 구매 빈도 등을 파악하고 고객이 원하는 가격과 고객의 마음을 사로잡을 수 있는 특성이 무엇인지에 대해 확인한다. 셋째, 경쟁 관계와 경쟁자의 사업 수행 능력에 대해서도 면밀히 알아보고 차별화 가능 여부도 조사해 봐야 한다. 마지막으로 공급하는 물품, 공급 가격, 공급업자 등에 대해 관련되어 있는 사람이나 경쟁업체를 직접 찾아가서 묻고 알아보고 정리한 후 평균점수로 환산해 점수 순으로 최종 1-3개 아이템을 선정한다. 이들 아이템 중에서 다시 시장 상황, 수익성, 안정성, 성장성 등 사업 타당성 검토를 통해서 유망업종인지 성숙기 업종인지 여부와 창업에 필요한 자금을 얼마나 조달할 수 있는지 판단해 본다. 그리고나서 전문가들의 의견을 반영, 최종적으로 추정 손익계산서를 작성해본 후 1-3개의 아이템 중에서 가장 높은 점수가 나오는 사업 아이템을 선정한다.

제3절 업종별 창업절차

1. 제조업 창업 절차와 실무

제조업 창업의 기본절차는 크게 ① 제조업 설립준비 ② 회사설립 절차 ③ 자금조달 계획 수립 ④ 공장설립 기본계획 수립 ⑤ 공장설립 실행 및 개업준비 절차 등으로 나누어 볼 수 있다.

(1) 제조업 설립준비

제조업 설립을 위해선 설립 전에 체계적으로 사업 구상을 하고 실현 가능성을 사전에 검증하여야 한다. 제조업 설립준비 단계에서 결정되거나 검토되어야 할 핵심요소는 크게 사업 핵심요소의 결정, 사업타당성 분석, 사업계획서 작성 등이다. 사업타당성 분석과 사업계획서 작성은 창업 성패의 핵심 요인이다.

① 사업 핵심요소란 사업 시작 전에 미리 결정하여야 할 사업의 중요요소를 말한다. 대표적으로는 업종 및 사업 아이템 선정, 기업형태 및 사업규모 결정, 창업 핵심멤버와 경영조직의 구성, 기타 요소 결정문제 등이 있다.

② 사업타당성 분석은 주로 창업자의 경영능력, 제품의 기술성, 시장성 및 판매 전망, 수익성 분석 등이 포함된다.

③ 사업계획서 작성은 자신이 추진할 사업내용을 좀 더 체계화 하는 데 목적이 있다. 사업계획을 체계화하기 위해서는 일정한 양식의 사업계획 내용을 알기 쉽고 명확하게 작성할 필요가 있으며, 이 사업계획서는 사업계획서 작성 목적에 맞춰 주주·금융기관 동업자 거래처 등에 제출하거나 브리핑 자료로 활용될 수 있다.

사업타당성 분석 시 주의할 점은 사업의 타당성평가 분석 자료와 향후 시장의 변화 등에 대한 객관성이 얼마나 확보되느냐이다. 흔히 창업자는 자신의 사업아이템의 이점에만 빠져 유리한 자료만 제시하는 경우가 많다. 무엇보다 객관화 과정이 필요하다. 그리고 동종업계의 경쟁자나 주위의 관련 사업 경험자 및 창업전문 컨설턴트의 자문을 구하는 것이 좋다.

(2) 회사설립 절차

제조업을 창업할 경우 업종 및 사업 아이템이 결정되면 그 다음 절차는 각종 법에서 규정하고 있는 사업 인·허가 내지는 신고사항 등의 확인이 필요하다. 또한, 설립할 기업의 형태가 결정되면 각 형태에 따른 설립절차의 추진이 필요하다. 예를 들면 주식회사로 기업을 설립할 경우에는 자본규모의 결정, 주주구성 등을 규정하는 절차에 따라 법원 등기소에 법인설립등기를 하고, 그 후 발급되는 법인 등기부등본 등을 첨부하여 관할세무서에 법인설립 신고와 사업자등록 신청을 해야 한다. 법인설립등기는 법적 등기사항이 있기 때문에 법적으로 회사의 설립에 흠결이 없도록 세심한 주의가 필요하다. 법인이 아닌 개인기업 설립 시에는 사업 인·허가와 사업자등록만으로 사업수행을 위한 법적 절차를 마무리할 수 있다.

(3) 자금조달 수립

제조업 설립을 위해 공장설립이나 생산시설 도입이 필요한 경우에는 자금조달 계획을 세심하게 수립해야 한다. 대개의 경우 공장건축과 병행하거나 공장 준공예정일에 맞춰 생산설비의 설계, 시설발주 등이 필요하므로 생산설비 설치 등에 따라 자기 자금 이외에 금융기관을 통한 추가 자금조달이 이루어지지 않으면 안 된다. 따라서 공장건축과 생산설비 발주시에는 사전에 정확한 견적서, 설계서 등을 청구하여 자금 부족이 생기지 않도록 신중을 기해야 한다. 시설자금 조달이 필요한 경우 사전에 금융기관과 접촉하여 한도승인 내지는 자금조달 신청을 하는 등 적기에 자금이 지원될 수 있도록 세심한 주의를 기울여야 한다.

(4) 공장설립 기본계획 수립

공장설립은 제조업 창업 중에서 가장 절차가 복잡하고 지연되기 쉬운 단계이다. 공장설립 시 공장입지 선정에서부터 각종 법적 인·허가 절차를 밟아야 하며, 계약이 원만히 이루어져야 공사가 순조롭게 진행될 수 있다. 공장설립시에는 공장 건축공사 이외에 이 무렵을 전후해서 관할관청에 공장설립신고, 그리고 공장설립 완공보고 등 각종 검사도 함께 받아야 한다.

공장설립 절차는 매우 까다롭다. 그러므로 사전에 공장입지와 관련해서 규제되고 있는 법의 내용을 정확히 알고 접근하는 것이 좋다. 공장입지를 선정할 때에는 공장설립 기본계획을 사전에 수립하는 것이 무엇보다 중요하다. 이 기본계획에 따라 순차적으로 입지의 적합성 분석과 함께 정부 또는 지방자치단체 등에서 분양하는 계획입지와 개별적으로 추진하는 자유입지 등의 선택이 필요하다. 특히 창업절차를 간소화하기 위한 창업 사업계획 승인여부 등을 사전에 충분히 검토해야한다. 공장입지를 결정하고 공장용지에 대한 토지거래허가, 농지전용 허가 등의 절차를 밟아야 한다. 그리고 공장설치 및 건립을 위해선 신용 있는 건설업체의 선정에서부터 적합한 설계, 자금의 조달방법, 생산설비의 생산업체 선정과 발주시기 등에 대해서도 세밀한 검토와 확인이 필요하다.

(5) 공장설립 실행 및 개업 준비

회사설립 공장건축 및 생산설비 설치가 완료됨으로써 회사의 골격이 갖추어지게 되고 개업을 위한 준비가 마무리된다. 개업준비 절차에서는 우선 창업요원 이외에 본격적인 영업에 돌입하기 위해 필요한 관리·영업·생산직 직원을 충원하고 훈련하는 일에서부터 체계적인 조직의 구성으로 이어진다.

회사사정에 맞는 조직이 구성되면 각 분야별로 생산 파트에서는 원·부자재 조달, 생산설비 시운전 및 시제품 생산과정을 거친 후 본격 생산에 돌입한다. 이와함께 공장등록, 공장설립 완료보고, 부동산 등기 등의 절차도 이행하여야 한다.

관리분야에서는 급여규정, 회계규정 등 각종 회사내규의 제정, 그리고 업무에 필요한 각종 장표와 서식 제정, 이와 더불어 직원연수도 실시해야 한다. 그리고 대외기관에 신고해야 할 각종 사규, 즉 취업규칙 신고, 기타 대외기관 신고 등을 이행해야 한다. 영업분야에서는 영업체계의 확립, 시장개척 활동 및 시장조사 등을 병행하여 실시함으로써 본격적으로 영업에 대비한다. 자사 제품을 홍보하고, 소비자 반응을 체크 하여 제품의 성공가능성을 타진해보는 등 더 좋은 제품으로 발전해갈 수 있도록 다양한 측면에서 소비자 반응을 살피는 일도 중요하다. 그리고 영업사원에 대한 교육과 함께 영업직에 대한 자긍심 제고 노력을 위한 연수도 병행하여 실시해야 한다.

2. 서비스업 창업절차

(1) 서비스업 창업의 기본절차

서비스업형 기업은 제조업형 기업에 비해 창업절차가 간단한 편이다. 서비스업은 크게 나누어 개인 서비스업과 사업 서비스업으로 나누어진다. 개인 서비스업은 일반 개인을 그 고객으로 하여 각종 서비스 용역을 제공하는 사업이다. 가령, 음식점업, 부동산 관련 서비스업·여행알선업, 수리점업 등이 여기에 속한다.

사업 서비스업은 주로 사업체를 주 고객대상으로 하여 각종 서비스 용역을 제공하는 사업을 말한다. 가령, 전기통신업이나 물류창고업, 대형 숙박업, 정보처리 및 기타 컴퓨터 운용 관련 서비스업 등이 여기에 해당된다. 사업서비스업은 개인 서비스업보다 규모면에서 더 크며, 업무 자체도 전문적이고 복잡하다. 또 사업 서비스업은 법인형태로 설립되는 경우가 많다. 개인사업자와 법인의 설립절차 등은 제조업과 같다.

서비스업 창업절차는 크게 ① 창업예비 절차 ② 회사설립 절차 ③ 사무실 입지선정 절차 ④ 개업준비 절차로 나눠진다.

(2) 서비스업 창업시 기본 고려사항

서비스업형의 창업은 비교적 창업이 쉬운 반면 고려해야 할 사항도 적지 않다. 서비스업 창업의 특징은 다음과 같다.

① 창업자의 지식·경험 노하우 등 창업자와 가장 밀착된 산업이다. 즉 이 같은 지식과 노하우가 사업 수익력의 원천이 된다. 따라서 서비스업 창업자는 해당분야에 대한 전문지식이 없이는 창업이 거의 불가능하다.

② 임직원의 지식을 바탕으로 운영되며 종업원의 능력과 노력에 의해 사업이 번창하는 인간이 중시되는 산업이다. 서비스업의 성패는 바로 인력의 질과 직결된다. 핵심 멤버가 퇴직하거나 이직하면 사업에 큰 타격을 입게 되는 것이다.

③ 보이지 않는 무형의 재화를 생산하므로 사업으로 성립하기위해서는 소비자의 동의가 필수요건이다. 무형의 재산을 상품화하기 위해서는 이용자가 있어야 하며, 이를 뒷받침하기 위한 마케팅전략 수립이 필요하다.

④ 창업에 소요되는 자금이 적고 휴·폐업이 비교적 자유롭다. 서비스업은 제조업처럼 생산설비 시설을 따로 갖추지 않아도 되므로 사무실

개설비와 사무실 유지관리비, 인건비가 대부분이다. 따라서 좋은 아이템만 있다면 쉽게 창업할 수 있고, 또 쉽게 폐업할 수도 있다.

⑤ 경기변동이나 경제여건, 경영환경 등에 아주 민감하다. 서비스업은 기업 경영과 밀접하게 연관되기 때문에 불경기인 경우에는 이 업종이 가장 큰 영향을 받는다. 경기변동에 따라 영업이 불규칙적이므로 장·단기 수지계획에 의거하여 경영하지 않으면 안된다.

⑥ 창업 초기부터 영업기반 확보까지 다소 긴 시간이 소요된다. 우선 영업 내용을 홍보하고 이를 이용자가 인식하기까지는 상당한 기간이 필요하며, 종업원의 업무추진 능력향상에 많은 시간이 소요된다.

이상과 같은 여러 가지 특징으로 인하여 서비스업형 기업은 쉽게 창업하기도 하지만 쉽게 폐업하기도 한다. 따라서 성공적인 서비스업형 기업의 창업을 위해서는 창업 전에 충분한 준비가 선행되어야 하며, 창업 후에도 경제 및 경영환경 변화에 적응할 수 있도록 신축성 있는 전략이 요구된다.

PART

Ⅲ

비즈니스모델 구축과 경영지원

CHAPTER

10

비즈니스모델과 수익창출

제1절 비즈니스모델의 개념과 구성요소

1. 비즈니스모델의 개념

비즈니스 모델(Business Model: BM)이란 무엇일까? 쿨 티머스는 1998년 비즈니스 모델을 세 가지 요소로 정의했다. 첫째는 제품, 서비스 정보 흐름의 구조와 사업 참여자의 역할이고, 두 번째는 사업 참여자의 잠재적 이익이고, 세 번째는 사업 주도자의 수익 원천이라고 설명했다.

창업성공의 핵심은 비즈니스모델의 수립에서부터 시작된다. 그렇다면 기업에 필요한 비즈니스 모델의 핵심은 무엇일까? 가장 중요한 핵심은 바로 수익성으로, 사업 운영에 꼭 필요한 돈을 벌어야만 한다. 다음으로 중요한 비즈니스의 핵심은 일시적인 것이 아니라 기업의 존재 가치인 미션을 지속적으로 유지하고 성장해야 한다. 이와 같이 비즈니스 모델의 핵심을 '수익성'과 '지속성'이라는 관점에서, 비즈니스 모델을 이해하기 쉽게 '지속 가능하게 돈 버는 사업 방식'으로 간단히 정의할 수 있다.

결국 비즈니스모델은 조직이 지속적으로 가치를 창출하고 전달하고 획득하는 원리로 회사가 고객에게 제공하는 가치 전달 활동을 통해 창출되는 수익구조의 메커니즘을 일컫는다. 비즈니스모델이 없는 사업의 창업은 모래위에 집을 짓는 것과 같다고 볼 수 있다.

2. 비즈니스 모델 구성의 핵심요소

비즈니스모델의 핵심구성요소는 무엇인가? 구성요소에는 가치제안, 수익모델, 시장기회, 경쟁환경, 경쟁우위, 시장전략, 조직개발, 경영자 자질 등이 있다. 여기에선 비즈니스모델을 수립하기 위한 고객, 제품/서비스, 시장·판매/유통, 비용 등 5가지 핵심 요소에 대한 확인과 분석이 필요하다.

| 표 10-1 | 비즈니스 모델의 핵심요소

구성요소	핵심질문
가치제안	고객은 회사제품을 왜 구매해야 하는가?
수익모델	어떻게 돈을 벌 것인가?
시장기회	어떤 시장에 제공하고, 시장의 규모는 어떤가?
경쟁환경	경쟁자가 누구인가?
경쟁우위	특별한 장점은 무엇인가?
시장전략	표적고객을 유인하기 위해 제품을 어떻게 촉진할 것인가?
조직개발	사업계획을 수행하기 위해 어떤 조직구조가 필요한가?
경영자 자질	경영자에게 어떤 경험과 배경이 요구되는가?

① 고객: 당신의 고객은 누구인가?

② 제품/서비스: 고객에게 어떤 제품으로 가치를 제공하는가?

③ 시장: 어디로 선택, 진입, 확장해야 하는가?

④ 판매/유통: 어떤 채널로 고객에게 전달할 것인가?

⑤ 비용: 기대되는 수익창출 목표와 달성 소요기간은?

제2절 비즈니스모델의 표현법

하나의 비즈니스 모델을 서로 다른 사람들이 같은 방식으로 이해하려면 서로간의 약속이 필요하다. 비즈니스 모델을 표현하는 약속 방법인 '비즈니스 모델링'에 대해서는 여러 학자들에 의해 발전되어 왔다. 이중 가장 대표적인 비즈니스 모델링 기법이 바로 알렉산더 오스터왈더 등의 '비즈니스 모델의 탄생(Business Model Generation)'이란 책에서 소개된 '비즈니스 모델 캔버스(Business Model Canvas, 이하 BMC) 9블럭'이다.

❙그림 10-1❙ 비즈니스 모델 캔버스(BMC) 9블럭

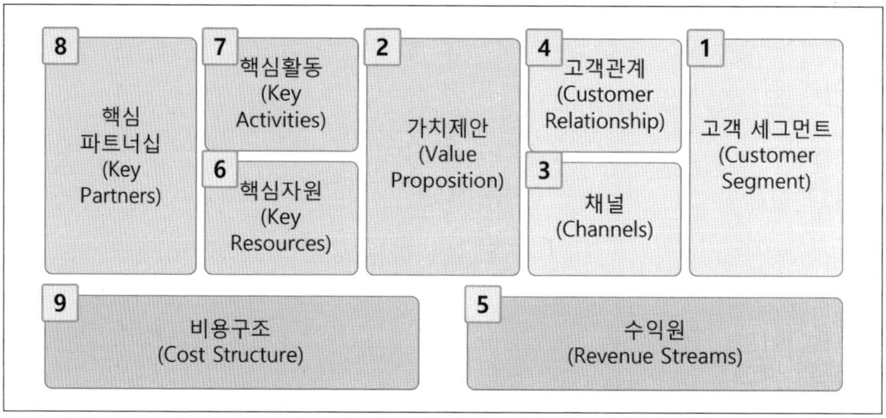

BMC는 비즈니스를 한 눈에 이해하기 쉽게 표현할 수 있고, 조금만 연습하면 누구나 간단히 작성할 수 있기 때문에 사실상 표준으로 이용되고 있다(그림 10-1). BMC 9블럭의 각 블럭에서는 비즈니스 과정에서 검증해야 할 가설들을 포함한다. 각 블럭에는 포함된 가설 질문에 대해 생각하는 답을 간단히 작성하면 된다. 일반적인 고객문제 해결형 비즈니스 모델의 작성 순서에 따라 각 블럭을 간단히 소개하면 다음과 같다.

(1) 고객세그먼트(Customer Segments: CS)

우리에게 가장 중요한 고객은 누구이며, 전형적인 고객은 어떤 사람인가? 누가 우리의 가장 중요한 고객일까? 누구를 위해 가치를 창조해야할까? 고객의 문제점을 발견하고, 하나 이상의 고객 세그먼트에게 제품이나 서비스를 제공할 수 있어야 한다.

(2) 가치제안(Value Proposition: VP)

타겟고객이 정해졌다면 그 고객에게 제공가능한 이익이 무엇인지? 조직은 고객이 처한 문제를 해결해주고 욕구를 충족시키기 위해 우리는 각 고객 세그먼트 별로 어떤 가치/제품/서비스를 제공하고 있는가?

(3) 채널/유통경로(Channels: CH)

우리는 어떤 경로로 우리의 제품을 고객에게 전달하고, 경쟁사는 어떻게 전달하며, 고객은 어떤 전달 방법을 원하는가? 커뮤니케이션, 물류, 세일즈 채널 등을 통해 우리가 전달하고자 하는 가치를 고객에게 전달한다.

(4) 고객관계(Customer Relationships: CR)

고객이 우리 제품을 지속적으로 이용하는 방법은 무엇이며, 경쟁사는 어떻게 고객 관계를 유지하며, 고객은 어떤 관계를 원하는가? 고객 세그먼트와 시장의 수명주기별로 고객관계 전략을 마련한다.

(5) 수익원(Revenue Streams: RS)

현재 무엇을 위해 돈을 지불하고 있으며, 어떻게 지불하고 있는가? 우리는 어떤 매출 모델과 가격 정책을 갖고 있는가? 전달하고자 하는 가치를 성공적으로 제공했을 때 얻는 수익을 정리한다.

(6) 핵심자원(Key Resources: KR)

비즈니스를 원활히 지원하는데 가장 필요한 중요자산은 무엇이며, 어떤 지원이 필요한가? 가치 제안, 고객관계, 고객 세그먼트, 채널, 수익원을 실현하기 위해 필요한 물리적, 재무적, 지적, 인적 자원을 정리한다.

(7) 핵심활동(Key Activities: KA)

우리의 가치 제안에는 핵심 활동이 필요하고, 우리의 유통경로, 고객 관계와 수익원을 위해서 각각 어떤 활동이 필요한가? 가치 제안, 고객관계, 고객 세그먼트, 채널, 수익원을 실현하기 위해 조직이 수행해야 하는 여러 가지 활동을 정리한다.

(8) 핵심 파트너(Key Partners: KP)

우리에게 부족한 핵심 활동과 핵심 자원을 제공할 파트너/공급자는 누구인가? 내부 역량으로 해결할 수 없기 때문에 외부 파트너십을 이용해야 하는 일부 자원이나 특정 활동을 정리한다.

(9) 비용구조(Cost Structure: CS)

우리의 핵심 자원 확보와 핵심 활동 등 비즈니스 활동에 얼마의 비용이 필요한가? 비즈니스를 운영하기 발생할 수밖에 없는 비용 요소들을 정리한다. 비용구조는 고정비와 변동비로 구분한다.

제3절 비즈니스모델의 구축사례

1. 테슬라와 애플의 비즈니스 모델

테슬라의 비즈니스 모델은 기존 자동차 회사들의 모델과 완전히 다르다고 한다. 테슬라는 자사의 자율주행기술과 소프트웨어를 구현할 하드웨어를 차량에 미리 장착해놓고 소프트웨어를 업데이트해 기능을 계속 높여나가고 있다. 기존 자동차 회사는 하기 어려운 방식이다. 대당 단가를 낮추는 데 극도로 민감하다.

테슬라는 컴퓨터 통합 제어 플랫폼과 무선 업데이트가 가능한 시스템을 엄청난 비용과 시간과 인력을 투입해 전 차종에 기본으로 제공합니다. 왜 일까요? 자동차가 수익을 내는 기반이 아니라 서비스를 제공하기 위한 디바이스 또는 수단이기 때문이다.

■ 새로이 부상하는 데이터 플랫폼 비즈니스, 선두 주자는 테슬라

테슬라는 기존 자동차 업계보다 아마존, 페이스북, 구글 같은 데이터 플랫폼 비즈니스 업체와 더 닮았다.

지난 10년 동안 전 세계 데이터 발생량은 20배가 증가하는데, 앞으로 10년 동안 또 그 만큼 증가한다고 한다. 돈을 많이 벌 수 있는 분야이다. 데이터 플랫폼 비즈니스는 아직 시작 단계이며 제대로 개발만 된다면 어떤 분야보다 규모가 크고 돈을 더 많이 벌수 있는 데 바로 자동차를 사용하고 이동하는 과정에서 발생하는 데이터를 기반으로 하는 비즈니스이다. 현재 데이터 시장을 보면 디바이스를 기반으로 데이터 플랫폼 사업을 확장하고 있는 거의 유일한 기업이 바로 애플이다. 자동차를 디바이스로 활용해 데이터 플랫폼 비즈니스를 구축해 나가는 기업은 없으며 테슬라가 성과를 보이기 시작하는 단계이다.

테슬라는 2020년 9월 '배터리 데이'행사에서 2030년이 되면 연간 판매량이 2,000만대가 될 것이라고 말했다. 그것이 현실이 된다면 테슬라의 데이터 플랫폼 비즈니스가 엄청난 힘을 가지게 된다.

테슬라는 현재 모델3의 경우 주행보조장치 FSD를 미국에선 8,000달러, 한국에서는 900만원을 받고 따로 팔면서 무선으로 업데이트를 해준다. 애플은 성능을 업그레이드 해주는데 얼마를 요구하나? 테슬라는 앞으로 새로운 서비스를 만들어 수익을 낼 여지가 많다.

테슬라는 이미 FSD에 이어 캘리포니아 지역에서 테슬라 전용 보험상품을 내 놓았다. 테슬라는 주행 데이터를 29단계로 알고리즘화하고 이를 통해 보험료를 책정하고 있다. 비교적 낮은 가격의 보험상품을 제공할 계획이다. 10만 킬로미터 당 평균 사고율이 기존 차량은 13% 이지만 테슬라는 2%이다. 훨신 낮다.

테슬라의 비즈니스 모델을 애플과 비교해보자. 2020년말 기준 시가 총액을 비교해보면 애플은 2,300조원 정도이지만 테슬라는 600조원 정도이다. 테슬라가 자동차 업계 1위이지만 애플의 1/4 수준이다. 하지만 모빌리티 산업이 본격화되어 시장 규모가 7,000조원으로 확대되면 테슬라의 가치는 어느 정도가 될까?

모빌리티 시장에서는 차량에서 얻는 고품질의 데이터가 매우 중요하다. 현재 테슬라가 최고이며 따라오는 업체가 없다. 테슬라가 모빌리티 시장에서 자신들만의 제국을 건설하려면 어떤 구조를 가져야 할지, 어떻게 해야 진입장벽을 갖출 수 있을지에 대해 명확한 설계가 필요하다. 기존 업체는 자체 소프트웨어 알고리즘을 가지고 있지 않으며 테슬라에 대응을 위해서는 다른 산업과 협업이 이루어져야 하는데 조율이 쉽지 않아 보이며 그 기간 테슬라는 더 세련된 모빌리티 서비스로 앞서 나갈 수 있다.

기존 자동차 회사가 모빌리티 서비스로 돈을 벌고 싶어도 테슬라에 대적이 쉽지 않으며 설령 뛰어난 전기차를 개발하더라도 테슬라가 추구하는 것과 같은 서비스 수익 모델, 데이터 플랫폼 비즈니스 모델을 구축해 실제 돈을 벌 수 있겠느냐 하는 의문은 여전히 존재한다.

일론 머스크는 다 그림을 그리고 움직이는데 누가 따라갈 수 있겠는가? 세상의 패러다임을 바꿔버리는 역량이 대단하다. 새로운 관점으로 사실을 바라본다. 세상이 이렇게 빨리 변화를 하고 있는데 일론 머스크가 그린 그림처럼 움직일까? 어느 정도는 가능하지만 10년이라는 시간에 또 어떤 변수가 나올 수 있으며 지금도 열심히 고민하고 방안을 모색하는 이들이 많을 것이라는 생각에 그럼 난 어떻게 해야할끼? 고민이 되는 부분이다.

2. 한진, 新비즈니스 모델 구축..."카카오T서 택배 부른다"

■ 이코노믹리뷰 원문

[이코노믹리뷰=전지현 기자]

㈜한진이 카카오모빌리티와 손잡고 지난달 30일부터 카카오 T앱에서 택배 서비스를 시작했다고 12일 밝혔다. ㈜한진과 카카오모빌리티는 성남시에 위치한 카카오모빌리티 사옥에서 ㈜한진 노삼석 대표, 조현민 미래성장전략 및 마케팅 총괄 부사장과 카카오모빌리티 류긍선 대표, 안규진 사업부문총괄 부사장 등 주요 관계자가 참석한 가운데 카카오 T 플랫폼 기반 택배 서비스 운영 업무협약을 체결했다.

㈜한진은 1992년 국내 최초로 개인택배 브랜드 '파발마'를 도입하며 생활물류 혁신에 기여해왔다. 일반 개인택배를 비롯해 이마트24, 365PLUS, IGA마트, 농협, 새마을금고와 협력해 생활 인프라 공간을 활용한 택배 네트워크를 확대했다. 또 주유소 기반 택배서비스 '홈픽'과 비대면 서비스 및 안심택배에 대한 수요 증가 추세에 맞춘 무인함 택배는 물론, 골프택배, 공항택배까지 한진택배만의 다양한 개인택배 서비스를 제공하고 있다.

개인택배 발송 플랫폼인 원클릭 택배서비스 솔루션을 론칭해, 1인 창업자, 소상공인 등 택배서비스 지원과 이커머스 사업 성장을 돕고 있다. 카카오모빌리티는 약 2,800만명 회원을 보유한 국내 최대 종합 모빌리티 플랫폼 '카카오 T'를 운영하고 있다. ㈜한진과 카카오모빌리티는 카카오 T 고객을 위한 개인택배 서비스 제공을 위해 시스템과 운영프로세스 구축 등 양사 역량을 결합해 시너지를 낼 수 있는 비즈니스 모델을 만들기 위한 협력 관련 논의를 지속해왔다.

카카오 T 플랫폼 기반 택배서비스를 통해 이용자 누구나 터치 한번으로 손쉽고 편리하게 이용이 가능하며 자동결제시스템을 구축해 편의성을 높였다. 특히 세변의 합 140cm, 20kg 이내 상품을 일반 개인택배보다 저렴한

4,000원 단일가격에 이용 가능해 합리적인 금액으로 편리하고 믿을 수 있는 개인택배 서비스를 원하는 고객 많은 호응이 있을 것이란 회사측 기대다.

㈜한진 관계자는 "카카오 T와 생활물류 서비스로 자리잡은 택배서비스가 결합한 카카오택배는 양사 역량을 더해 국민 생활 택배 서비스로 활성화될 것으로 기대된다"며 "카카오 T 플랫폼 기반 택배서비스 론칭을 계기로 양사 협력범위를 확대해 택배차량 자율주행 사업, 대형 빌딩 주차장을 활용한 무인로봇 배송 사업 등 신규 비즈니스 모델을 발굴할 것"이라고 말했다.

한편, ㈜한진은 회사가 보유한 물류 역량과 시너지를 낼 수 있는 신사업 창출에 나서고 ESG 경영을 강화해 지속가능한 성장기반 마련하고 있다.

3. AI사업의 비즈니스모델 구축-SK

(1) AI, 당뇨병·비만 치료 신약을 만든다 - 아이클루-티디엠디

SK㈜ C&C는 가천대길병원과 함께 대사성 질환 신약 개발 타깃(질환을 유발하는 인자) 발굴을 도와주는 인공지능(AI) 서비스 '아이클루-티디엠디(iClue-Target Discovery for Metabolic Disease)'를 출시했다. 아이클루 티디엠디는 많은 시간과 비용이 소요되는 신약 개발 첫 단계인 질환을 유발하는 유전자·단백질 등 타깃을 AI로 발굴하고 검증하는 서비스'다.

SK㈜ C&C는 자사 신약 AI 플랫폼 아이클루(iClue)에 보건복지부 연구중심병원 육성 R&D사업 지원으로 진행된 가천대길병원의 대사성 질환 혁신 신약 후보 유전자 선정 연구 노하우를 적용, 서비스형 소프트웨어(SaaS·Software as a Service) 형태로 개발했다.

글로벌 신약 연구 분야에서 관심이 높은 당뇨병·비만·지방간·이상지혈증 등 대사성 질환을 유발하는 유전자나 단백질을 찾아 역할을 검증한 후 이를 표적하는 신약 후보 물질을 발굴할 수 있도록 AI가 도와준다.

(2) AI, 사람의 눈을 능가한다 - 아이팩토리 스마트 비전

SK㈜ C&C는 3일 AI를 탑재한 범용 솔루션 '아이팩토리 스마트 비전'을 공개, 본격 확산에 나선다고 밝혔다. SK㈜ C&C 아이팩토리 스마트 비전은 화면의 최소 단위 픽셀을 읽어내고, 읽은 정보를 빠르게 학습하는 능력을 갖춘 범용 AI 패키지 솔루션이다.

카메라나 CCTV를 통해 생성된 이미지를 수집하고 데이터를 분석해 ▲불량 검사 ▲제품 식별 ▲치수 측정 등 기존에 작업자가 고가의 별도 품질 장비를 활용해야 하던 검사 작업을 AI가 더 빠르고 정확하게 수행할 수 있게 되는 것이다.

딥러닝 기반 이미지 유형 학습을 통해 반도체 소재, 배터리, 철강 절단면 계측 등 품질 관리에서 진가를 발휘했다. 자동차 부품 외관 검사나 중고폰 등급 분류에서도 사람의 눈으로 잡지 못한 미세 결함을 찾아냈다. 올해는 폐수 미생물 탐색 및 분류 등으로 적용 범위를 확대 중이다.

(3) AI가 통합된 통합 디지털 플랫폼 - 멀티버스

SK C&C는 구글클라우드코리아와 '한국형 디지털 플래그십 사업'을 추진한다고 밝혔다. SK C&C는 멀티버스 기반으로 산업별 버티컬(Vertical) 플랫폼·솔루션 공동 개발과 국내외 확산을 위해 상호 협력하기로 했다. 이에, 멀티버스(Multiverse)라는 이름으로 AI, 빅데이터, 클라우드 주요 플랫폼과 솔루션을 결합한 통합 디지털 플랫폼을 선보였다.

양사는 '멀티버스 플랫폼 X 구글'을 주제로 개방형 디지털 혁신을 위한 산업 생태계 조성에 나선다. 국내외 주요 산업별 기업고객·기관·스타트업·IT기업과 협력해 플랫폼 기반 한국형 디지털 혁신 서비스를 확보한다. 이 과정에서 확보된 서비스의 SaaS 상품화를 통해 글로벌 선단형 수출길을 열 계획이다.

이처럼 AI는 우리에게 익숙한 인공지능 스피커, 자율주행뿐만 아니라 다양한 산업 분야 속에 녹아들어 있다. 미처 생각지도 못했던 다양한 산업 서비스 분야에서 편리하고 효율적인 서비스를 위해 계속 발전을 거듭하고 있다. 또, 새로운 시도를 통한 혁신으로 완전한 디지털 혁신에 가까워지고 있다.

4. 자율주행차 보험 관련 비즈니스 모델 스타트업

인간 운전자가 필요 없는 자율주행차가 속속 등장하면서 관련 보험상품도 선보이고 있다. 운전자가 없는 자동차가 현실로 다가온다. 전문가들은 이러한 자율주행차가 널리 보급되기까지는 10년이 채 걸리지 않을 것으로 전망한다. 그러나 어떻게 보험에 들 것인가 하는 문제는 여전히 해결되지 않은 난제로 남아 있다. 한 가지 근본적인 문제는 자율주행차 소유주에게 보험이 필요한지 여부다. 디자인의 결함으로 사고가 발생했다고 판단될 경우 제조사에 책임이 돌아갈 수 있다.

이와 관련해 미국에서는 새로운 비즈니스 모델을 가진 스타트업들이 등장하고 있다. 벤처비트가 지난 23일 보도한 바에 따르면 펜실베이니아주 피츠버그에 본사를 둔 쿱테크놀로지스(Koop Technologies)가 한 예로 급부상하고 있다.

쿱은 자율주행차, 로봇공학 등 기계로 인한 위험에 대비하는 'API 기반' 보험 플랫폼을 개발 중이다. 업체는 자율주행차와 로봇 제조회사로부터 데이터를 수집해 보험 인수를 비롯한 위험 비용, 보험금 청구 처리 방식 구축에 사용한다.

세르게이 리트비넨코(Sergey Litvinenko) 최고경영자(CEO)는 "방대한 양의 각종 자료를 모아 데이터셋을 개발하고, 머신러닝 모델을 구축해 무인 차량의 위험 비용을 책정하고 있다"고 설명했다. 이어 머신러닝의 장점에 대해

"기존 텔레매틱스 접근 방식에 비해 별도의 하드웨어 없이도 규모에 맞게 데이터를 수집할 수 있다는 점이 매력적"이라고 덧붙였다.

또 머신러닝은 플랫폼을 통해 로봇 리스크의 가격을 더 높일 수 있고, 자율트럭이나 로봇축 등에 연결된 센서 하드웨어를 활용하기 때문에 클레임 처리 속도를 크게 높이는 데 도움이 된다.

쿱은 이미 대형 보험사들과 제휴를 맺고 자율주행차와 로봇 고객을 위한 특별 프로그램을 개발했다. 벤처캐피털 회사인 유비쿼티벤처스도 쿱의 성과를 주목해 250만 달러(약 28억 9250만원)의 시드펀드를 확보한 상태다.

리트비넨코 대표는 "운송, 드론, 창고, 농업, 건설 등 여러 분야에서 자동화 전환이 증가하고 있다"며 "자동화의 보편화는 곧 새로운 비즈니스 창출 기회의 장"이라고 말했다.

캘리포니아에 본사를 둔 또 다른 인슈어테크 회사 애비뉴(Avinew)는 자율주행 안전 기능이 탑재된 자동차 소유주와 차량 운전자에게 커버리지를 제공한다. 애비뉴의 보험 프로그램은 모바일 앱을 사용해 테슬라 오토파일럿, GM 슈퍼크루즈, 포드 코파일럿360·블루크루즈, 닛산 프로파일럿 어시스트 등 각 자동차 제조업체 별 첨단 운전자 보조 시스템(ADAS)을 조건으로 가입자가 보험료 할인을 받을 수 있는지를 검토한다.

애비뉴와 달리 트로브(Trov)라는 이름의 스타트업은 알파벳의 웨이모 탑승객의 안전을 보장하는 보험 상품을 제공한다. 웨이모에 타고 있던 도중 사고가 발생하면 의료비를 지원하는 식이다.

스콧 월첵 애비뉴 CEO는 "운전자 없는 자동차를 이용하는 사람들을 위해 보다 정밀한 보험을 만들었다"고 밝혔다. 또 자사 보험 전문가들이 독일 뮌헨에 위치한 Re와 파트너십을 맺고 "마일 단위로 차내 분실물부터 사고 발생 시 의료복지 혜택까지 포괄적인 보호장치를 개발했다"고 부연했다.

이처럼 미국 소규모 보험사가 자율주행차 관련 보험을 개발하는 가운데, 국내에서는 삼성화재가 비슷한 행보를 보이고 있다. 삼성화재는 내년 1분기

출시를 목표로 개인용 자율주행차 보험상품을 연구 개발 중이다.

삼성화재는 지난 2017년 시험용 레벨3 자율주행차량에 한정해 보험을 선보인 적이 있다. 그러나 이후 현재까지 레벨2 자율주행차량만 개발·출시되면서 이 같은 시도는 상용화가 될 수 없었다. 업체는 기존 운행자책임과 자동차 의무보험 체계를 동일하게 적용하는 레벨3 자율주행차 특약보험을 준비하겠다는 목표다.

그러나 아직까지 레벨3 자율주행차 출시도 더딘 상황에서 관련 보험이 먼저 등장하는 것이 맞는가에 대한 지적도 나온다. 자율주행차량의 상용화 시기에 맞춰 적절한 보험상품이 선보여야 한다는 것. 이 때문인지 삼성화재를 제외한 국내 어떤 손해보험사도 자율주행차 보험을 개발하지 않고 있는 실정이다. 여전히 불분명한 책임소재와 과실 판단에서 다양한 변수가 작용하는 게 이유로 분석된다.

CHAPTER

11

창업자금조달과 벤처캐피탈

제1절 창업자금조달의 의의와 중요성

1. 창업 자본조달의 의의

창업 준비 단계에서 창업자 자질, 사업 아이디어와 함께 필수요건이 바로 자금이다. 즉, 아무리 자신이 창업 자질이 우수하고, 사업 아이디어가 유망하더라도, 이를 창업할 자본력이 없다면 그림의 떡에 불과한 것이다.

창업자본은 기업의 사용목적에 따라 크게 시설자금과 운전자금으로 구분된다. 시설자금으로는 창업을 위한 기계설비자금이나 기술사용료, 임차보증금, 집기비품, 가맹비, 인테리어 공사비, 권리금, 기타 시설자금 등이 있다. 운전자금으로는 창업과 창업 후 경영을 위한 인건비, 재료비, 경비, 지급이자 등이 포함된다.

이에 필요한 창업자본을 어디서 조달할 것인가? 자금조달 방법에는 크게 자기자본과 타인자본으로 구분된다. [그림 11-1]에는 타인자본조달방법을 안내해주고 있다. 가령, 사업의 성공가능성이 매우 높다면 자기자본으로 하는 것이 가장 좋은 방법이다. 사업에는 위험이 따르므로 위험회피 목적으로 남의 돈을 투자받아서 사업을 하려고 한다. 그렇지만, 창업초기에는 사업성공에 대한 불투명으로 타인으로부터 자본을 조달하는 것도 쉽지 않다. 그래서 주로 사업초기에는 자기자본으로 시작하다가 기업의 규모가 커지고 사업의 전망이 밝아지면 투자유치 등을 통한 타인자본을 조달하는 방식을 취하고 있는 경우가 많다.

창업초기 타인자본을 이용하는 경우에는 정부의 창업지원자금과 같은 정책자금이 유용하다. 정부의 다양한 창업지원자금은 개인의 신용도와 담보능력, 사업 아이디어의 적합성 등을 갖추어야 가능하다. 따라서 창업을 진행하면서 창업자금을 조달하기 보다는 사전에 정부지원자금의 내용과 요건을

| 그림 11-1 | 타인자본 조달 방법(대출)

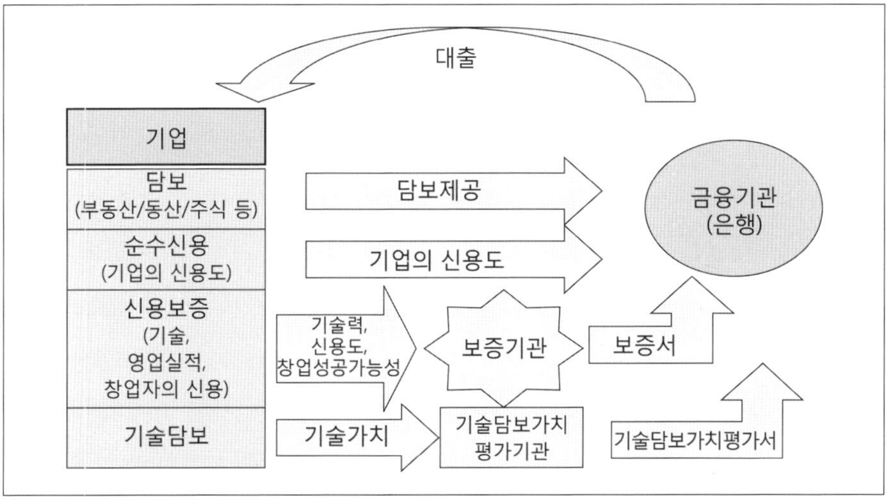

미리 갖추고 창업을 진행하는 것이 중요하다. 거액의 타인자본조달을 위해 자신이나 기업의 담보력이나 신용 등을 통해 미리 담보나 신용보증, 기술담보대출 능력을 키워 놓는 것이 좋다. 이외에도, 고도의 기술이나 새로운 아이디어와 같은 경우 벤처창업자본, 일명 모험자본이라고도 하는데, 이는 엔젤투자 또는 벤처캐피탈이라는 자본 원천을 통해 조달하는 방법이 있다.

2. 창업자금 조달의 중요성

창업자가 실제 창업을 결심했을 때 가장 큰 장애요인은 무엇일까? 중소벤처기업부의 한 창업기업 실태조사결과에 따르면, 창업시 장애요인으로서 '창업자금 확보에 대해 예상되는 어려움'이 가장 높은 66.3%로 나타났다. 다음으로 '창업실패 및 재기에 대한 막연한 두려움' 28.0%, 그리고 '창업에 대한 전반적 지식, 능력, 경험의 부족' 23.5%, '창업준비부터 성공하기까지의 경제활동(생계유지)문제' 13.2%의 순으로 꼽았다. 이는 원활한 창업자금 조달이야말로 창업을 시작할 때 우선적으로 풀어야할 중요한 과제임을 의미한다.

창업을 개시할 경우 상당수는 자기자금만으로 부족하기 때문에 외부로부터 자금조달을 하려한다. 대개 창업 초기에는 신용이나 담보력이 약하여 자금조달이 쉽지 않다. 이 때 창업자금 조달을 원활히 조달하기 위해서는 자금조달과 관련한 지식과 정보를 통해 벤처캐피탈, 정책자금, 신용보증기관, 은행 등의 자금을 적절히 활용할 줄 알아야 한다.

특히, 창업자금을 어디서 어떠한 조건으로 조달하는가는 창업자의 소유지분과 향후 경영권 유지에도 중대한 영향을 미친다. 또 타인자본조달을 늘리면 부채비율이 증가해 이자부담이 과중하여 기업이 도산될 위험성이 높아진다. 따라서 창업단계에서부터 성숙단계에 이르기까지 신중하게 자금의 조달과 운용계획을 세워 결정하고 관리하는 것이 중요하다.

제2절 자금조달의 형태

1. 자금조달의 형태

일반적으로 기업의 자금조달 형태에는 기업이 어디로부터 자금을 조달하느냐에 따라 내부금융과 외부금융으로 나눌 수 있다. 내부금융은 기업 내부의 영업활동 과정에서 발생하는 이익금의 사내유보, 감가상각충당금 등으로 자금을 조달하는 형태이다. 이를 자기금융이라고도 한다. 외부금융은 자금을 기업의 외부에서 조달하는 형태이다. 여기에는 직접금융, 간접금융, 해외금융을 통해 조달된다.

• 직접금융: 기업이 자금이 필요한 기관, 기업 등에게 주식, 회사채 또는

기업어음과 같은 신용증권을 발행해주거나 계약을 체결하고 그들로부터 직접 자금을 공급받는 형태이다. 대표적인 형태는 직접 주식이나 채권을 발행하거나 벤처캐피탈이나 엔젤로부터 자금조달 등이다.

• 간접금융: 은행이나 보험과 같은 금융기관이 가계나 투자자 등 자금의 공급자로부터 조달한 예금이나 적금 등을 자금의 수요자에게 간접적으로 공급하여 주는 형태의 금융이다. 이는 은행이나 비은행 금융기관으로부터 차입이나 정부의 정책자금 대출 등이 대표적인 방법이다.

• 해외금융: 거대한 자금이나 해외자금의 조달을 위해 외국의 금융기관, 국제금융기구 등으로부터 해외전환사채(CB), 상업차관, 무역신용 등이다.

2. 자금조달의 방법

자본조달의 방법에는 크게 자기자본을 이용하는 방법과 타인자본을 이용하는 방법이 있다.

먼저 자기자본 조달방법으로는 유보이익이나 충당금, 적립금 등과 같은 자기금융을 사용하는 방법과 보통주나 우선주의 발행을 통한 유상증자 등이 있다. 자기자본 조달방법은 상환의무가 없고 이자 지급의 부담이 없다는 장점이 있다. 하지만 유상증자를 통한 자본조달을 위해선 주식발행비용이 들며, 보통주 발행을 할 경우 회사의 지분을 나누어 주어 지배구조에 영향을 미치는 단점이 있다. 또한 자기자본 사용에 따른 주주들의 요구수익률을 달성하지 못한다면 기업가치를 나타내는 주가가 떨어지게 된다.

타인자본을 이용하는 방법으로는 금융기관 차입인 대출과 채권발행이다. 타인자본을 이용하면 레버리지 효과를 통해 수익의 극대화, 그리고 부채사용의 경우 지급이자에 대해 법인세 감세효과의 장점이 있다. 반면, 채권발행의 경우 신용도에 따라 높은 금리를 지불해야하는 단점이 존재한다. 은행대출을 통한 간접금융은 기업 지배구조에 영향을 주지 않지만 신용도에 따라 조달할 수 있는 금액이 한정적이다. 이 경우 신용도에 따라 높은 금리를 지불할 수도 있고 과다한 부채사용 시 재무위험에 빠질 수도 있다.

자본조달을 상환기간에 따라 단기자본과 장기자본으로 구분한다. 상환기간이 1년 이하인 경우를 단기자본이라 하고, 1년 이상을 장기자본이라고 한다. 타인자본 중 단기자본조달방법에는 단기차입금, 매출채권금융, 재고자산금융, 기업어음, 환매채 등이 있고 타인자본 중 장기자본 조달방법에는 장기차입금, 회사채, 신주인수권부사채, 전환사채, 리스, 외자도입 등이 있다. 자기자본은 상환기간이 없으므로 장기자본에 속한다.

3. 창업자금조달의 순서

창업자금조달은 자금조달 및 운용계획을 수립한 뒤 조달원천별로 구체적으로 그 타당성 여부를 검토하여 실행해야 한다. 창업자금의 조달원천에는 크게 자기자본과 타인자본이 있다. 자본조달에는 본인투자자금과 외부영입자본인 동업자금, 엔젤투자자금, 정부재정자금, 벤처캐피탈 등이 있다. 자금

▌그림 11-2▐ 창업자금의 조달 순서

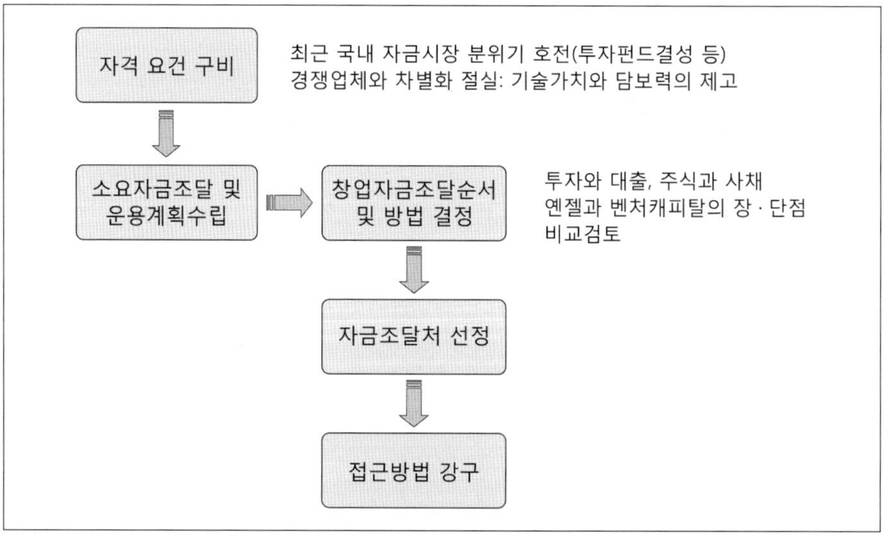

조달에는 자본조달의 규모와 조달비용, 기업의 가치 등에 미치는 영향 등을 고려하여 결정하여야 한다. 창업자금의 조달순서와 성장단계별 자금 조달 순서를 그림으로 표시하면 [그림 11-2]와 같다.

4. 성장단계별 자금조달전략

기업은 성장단계별로 필요한 자금의 조달규모와 원천을 달리해야 할 것이다. 즉, 위험을 최소화하고 수익은 극대화하는 성장전략을 취해야할 것이다. 기업의 성장단계별 자금조달 방법 및 전략을 순서대로 살펴보면 [그림 11-3]과 같다.

▌그림 11-3▐ 벤처기업의 성장 단계별 자금 조달 전략

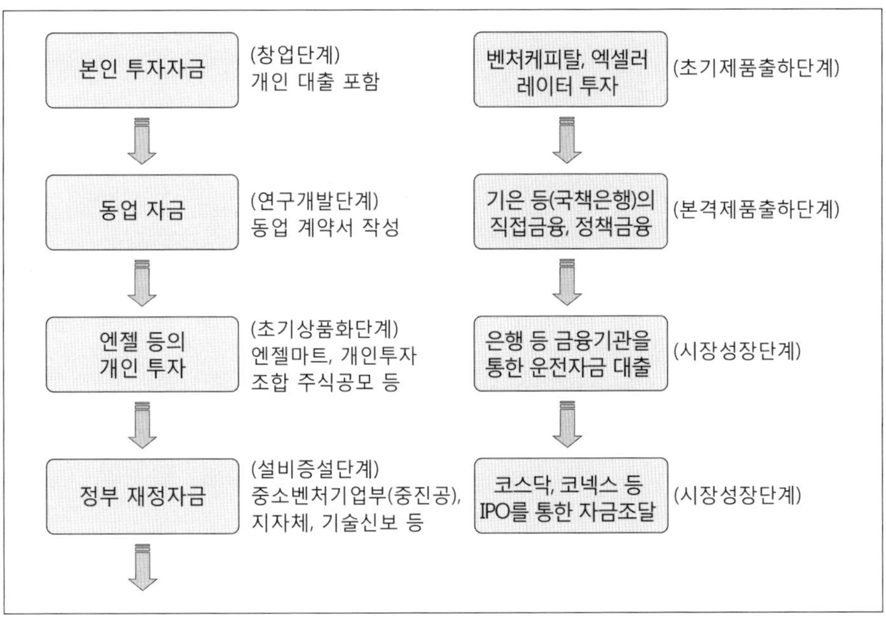

① 신기술에 대한 아이디어를 구상하고 사업계획을 작성하는 연구개발단계 ② 기업조직을 갖추고 신제품과 신기술을 사업화 하는 창업단계 ③ 제

품을 시장에 공급하면서 점차 시장을 확대하여 매출이 급성장하는 성장단계 ④ 안정된 매출을 일으키면서 규모를 확대하거나 신제품을 추가하고자 하는 확장단계 ⑤ 안정적인 매출과 이익이 발생하고 안정된 성장세를 유지하는 성숙단계 그리고 ⑥ 시장에서 도태하는 쇠퇴기까지 순환되는 수명주기(life cycle)를 가진다.

(1) 연구개발 및 창업단계

연구개발 및 창업단계에서는 기업에 재무적 부담과 위험을 주지 않으면서 기술개발과 성공적 창업을 뒷받침할 수 있는 자금인 씨앗자금(seed money) 등이 필요하다. 이러한 자금은 기업의 부채를 증가시키지 않고 재무적 위험부담을 줄일 수 있어 창업초기 기술개발이나 기업의 안정성 확보에 중요한 역할을 한다. 그러나 씨앗자금 등에 의해 조달할 수 있는 자금의 규모가 한정되어 있어서 기업의 성장에 필요한 자금수요를 충족시키기에는 부족하다. 따라서 이 단계에서는 정부의 정책자금을 적극 활용하여 부족한 자금을 조달하는 방법을 찾는 것이 필요하다. 또한, 창업자들은 벤처캐피탈(venture capital)을 통하여 투자를 유치하려고 노력하는 경우가 많은데, 초기단계의 높은 위험으로 인하여 민간 벤처캐피탈들로부터 투자를 받는 경우가 쉽지 않다. 그러므로 이 단계에서는 다양한 지원혜택을 받기 위해선 공공 벤처캐피탈을 알아보는 것이 좋다.

(2) 성장단계

성장단계에서는 매출이 급격히 증가함에 따라 시설투자, 인력확보, 마케팅 등을 위한 많은 시설자금과 운전자금이 필요하다. 그러나 매출 실적과 담보력이 부족하여 금융기관으로부터 자금지원을 받는 데 어려움이 많은 시기이다. 따라서 이 단계에선 미래예측이 어느 정도 가능해지고 투자가 유망하다는 점을 강조하여 벤처캐피탈로부터 투자유치를 받아 자금을 조달하는 것이 가장 유리하다.

(3) 확장단계

확장단계에서는 안정적 매출도 있고, 담보력도 있기 때문에 일반금융기관으로부터 자금조달이 쉽다. 특히 이 시기에는 신규사업 진출자금, 운전자금 등에 대한 요구가 많으므로 벤처캐피탈 등을 통해 적극적으로 투자유치를 하는 것이 좋다.

(4) 성숙단계

성숙단계부터는 기업의 경영이 안정단계를 유지하여 자본시장과 일반금융기관에서 신용상태에 따라 자유롭게 자금을 조달할 수 있다.

결국, 자금조달은 사업초기에는 창업자 개인자금이나 정부정책자금 등을 이용하고, 사업에 대한 명확한 비전과 사업성, 성장성을 보여 줄 수 있는 시점부터는 벤처캐피탈을 통해 투자를 유치하는 전략을 취하는 것이 좋다. 그리고, 기업이 안정단계에 접어들면 자본시장을 통해 자금을 조달하는 것이 바람직하다고 볼 수 있다.

제3절 벤처캐피탈과 엔젤투자

1. 벤처캐피탈의 이해

벤처캐피탈(VC: Venture Capital)은 고도의 기술력과 장래성은 있으나 자본과 경영능력이 취약한 벤처기업을 대상으로 창업 초기단계부터 자본과 경영능력을 지원하여 투자기업을 육성한 후 투자자본을 회수하는 금융기관을 일컫는다. 벤처캐피탈은 기존의 은행 등 금융기관이 일정한 담보를 조건으로 융자형태의 자금을 지원하는 반면, 벤처캐피탈은 유형의 담보를 요구하는 것이 아니라, 투자기업의 기술력, 성장성, 수익성 등을 평가하여 무담보 주식투자를 원칙으로 한다.

벤처캐피탈이 일반금융기관과 다른 점을 살펴보면 다음과 같다.

① 벤처캐피탈은 주로 주식인수, 전환사채인수, 프로젝트투자 등 자본참여, 즉 주식에 대한 투자형식으로 이루어진다. 투자대상 회사의 경영지배를 목적으로 하지 않는다. 반면 일반금융기관은 주로 융자로 지원한다.

② 벤처캐피탈은 고위험-고수익(High Risk-High Return)을 추구하며 투자의 대가로 담보를 요구하지 않는다. 반면, 일반금융기관의 융자는 안정성을 위하여 대체로 부동산과 신용보증서와 같은 담보를 요구한다.

③ 벤처캐피탈의 투자심사는 기업의 경영능력, 기술성, 성장성, 수익성 등을 중요시 하지만 일반금융기관은 기업의 안정성, 재무상태, 담보능력 등을 우선시 한다.

④ 벤처캐피탈은 투자기업의 사업 성공 여부가 투자수익과 직결되기 때문에 투자 이후에도 기업의 성장에 필요한 추가 자금지원, 경영지도, 마케팅 지원 등 다양한 사후지원활동을 한다. 반면, 일반금융기관은 기업에 대한 사후지원이 미약하다.

⑤ 벤처캐피탈은 투자기업의 상장이나 코스닥 등록, 환매, M&A 등을 통해 두자자금을 회수한다. 반면, 일반금융기관은 이자 수입을 수익으로 하고 원리금 상환을 통해 자금을 회수한다.

2. 벤처캐피탈의 기능

(1) 자금지원 기능

벤처캐피탈은 벤처기업이 성장하도록 적극적으로 자금을 지원하고 지원한 기업이 성장한 후에는 보유주식을 매각하여 자본이득을 실현하는 것을 주 목적으로 한다. 벤처캐피탈의 주요한 기능은 창업단계에서 기업공개에 이르기까지 자금수급 상 벤처캐피탈의 지원이 필요한 틈새 기간에 벤처기업을 대상으로 성장과 발전을 위한 자금을 지원해주는 것이다.

(2) 성장지원 기능

기술중심의 창업자는 연구 및 기술개발에 유능한 반면, 제품의 마케팅, 재무관리, 인사관리 등 기업의 경영에는 능숙하지 못할 수 있다. 이러한 경우에 벤처캐피탈은 투자한 기업의 이사회에 참석하여 마케팅, 인사관리, 재무관리 등 기업의 경영 전반에 걸쳐 지도 또는 조언을 하거나 정보를 제공함으로써 투자기업의 성장을 지원해준다. 만일 경영상의 위기가 발생할 경우에는 추가적인 자금을 지원하거나 경영자의 교체, 기업의 합병 및 매각까지도 자문하는 경우가 많다.

(3) 기업공개지원 기능

벤처캐피탈이 투자한 투자자금을 회수하기 위해서는 기업공개가 이루어져야 쉽게 시장에서 매각하고 제값을 받을 수 있다. 특히, 대주주 간의 경영권 문제, 공개(IPO)시기와 주가에 대한 예상 등과 같은 문제로 인하여 필요한 시기에 기업에 요청을 하는 경우도 있다. 이 때 필요한 주식을 공개함으로써 원활한 기업공개를 지원할 수 있다.

3. 벤처캐피탈의 투자형태

(1) 자본투자(Equity Investment)

벤처캐피탈이 사업초기 또는 기업의 성장 과정에서 자본금으로 직접 투자하는 방식이다. 자본투자를 하는 벤처캐피탈은 일반적으로 투자 후 5~7년이 지난 후 출자한 자본을 장외시장이나 증권시장에서 현금화한다.

(2) 전환사채(Convertible Bond)

벤처캐피탈과 기업 간의 계약에 의해 일정한 이자율로 발행된 사채를 인수하여 자금을 지원하는 형태이다. 전환사채는 만기일 이전 사채금액의 일부 또는 전부를 사전에 계약한 가격에 주식으로 전환할 수 있는 사채이다.

(3) 신주인수권부사채(Bond Warranted)

벤처캐피탈이 기업에서 발행한 사채를 인수하는데, 이때 기업은 별도로 신주인수권을 벤처캐피탈에게 부여한다. 즉, 신주인수권부사채는 사채에 별도의 신주인수권을 부여하는 것이다.

4. 엔젤투자

(1) 엔젤의 개념

엔젤(Angel)이란 원래 벤처기업의 기업화 초기단계에 천사처럼 나타나 필요한 자금을 공급하는 개인투자자를 지칭한다. '천사투자', '엔젤투자(Angel Investor)'라는 말은 1920년경 미국 브로드웨이에서 한 공연 단체가 오페라 공연을 추진하던 중 자금이 고갈되어 더 이상 공연을 진행할 수 없는 어려운 시기에 돈 있는 부자들로부터 자금지원을 받아 오페라를 성공적으로 끝난 후 연출자들이 '천사'들 덕분이라고 표하면서부터 유래하게 되었다. 이와 같이 초반에는 오페라나 연극과 같은 배고픈 예술인들에게 투자를 한다는 의미로 사용되다가 훗날 기술력과 아이디어는 좋으나 자금이 부족한 초기단계의 벤처기업들에게 투자하는 투자를 일컫는 용어로 자리잡게 되었다.

미국의 경우 벤처캐피탈과 함께 '엔젤(Angel)'이라고 불리는 개인투자자들은 벤처기업의 유력한 자금줄이다. 이들은 개인자격으로 유망기업에 돈을 대주고 사업성공시 이윤을 배분받는다. 벤처기업에 대해 자금을 제공할 뿐만 아니라 경영에 관한 자문도 한다. 미국 내 엔젤은 100만명 이상으로 그 투자금액은 벤처캐피탈 규모의 5배를 상회하는 연간 200억 달러에 달하고 있다.

(2) 엔젤의 역할

벤처캐피탈은 제품출시가 확실한 단계에서 투자하나 엔젤은 보다 더 위험(Risk)이 큰 단계에서 창업기업의 자금조달이 어려운 시기에 투자한다. 벤처캐피탈과 엔젤의 역할을 비교하면 다음과 같다.

| 표 11-1 | 엔젤과 벤처캐피탈의 비교

구분	벤처캐피탈	엔젤(Angel)
투자단계	창업이후 주식공개에 이르는 후기 성장단계선호	사업구상에서 초기 성장단계 선호
투자 동기	고수익성	고수익성, 친분과 인면중시
지원 내용	자금지원 위주	자금지원 및 다양한 전문노하우 제공
투자 재원	투자자를 모집하여 펀드조성	개인자산
자격요건	일정한 법적 자격요건 필요	자격요건 없음
위험허용도	적은 편임	큰편임
투자수익성	적은 편임	큰편임
피투자자의 위치	거리제한 없음	근거리 선호
신분노출	공개적	익명선호

① 엔젤은 창업 후 자금조달이 곤란한 시기에 기업의 성장가능성을 보고 투자한다. 창업단계의 벤처기업은 규모 있는 생산설비가 없고 R&D 단계로 성공 여부가 불투명한 시기이므로 은행이나 기관투자가들로부터 자금조달이 어렵다. 이때에 기업의 내용을 잘 아는 엔젤은 그 기업의 성장가능성을 보고 투자하게 된다.

② 벤처캐피탈의 대부분은 제품출시가 확실한 단계에서 투자한다. 그래서 엔젤의 의미는 더욱 크며, 벤처캐피탈보다 고위험 고수익(High Risk-High Return)의 투자를 하고 있다고 볼 수 있다.

③ 벤처캐피탈에 비해 기업성장의 보람을 더 큰 긍지로 여긴다. 특히, 리드엔젤(Lead Angel: 자금뿐만 아니라 기업경영경험과 기술평가능력을 활용, 비상근 임원으로서 벤처기업을 지원하는 엔젤)의 경우는 경영이나 판매 등에서도 벤처기업에 크게 공헌하고 있다.

5. 창업기획자(엑셀러레이터, Accelerator)

창업기획자(엑셀러레이터,Accelerator)는 스타트업(Startup) 기업을 발굴해 지원하는 기업이나 기관을 말한다. 초기 창업자를 선발해 3~6개월 기간 동안 실전 창업교육과 전문적인 멘토링을 지원해 창업 성공률을 높이고 성장을 가속화하는 민간 전문기관 또는 기업을 의미한다. 우리나라의 벤처투자촉진에 관한 법률(이하 벤처투자법)에서는 창업기획자란 "초기창업자에 대한 전문보육 및 투자를 주된 업무를 하는 자로서 중소벤처기업부장관에게 창업기획자로 등록한 법인 또는 비영리법인을 말한다"라고 정의하고 있다.

엑셀러레이터(Accelerator)는 자동차의 가속장치를 뜻하는 말로, 자동차의 가속장치를 밟은 것처럼 스타트업의 성장을 가속화한다는 의미가 있다. 자동차 가속장치와 구분하기 위해 '시드 엑셀러레이터(Seed Accelerator)'라고도 부른다. 통상 엑셀러레이터는 성공한 벤처기업이 자신의 경험과 자금,

네크워크를 활용해 후배 스타트업을 지원하는 개념이다. 2000년대 중반 이후 미국이나 유럽, 이스라엘 등 창업이 활발한 국가를 중심으로 활성화되었다. 우리나라에는 2020.11월말 현재 288개사가 등록되어 있다.

2020년 8월에 시행된 벤처투자촉진에 관한 법률(약칭: 벤처투자법)에서 초기창업자에 대한 투자도 할 수 있도록 업무범위가 확대 되었으므로 앞으로 초기 창업 벤처기업의 주요한 자금조달 창구역할을 담당할 것으로 예상된다.

이와 유사한 개념인 인큐베이터는 엑셀러레이터보다 앞서 기술과 아이디어를 갖고 있지만 사업화에 어려움을 겪는 창업자를 일정 기간 입주시켜 지원·관리해 기업이 산업 생태계에서 자생할 수 있도록 지원하는 기관을 말한다.

창업기획자(이하, 액셀러레이터)는 초기창업자(사업을 개시한 날부터 3년이 지나지 아니한 자) 등의 선발 및 투자, 전문보육을 주된 업무로 하는 자로서 중소기업창업지원법 제19조의 2에 따라 중소벤처기업부에 등록한 상법상 회사 및 민법에 따른 비영리법인을 말한다.

제4절 정책자금

1. 정책자금의 개념

정책자금이란 정부 또는 공공기관에서 정책적으로 지원이 필요한 사업, 또는 사업자를 선정하여 일반금융보다 차별화된 좋은 조건으로 지원을 해주는 자금이다. 이러한 정책자금은 일반자금의 금리에 비해 저리로 제공되고 있기 때문에 사업하는 사람에게는 큰 혜택이 아닐 수 없다. 그러나 정책자금이라고 해서 아무나 받을 수 있는 것은 아니다. 각 기관에서 제공되는 자금은 일정한 지원대상자를 정해 놓고 지원대상 요건에 해당되어야 지원신청이 가능하다.

정책자금을 제공받기 위해서는 먼저 자신의 회사가 정책자금의 지원대상에 해당되는가를 알아보고 직접 찾아가서 구체적인 지원요건 및 절차를 알아보는 것이 필요하다. 이러한 정책자금은 각 기관마다 지원시기 및 금액이 해마다 변하기 때문에 경제신문이나 관련 인터넷 정보 및 해당기관에 수시로 문의해 보아 자금지원 시기를 놓치지 않도록 해야 한다.

2. 정책자금의 종류

정책자금은 일반적으로 금융기관의 대출자금에 비해 금리, 상환기간, 담보 등에 있어서 유리하게 지원되는데 그 성격에 따라 크게 출연자금과 융자자금으로 구분된다.

3. 정책자금의 지원절차

(1) 자금지원 공고

정책자금을 운영하는 기관에서는 소속 정부부처로부터 자금운영의 기본방안이 결정되면 구체적인 운영계획을 수립하여 이를 신문이나 인터넷을 통해 일반에 공개한다. 공고시에는 해당 자금에 대한 사업의 유형, 자금지원 대상의 범위, 자금지원 내용, 신청방법과 신청서 교부 및 접수일정 등에 대한 세부적인 사항을 적시한다.

(2) 자금지원신청

공고가 이루어지면 해당되는 기업은 접수 일정에 맞춰 자금을 신청한다. 자금신청 시 자금지원신청서와 사업계획서, 그리고 여기에 필요한 구비서류를 첨부해야 한다. 이 때 사업계획서는 보통 자금지원기관에서 미리 정해놓은 소정양식이 있어 이를 교부받아 작성한다. 구비서류는 지원대상 자격기준의 검토와 사업심사 시 평가자료로 활용되는 서류들이다.

(3) 사업성 평가 및 심의

자금운용 기관에서는 신청 기업으로부터 서류를 접수받아 지원업체를 선정하기 위해 사업심의 및 평가에 들어간다. 이때 필요한 경우에는 해당기관의 담당자가 신청 기업을 직접 방문하여 현장실사 과정을 거치고, 이를 토대로 신청 기업의 사업성을 종합적으로 평가하기도 한다.

(4) 지원업체 선정 및 통보

지원기관에서는 평가담당자가 작성한 사업성 검토자료를 토대로 심사위원회를 개최하고 심사기준표에 의거하여 일정점수 이상을 얻은 적격업체를 최종적으로 선정한다. 대상기업이 선정되면 해당기업 앞으로 선정결과를 통지하고 기업에서 대출받고자 하는 거래은행에도 해당기업에 대한 융자추천을 통보한다.

(5) 자금대출 신청

정책자금 지원대상 기업으로 선정이 되면 결정된 자금에 대하여 일정기간 이내에 거래은행으로부터 자금을 대출받아가야 한다. 이 때 부동산 등의 담보가 있을 경우에는 은행에서 직접 대출을 받으면 되고, 담보가 없거나 부족할 경우에는 신용보증기관을 통하여 신용보증서를 발급받는 절차를 추가로 밟아야 한다.

(6) 정책자금 대출

간혹 자금지원기관으로부터 정책자금을 배정받았지만, 담보가 없거나 부족하여 대출을 받지 못하는 경우가 발생한다. 따라서 정책자금을 신청하기 전에 담보(보증서포함)가 필요한 자금인지, 얼마만큼의 담보가 필요한지를 미리 알아보아야 한다. 은행은 기업의 대출신청자료를 검토하여 필요한 만큼의 담보 또는 보증서를 확보한 후 정책자금을 대출해 준다.

제5절 신용보증제도

1. 신용보증제도의 의의

신용보증제도는 '차별적 금융 갭(Financial Gap)' 또는 '맥밀런 갭'을 이유로 금융시장에서 자금조달이 어려운 기업에 대하여 '공신력이 있는 기관'인 신용보증기금 등 금융회사가 채무이행을 보증함으로써 기업의 자금조달을 원활하게 돕는 제도이다. 특히 부동산 등 물적담보능력이 부족해 자금조달이 어려운 기업에 대해 신용보증서를 발급하여 금융기관의 채무를 보증해 줌으로써 자금지원의 길을 열어주고, 기업이 채무를 상환하지 못할 경우 제3자인 신용보증기관이 채무이행을 보증해준다. 신용보증기관에서는 기업의 신용도나 기술력을 평가하여 그 기업에 맞는 금액의 보증서를 발급해준다.

우리나라에서 신용보증 역할을 하는 대표적인 기관으로는 신용보증기금, 기술신용보증기금, 지역신용보증재단 등이 있다.

- 신용보증기금: 정부 및 금융기관의 출연으로 조성된 기본재산을 토대로 담보능력이 미약한 중소기업을 대상으로 신용보증 관련 업무를 취급한다.

• 기술보증기금: 신용보증기금의 기능과 유사하나 주로 벤처기업이나 신기술사업자의 신용보증 관련 업무를 담당한다.
• 지역신용보증재단: 지방자치단체 등의 출연으로 조성된 기금으로 지방자치단체에 소재하는 중소기업, 특히 소상공인에 대한 보증업무를 취급한다.

2. 신용보증제도의 유형

세계 각국의 신용보증제도는 운영 주체를 기준으로 상호보증, 공공보증, 융자보증으로 나눌 수 있다. 운영 방식의 차이는 국가별로 경제 상황, 금융시장의 성숙 정도, 경제정책의 목표 및 방향 등이 상이하다.

상호보증제도는 근대적 신용보증제도 중에서 가장 오래된 형태로서 회원기업들의 출연이나 출자를 재원으로 운용된다. 손실 발생 시 정부에서 손실을 보전하는 장치를 마련해 두는 경우가 많다. 이 제도는 회원기업들의 감시와 압력을 통해 대출금 상환을 보장하는 등 정보의 비대칭성 문제를 완화할 수 있는 장점이 있으나 보증규모가 작고 이용 자격을 제한하는 등 폐쇄적인 운영이 단점으로 지적된다. 독일, 스페인, 스위스 등 유럽 국가들에서 주로 운용되고 있다.

공공보증제도는 정부나 공공기관의 출자·출연에 의해 재원이 조성되고, 기업 및 금융회사와 독립된 공적 보증기관이 신용보증 업무를 직접 수행하는 것이 특징이다. 이 제도는 다른 유형의 보증제도에 비해 공신력이 높고 대규모 보증이 가능하다는 장점이 있는 반면, 보증기관 설립과 제도 운영에 많은 비용이 소요된다는 단점이 있다. 우리나라를 비롯한 일본, 대만 등 아시아 지역의 국가의 보증제도가 이 유형이다.

융자보증제도는 독립된 보증기관 없이 정부가 직접 프로그램을 운용하는 제도이다. 즉 보증을 이용할 수 있는 자격요건, 보증한도 등 보증조건을 미리 정해두고 보증업무를 위탁받은 금융기관으로 하여금 보증을 공급하게 하고, 손실이 발생하면 이를 보전해주는 형태이다. 독립된 보증기관을 두지 않고 있어 체계적인 제도 운용이 어려운 단점이 있다. 이 제도는 주로 영미계와 중남미 국가에서 운영되고 있다.

3. 신용보증제도 이용 절차

우리나라 신용보증제도는 신용보증제도의 운용주체인 신용보증기관과 이용 당사자로서 채권자인 금융기관 그리고 채무자인 기업이라는 세 축으로 이루어져 있다.

대표적인 신용보증기금을 통한 보증신청과 신용조사 및 대출심사, 대출실행 등 신용보증제도의 실행 흐름도와 신용보증절차는 [그림 11-4]와 같다.

❙그림 11-4❙ 신용보증제도 흐름도와 절차

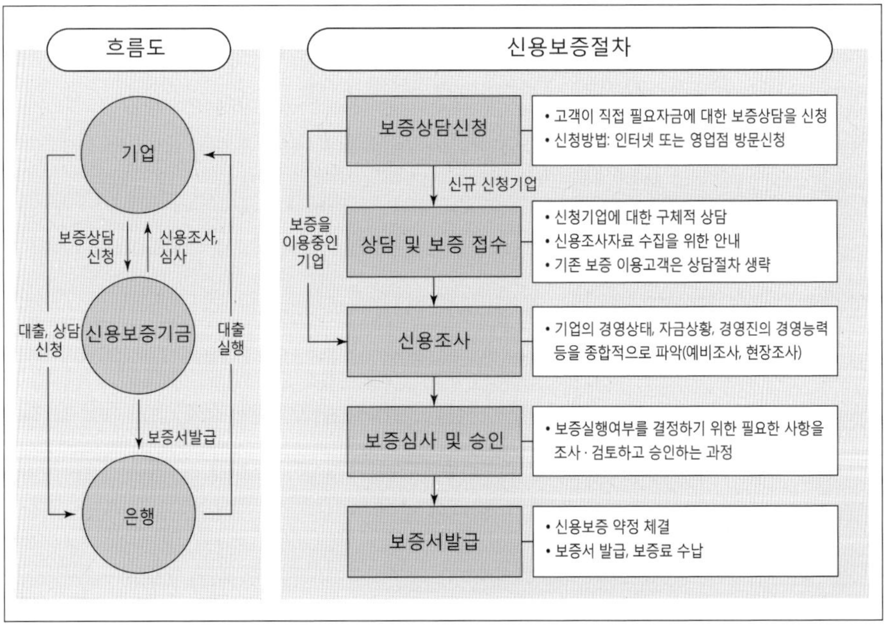

CHAPTER

12

마케팅전략과 고객관계관리

제1절 고객의 특성과 소비자 행동

1. 고객 특성과 소비자 행동의 개념

소비자 행동이란 일반적으로 "소비를 위해 제품이나 서비스를 구입/사용하는 최종소비자의 구매행동"이라고 할 수 있다. 마케팅을 수행하는 담당자의 입장에서는 고객들이 제품이나 서비스에 대한 구매가 일어나기 전에 고객들이 어떠한 행동을 하고, 어떠한 정보에 관심을 보이는 지에 대하여 미리 알 수 있다면 마케팅을 전개하기는 한결 쉬워질 것이다. 이러한 정보가 존재한다면 고객들이 어떤 반응을 보일 때마다 최적으로 마케팅 활동을 전개함으로써 궁극적으로 고객이 제품이나 서비스를 구매하도록 유도할 수 있는 가능성은 더욱 높아질 것이다. 또한 기업이 고객과 오랫동안 거래를 유지하기 위하여 고객이 필요로 하는 것이 무엇인지를 알 수 있을 것이므로 고객들의 로열티(고객충성도)를 높이고, 관계형성 마케팅을 전개하기가 더욱 용이할 수 있을 것이다.

소비자행동에 대해 그동안 기업들은 소비자의 행동을 분석하기 위한 다각적인 노력을 전개해 왔다. 소비자 행동을 분석하기 위하여 반드시 이해해야 할 것 중의 하나가 바로 고객특성이다. 고객특성에 대한 이해는 구매자의 행동 패턴을 이해하는 데 도움을 주며, 마케팅 활동을 방향을 잡는 중요한 자료가 된다. 고객특성에는 연령과 성별, 직업별, 학력별, 소득수준 등 인구통계학적 특성과 지적 호기심이나 진보/개방적 성격 등의 심리통계학적 특성 등으로 나눠 분석해볼 수 있다. 실물세계와 인터넷에서의 소비자는 약간 다르다.

2. 마케팅 자극과 기타 자극

(1) 마케팅 자극

마케팅 자극이란 흔히 말하는 4P 즉 제품(Product), 가격(Price), 촉진(Promotion), 유통(Place) 등 4가지를 통한 자극을 말한다. 이를 흔히 마케팅 믹스라고 한다. 이는 기업이 타겟시장에서 마케팅 목표의 달성을 위해 사용하는 마케팅 도구이다.

- 제품(Product): 제품의 품질이나 성능, 디자인 등 제품개선과 차별화를 통한 고객만족의 극대화를 추구하는 전략이다. 제품에는 소비자의 욕망(want)이나 필요(need)를 충족시키기 위해 제공되는 것으로 제품, 서비스, 아이디어, 장소, 사람, 정보 등이 포함된다. 이를 위해선 소비자의 필요(need)를 조사하고, 타깃마켓을 찾아야한다. 소비자에게 다양한 제품 정보와 상세한 자료를 제공함으로써 제품이나 서비스에 대한 이해가 커지고, 검색 에이전트나 로봇을 통해 여러 제품을 비교할 수 있는 비교쇼핑이 가능하다.
- 가격(Price): 각 고객에 따른 별도의 가격을 책정하는 전략이다. 가격 매기기를 위해서는 목표 대상이 요구된 행동을 하는데 관련된 모든 비용을 확인하는 것이 필요하다.
- 촉진(Promotion): 소비자에게 제품을 구매하도록 유도하는 활동이다. 촉진은 판매자가 사람들에게 정보를 제공하고, 제품 또는 서비스를 구매하도록 동기를 부여하기 위해 활용하는 모든 기법이다. 촉진전략에는 광고(advertising), 인적판매(personal selling), 판매촉진(sales promoting), 홍보(publicity) 등이 있다. 고객에 대한 정보를 바탕으로 무차별적 홍보가 아닌 구매욕구를 자극하여 구매행동을 유발할 수 있는 가능성이 높은 고객을 중심으로 한 표적 홍보가 가능하다.

• 유통(Place): 제품과 해당 고객에게 가장 적합한 장소의 선택이다. 목표 대상이 어떤 실질적인 대상에 접근하거나 서비스와 관련되도록 하기 위해 고려해야 하는 장소와 시간의 선택이다. 채널은 대체로 온라인과 오프라인 두 가지 영역으로 나눌 수 있다. 오프라인에 비해 온라인에 판매하는 데에는 비용과 효율성 측면에서 큰 강점이 있지만 그만큼 경쟁 또한 치열하다.

(2) 기타 자극

갈수록 인터넷의 활용이 급증하면서 여러 가지 환경적 요인에 많은 영향을 받는다. 특히 경제적인 환경, 문화적인 환경, 기술적인 환경은 인터넷을 보다 많이 활용하도록 확산시키는 토대를 만들어 줄 수도 있다.

• 문화적 요인: 문화란 한 인간의 욕구와 행동을 규정짓는 가장 기초적인 요인이다. 이 문화적인 요인은 마케팅을 전개함에 앞서 이해해야 할 기본적인 전제조건중의 하나이다. 미래학자인 Faith Popcorn은 소비자들을 대상으로 10가지의 주요 문화적인 추세를 확인하고 규명하였다. 문화적 추세는 인터넷이라고 하는 가상세계가 상당히 매력적으로 다가갈 수 있게 하는 유인이기도 하다.
• 경제적 요인: 인터넷 시장은 경제학적인 관점에서 완전경쟁에 접근하는 가장 효율적인 시장을 제공해줄 수 있다. 실물 세계와는 달리 인터넷은 낮은 거래비용으로 충분한 정보를 얻게 하며, 효율적인 가격 수준을 제공해 준다. 실물세계에 존재하는 독점이나 과점으로 발생되는 소비자 잉여의 희생을 인터넷에서는 감소시켜 준다. 낮은 가격은 소비자 잉여를 향상시켜 줄 수가 있는데, 인터넷이 바로 그러한 경제적인 역할을 수행하고 있다.
• 기술적 요인: 정보기술의 발전은 우리가 일을 하는 많은 방법을 완전히

바꾸어 놓았다. 그 중에서도 PC의 출현과 인터넷의 확산은 그야말로 일을 하는 방식에 있어서 획기적인 변화를 초래하였다. PC는 단지 개인의 업무처리를 간편화시켰다면 인터넷은 이러한 컴퓨터의 연결을 통해 공동적인 작업을 수행하고 정보를 교환할 수 있고 사람들이 모여 시장을 형성할 수 있기 때문이다. 인터넷과 관련된 기술의 발전은 하루가 다르게 변하고 있다. 빠른 통신속도, 다양한 그래픽과 동화상의 제공, 상호작용적인 소프트웨어의 등장, 보안용 도구와 편리한 지급시스템의 구현 등은 인터넷을 사용하는데 있어서 그 편리함과 유용성을 더해주고 있다.

3. 시장조사

창업을 시작하기에 앞서 시장조사는 반드시 거쳐야 한다. 시장의 정확한 현황을 파악하지 않고 막연히 잘되는 사업, 잘되는 아이디어라고 생각하고 창업을 한다면 성공보다는 실패 확률이 높다. 전문적인 시장조사가 아니더라도 기본적으로 소비자분석, 시장분석, 경쟁분석, 유통경로 분석은 필수로 해야 한다.

시장조사는 소비자분석, 시장분석, 경쟁사분석, 유통경로분석 등 4대 영

▌그림 12-1▐ 대상영역별 조사내용

역이 핵심 조사대상이다. 이들 4대 대상영역별 조사내용을 정리하면 [그림 12-1]과 같다.

다음으로 상품의 수명주기(life cycle)를 점검해야 한다. 유행이 빠르게 변하는 현대사회에서 상품에 대한 유행도 빠르게 변하고 있다. 단발성 히트상품을 포함하여 많은 상품이 생겨나고 사라지고 있다. 도입기나 성숙기의 상품인지, 성숙기나 쇠퇴기에 있는 아이디어인지 상품의 라이프사이클을 점검해야 한다. 일반적으로 도입기에는 상품가격이 비싸고, 성장기에는 경쟁이 심하고, 쇠퇴기는 판매가 둔화되고 매출이 감소된다.

4. STP전략

STP 전략이란 Segmentation(세분화), Targeting(타깃 선정), Positioning(위치)의 약자로 대표적인 마케팅 전략 중 하나다. 상황 분석과 마케팅 목표 수

▌그림 12-2▐ STP 시장세분화 전략

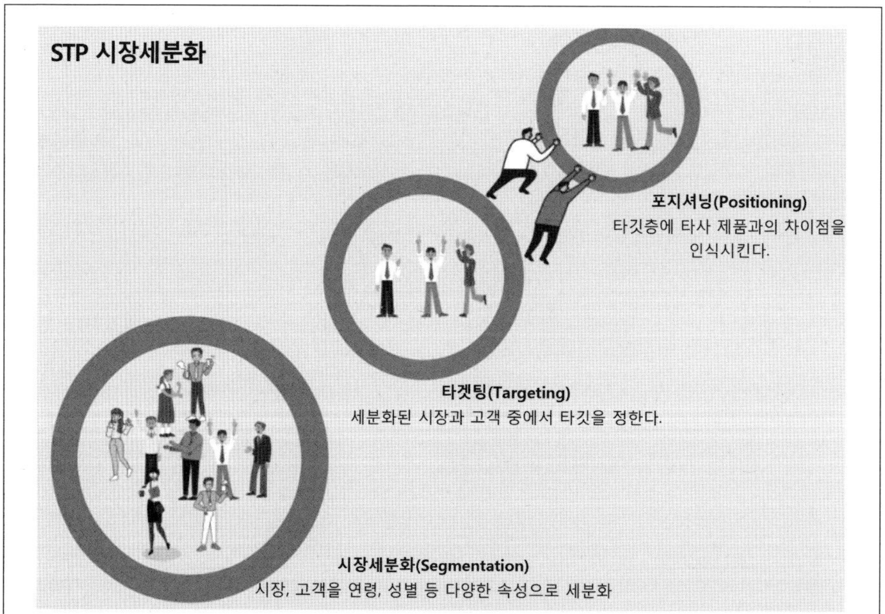

립 후 어떤 시장 혹은 어떤 계층을 대상으로 하여 마케팅 활동을 전개할 것인지를 결정하는 단계이다. 시장 세분화, 목표 시장의 선정, 포지셔닝 등의 활동이 이루어진다. 소비자의 욕구가 존재하는 다수의 세분시장 중에서 기업에 가장 유리한 한 개 혹은 몇 개의 세분시장을 표적시장을 선정할 수 있다. 이 때 기업의 전략적 대안은 비차별화전략과 차별화전략, 집중화전략을 취한다.

(1) 시장 세분화

기업이 제품 및 서비스를 판매하고자 하는 목표 시장을 선정하기 위하여 소비자의 니즈(needs)와 그들이 상품을 구입함으로써 얻고자 하는 효용, 인구 통계적 요인 등을 조사하여 시장을 분류하는 것이다.

▌시장 세분화의 기준

- 지리적 세분화: 시장을 지역, 인구 밀도, 도시 규모, 기후 등과 같은 지리적 변수로 세분화하는 것
- 인구 통계적 세분화: 시장을 인구 통계적 변수인 연령, 성별, 가족 규모, 가족 수명 주기, 소득, 직업, 교육 수준, 종교, 인종, 국적 등에 의해 세분화하는 것
- 심리 형태별 세분화: 시장을 사회 계층, 라이프 스타일, 개성 등에 따라 세분화하는 것
- 행위적 세분화: 구매자를 실제의 제품이나 속성에 대한 그들의 지식, 태도, 사용 또는 반응을 기준으로 세분화하는 것

(2) 목표 시장의 선정

여러 개로 세분화한 시장 중 자신의 역량을 집중하기 위하여 기업에 적합

한 복수의 세분시장을 선택하는 것이다.

▌목표 시장 선정 시 고려할 사항

(1) 이익을 창출할 수 있을 정도의 시장 규모

(2) 미래의 수요를 고려한 잠재적 경쟁력

(3) 기업 목표와 목표 시장의 일치

(4) 시장의 규모를 감당할 수 있는 기업의 능력과 자원

(5) 포지셔닝(positioning)

경쟁 기업들과 효과적으로 경쟁할 수 있도록 마케팅 믹스를 사용하여 소비자의 마음속에 제품의 상대적 위치를 심어 주는 과정을 말한다.

5. 비즈니스전략 수립

경쟁자가 매일 바뀌는 산업에서 지속적 경쟁우위를 어떻게 하면 얻을 수 있을까? 경쟁우위의 확보는 마케팅계획 수립, 계획의 집행, 계획 평가 및 수정 등 세 가지 과정을 잘 실천함으로서 가능하다.

비즈니스 전략 수립은 기업의 전략방향을 나타내는 청사진을 개발하는 과정이다. 이는 기업의 방향을 제시하고 재원을 할당하며 중요한 시점에서 의사결정 기준 역할을 한다. 이는 일곱 가지 단계로 이루어진다. 비즈니스 계획은 기존 마케팅계획 속으로 통합될 수도 있다.

비즈니스전략수립의 첫 단계는 상황분석이다. 이는 기존 마케팅계획과 기업의 브랜드와 관련하여 확보한 정보분석 및 환경요인 검증과 SWOT 분석을 포함한 마케팅 기회 분석 등을 한다. SWOT 분석은 강점과 단점, 기회와 위협 요인을 분석해 객관적으로 기업의 장점과 단점을 시장 환경과 경쟁 상황에 비추어 평가하는 방법이다. 강점은 기회를 이용하거나 위협을 불식

| 그림 12-3 | 비즈니스 전략수립 과정

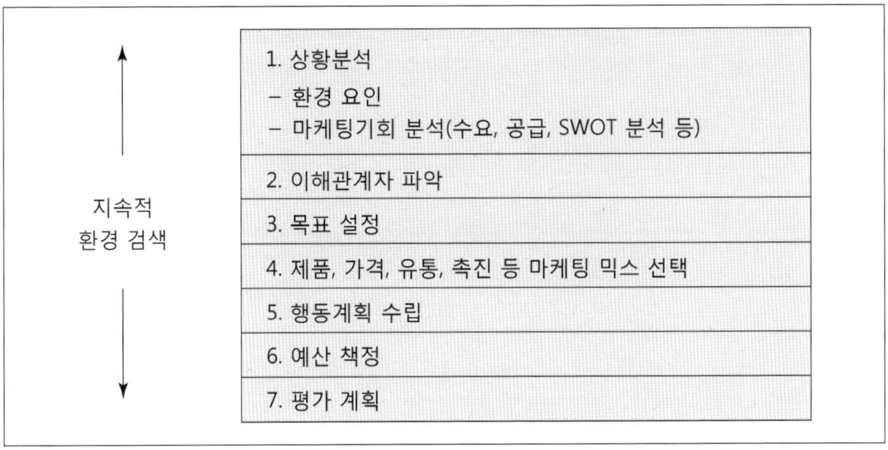

시키고, 약점은 기업이 기회를 활용하기 위해 장애요인을 제거하는데 이용된다. 환경요인분석은 마케팅 전략을 기획하고 혁신적인 새로운 전략을 시작할 수 있는 정황을 파악하는 데 도움이 된다. 두 번째 단계는 목표 이해관계자를 파악하는 것이다. 세 번째 단계는 목표를 설정한다. 일부 목표는 글로벌 목표이며 또 일부는 매우 구체적인 목표를 나타낸다. 네 번째 단계는 목표 달성을 할 수 있는 마케팅 믹스 전략을 디자인한다. 다섯째 단계는 행동계획, 즉, 전략 달성을 위한 전술을 짠다. 여섯 번째 단계는 예산을 확보하는 것이다. 마지막 일곱 번째 단계는 평가방법과 이에 대한 계획을 세운다.

6. 마케팅믹스

마케팅믹스(Marketing Mix)는 각각의 영역을 고려하며 세분시장 마케팅 전략(Marketing Strategy)을 수립한 후 실제 시장에서 타사 제품과 경쟁하기 위한 제품, 가격, 경로, 촉진 등 4P전략을 결정하고 실행하는 활동이다.

❙그림 12-4❙ 마케팅믹스 4P전략

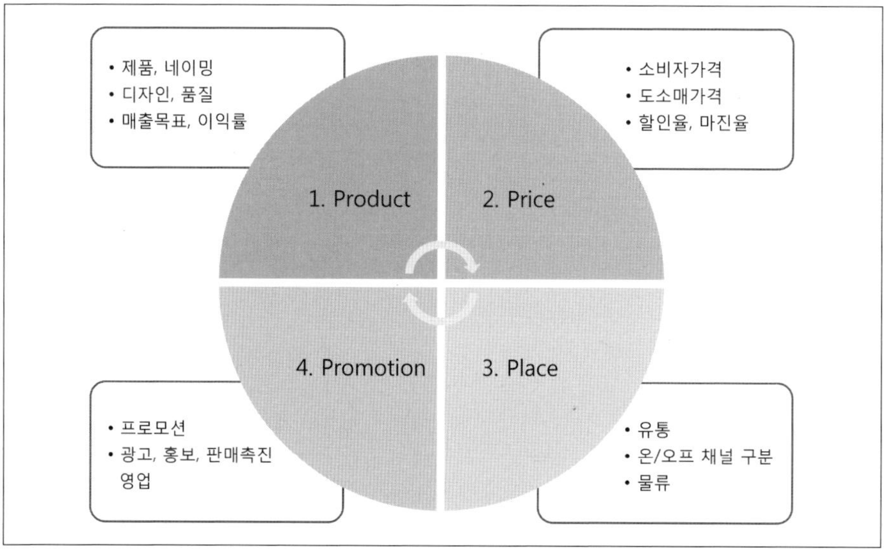

즉 전체 시장을 확인하고 이를 세분시장으로 나누고 그 중 가장 유망한 세분시장을 목표 시장으로 삼는다. 목표 시장의 욕구를 충족시키고 서비스하는 것에 초점을 맞추기 위해 제품, 가격, 유통, 판매촉진을 배합하여 마케팅의 목표를 달성할 수 있도록 해야한다. 특히, 창업기업은 자원이 부족한 상황에서 초기부터 전체시장을 대상으로 하기보다 시장세분화를 통해서 목표고객을 확정한 후, 구체적인 마케팅 믹스전략이 필요하다.

7. 마케팅 관리

마케팅은 기업과 최적의 시장기회를 조화시키는 전반적인 과정이다. 마케팅관리자의 주된 역할은 목표시장에서 강력한 경쟁우위를 누릴 수 있는 효과적인 마케팅프로그램을 구축하는데 있다. 마케팅 활동은 마케팅 관리 과정을 통해 구체적으로 실행된다. 마케팅 관리 과정은 시장을 분석하여 마케팅 기회를 포착하고(마케팅 기회 분석), 시장조사를 통해 목표시장을 선정한다(마케팅 조사와 목표시장 선정). 목표시장이 선정되면 그 시장을 대상으로 마케팅 전략을 수립하고(마케팅 전략 수립), 마케팅 전략을 집행하기 위한 구체적인 마케팅 프로그램을 작성한다.(마케팅 프로그램 작성). 그 다음엔 마케팅 활동을 조직하고 실시하여 그 결과를 통제하는(조직, 집행, 통제) 일련의 활동을 말한다. 마케팅 관리 과정의 마지막 단계로 마케팅 목표의 달성 여부 및 평가, 이에 대한 피드백을 통하여 마케팅 활동을 점검하는 단계이다. 이는 향후 기업의 마케팅 활동에 대한 방향 설정에 있어서 매우 중요한 의미를 갖는다.

제2절 고객관계관리

1. 고객관계관리의 등장 배경

기업의 궁극적인 목표인 이윤창출을 위해서는 고객이 있어야 한다. 마케팅에 있어서 고객은 핵심 수익원이다. 관계 마케팅(Relationship Marketing)은 마케팅과 기업의 목표를 달성하기 위해 고객관계를 구축, 유지, 제고 및 상업화시키는 과정을 의미한다.

고객관계관리(CRM)가 등장하게 된 배경을 정리하면 [그림 12-5]와 같이 나타낼 수 있다.

(1) 기술의 변화

현대의 기업들은 수많은 고객들을 효율적으로 관리하기 위해 각종 데이터베이스와 콜센터(CTI: Computer Telephony Integration), 자동응답장치(IVR: Interactive Voice Response), 인터넷과 인터넷폰 등 많은 기술을 활용하고 있

| 그림 12-5 | CRM의 등장 배경

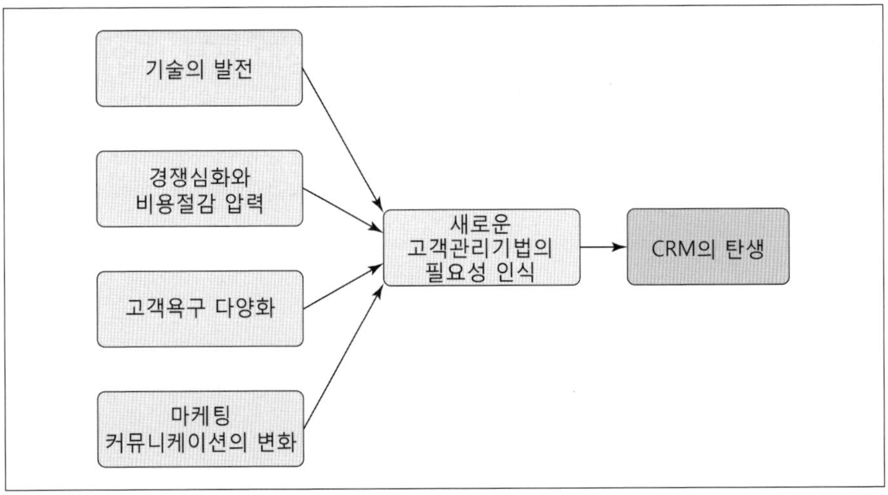

다. 고객을 관리하기 위한 고성능 컴퓨터와 관련 장비의 가격이 크게 하락하는 반면 통신기술의 발전되고 있어 기업의 마케팅 활동에도 많은 변화가 일어난 것이다. 특히 인터넷은 기존의 마케팅 채널에 비해 비용이 저렴하여, 인터넷이용으로 기업의 고객관리비용이 43%감소된다고 한다. 또한, 인공지능과 데이터 마이닝 기술의 발전으로 고객 데이터를 대상으로 한 고객 구매패턴이나 행동분석 및 예측이 가능하다. 즉, 이러한 정보통신 기술의 발전은 1대1 마케팅과 CRM 구축을 실현가능하게 해주고 있다.

(2) 경쟁 심화와 비용절감의 압력

경쟁이 날로 심화되어 가고 있는 기업의 입장에서는 매출액 증대도 중요하지만, 원가절감도 매우 중요한 과제로 인식하고 있다. 이러한 측면에서 고객유지와 기존고객의 수익성 강화가 대표적인 목표인 CRM은 비용측면에서 유리하다고 할 수 있다. 일반적으로 새로운 고객을 획득하는 비용은 기존 고객을 유지하는데 드는 비용의 3~5배가 소요되기 때문이다. 또한, 기존고객과의 관계강화를 통해 그 수익성을 극대화할 수 있기 때문이다.

(3) 고객욕구의 다양화

인터넷이라는 정보혁명의 매체는 시간과 공간을 초월하여 전세계를 단일 시장으로 재탄생시켰다. 그 시장의 규모는 엄청나게 커졌고, 그 시장의 욕구 또한 다양해졌음은 말할 것 없다. 따라서, 지속적으로 변화하고 다양해지고 있는 고객의 욕구를 충족시키기 위해, 개별 고객을 충분히 만족시킬 수 있는 차별화된 마케팅전략의 필요성이 더욱 중요시되었다.

(4) 마케팅 커뮤니케이션의 변화

인터넷의 등장은 일상생활 뿐 아니라 각종 경영활동 전반에 큰 변화를 가져왔다. 특히, 인터넷과 데이터베이스를 통한 1대1 마케팅커뮤니케이션은 개별고객과의 관계를 개발하고 강화시키는 데 중요한 역할을 하였다. TV나 신문과 같은 기존의 마케팅커뮤니케이션은 무차별적으로 대중에게 전달되는 반면, 1대1 마케팅커뮤니케이션은 세분시장과 개별고객에게 원하는 메시지를 정확하게 전달할 수 있다.

2. 고객관계관리의 개념

고객관계관리(CRM)은 신규고객의 확보보다는 기존 고객과의 관계강화를 통한 수익성 증대를 그 목표로 하고 있다. 그 이유는, '파레토의 법칙'에서 찾아 볼 수 있다. 이는 '20:80'의 법칙으로, 상위 20%의 고객이 전체 수익의 80%를 창출한다는 이론이다. 물론, 산업과 제품 특성에 따라 차이가 있으나, 우량고객의 중요성을 단적으로 나타내는 말이다.

예를들면, 일본 백화점의 경우 상위 10%의 고객 1명을 잃는 것은 하위 10%에 속하는 고객 86명을 잃는 것과 같다고 한다. 현대 백화점의 경우 상위 20%의 고객 1명은 하위 20% 고객 55명과 상위 10%의 고객 1명은 하위 10%의 고객 109명의 고객가치와 같다고 한다. 이와 같이 우량고객은 기업의 핵심 수익원이므로 우량고객의 관리가 절실히 중요하며, 비우량고객을 우량고객으로 전환하는 노력이 필요함을 보여주고 있다.

일반적으로 고객관계관리는 고객중심으로 정리·통합하여 고객활동을 개선함으로써 고객과의 장기적인 관계를 구축하고 기업의 경영성과를 개선하기 위한 경영방식으로 정의할 수 있다.

3. 고객관계관리의 목적

고객관계관리의 목적은 신규고객의 유치에서부터 시작하는 고객과의 거래관계를 고객의 전 생애에 걸쳐 유지 및 제고해 나가면서 장기적으로 고객의 수익성을 극대화하는데 있다. [그림 12-6]에서는 기업의 관점에서 개별 고객의 생애를 크게 세 단계로 나누고 있다.

┃그림 12-6┃ 고객관계관리 통합모델

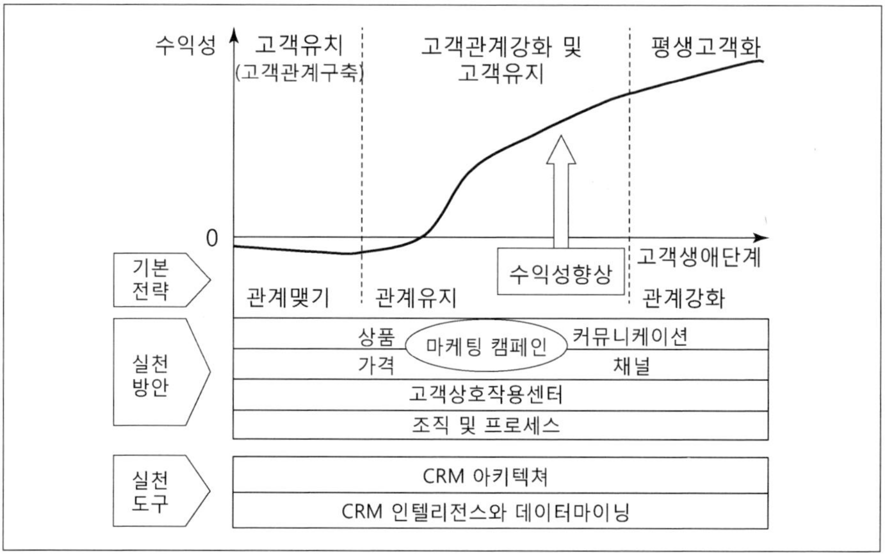

제1단계는 고객유치단계 또는 고객관계구축단계이다. 이 단계의 특징은 아무 고객이나 무차별적으로 접근하기보다는 우량고객을 닮은 신규고객들을 선별하여 적절한 방법과 유인을 통해 그들과 신규거래관계를 형성하는 것이다. 이것은 일종의 로얄티를 축적할 수 있는 고객을 선별하고 관계를 맺는 과정이다. 이 단계는 대부분의 신규고객이 이러한 비용을 상쇄하고 수익을 가져올 때까지는 많은 시간이 걸리므로 음(−)의 고객수익성을 나타낸다.

제2단계는 일단 거래를 시작한 고객이 반복구매는 물론 거래량과 거래의 폭을 늘리면서 신뢰에 기반을 둔 고객관계 강화 및 유지단계로 구분한다. 이 단계에서 기업은 고객의 욕구를 잘 이해하고 그에 맞는 적절한 상품과 서비스를 제공해야 하며, 동시에 차별화된 고객서비스를 통해 고객과의 관계강화를 위한 노력을 경주해야 할 것이다. 제2단계에 이르러서야 비로소 기업은 초기 음(−)의 수익성을 양(+)의 고객수익성으로 전환시킬 수 있다.

제3단계는 거래관계가 최대한으로 확장되면서 평생고객이 되도록 하는 평생고객 또는 동반자관계단계이다. 가령, 한 소비자가 백화점과의 관계가 깊어지게 되었다면 이 고객이 다른 백화점으로 옮겨가기에는 희생비용이 크므로 이 백화점과 평생 파트너가 된다는 말이다. 또한 이 단계에서 심화된 거래관계로 고객의 로열티가 높아지게 되고, 또 이 백화점을 적극적으로 옹호하여 신규고객을 추천하기도 한다.

4. 고객관계관리 프로세스

고객관계관리 전략을 수립하기 위해서 첫 번째 단계는 현재 및 잠재고객을 확인하기 위한 조사를 수행하는 것이다. 두 번째 단계는 이들을 수익성이 높은 집단과 그렇지 않은 집단으로 세분화하고 차별화하는 것이다. 세번째 단계는 개별 고객의 욕구를 충족시킬 수 있도록 고객화된 마케팅믹스를

▌그림 12-7▐ 고객관계관리 프로세스

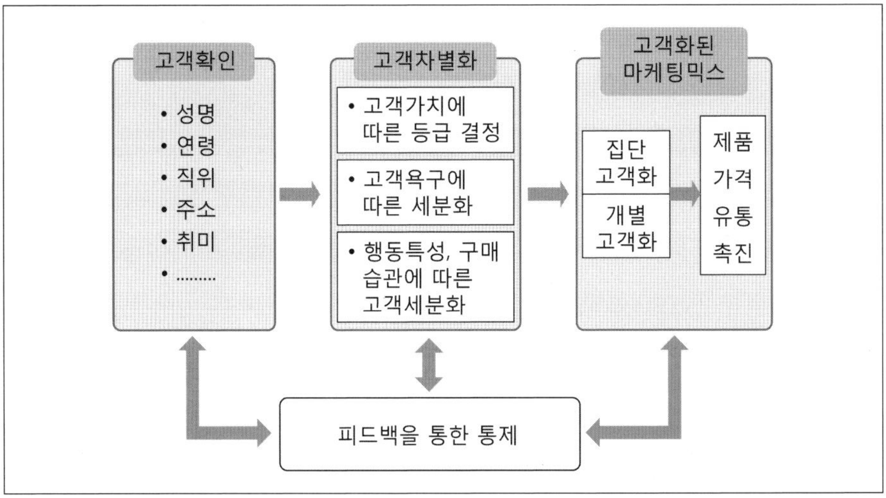

제공해야 한다. 마지막 단계는 각 프로세스가 잘 진행되고 있는지 피드백을 통한 통제를 실시해야 한다. 고객관계관리 프로세스는 [그림 12-7]과 같이 세단계로 구분된다.

(1) 고객확인

고객관계관리를 통한 1대1 마케팅을 구현하는 첫 번째 단계는 개별 고객을 다른 고객들과 구분하는 일이다. 예를 들어 개별고객을 성명, 연령, 직위, 주소, 전화번호, 취미 등의 인구통계학적 특성으로 분류하는 것이다.

기업은 판매원, 서비스 접점, 바코드스캐너, 웹사이트 등으로부터 다양한 개인에 대한 정보를 수집할 수 있다. 보다 많은 정보를 가질수록 더 정확하고 적절한 전략을 통해 가치 있는 고객을 선별할 수 있다. 그러나, 실제 기업의 전략에 활용할 수 있는 핵심 정보를 가려 활용하는 것이 쉬운 일은 아니다. 먼저, 개인정보를 상업적으로 이용하는 것은 고객의 불쾌감을 불러일으킬 뿐 만 아니라 개인정보보호법에 의한 규제를 받기 일쑤이다. 또한, 고객의 구매습관과 행동특성, 인구통계학적 특성을 적절히 조합하여 분류해내는 일은 통계학적인 지식과 프로그래밍 기술이 필요하다.

(2) 고객차별화

서로 다른 고객을 각각 다르게 대우하기 위해서는 무엇보다도 먼저 고객들 사이의 차이를 파악해야 한다. '고객차별화'에 있어 핵심과제는 특정고객이 기업에게 얼마나 가치가 있으며, 기업에게 무엇을 원하고 있는가? 즉, 욕구를 파악하는 것이다. 고객의 가치란 누가 누구보다 더 가치가 있다는 것과 같은 상대적인 것으로서, 이를 바탕으로 기업의 역량을 우선적으로 할당함으로써, 이들의 충성도를 높이고 개별고객의 수익성도 확대시킬 수 있다. 또한 특정 고객의 욕구를 충족시킨다는 것은 그 고객과의 관계를 구축하고 고객의 충성도를 강화하는데 있어서 가장 중요한 요소가 된다. 이와 같은 고객차별화 프로세스는 다음과 같이 3단계로 수행된다.

- 고객의 가치에 따른 고객등급 결정: 특정고객이 갖고 있는 가치에 의해 등급 및 중요도를 결정
- 고객의 욕구에 따른 고객간 차이 구분: 가치가 가장 높은 고객부터 상호간 욕구의 상이함을 파악
- 행동특성, 구매습관에 따른 고객 세분화

(3) 고객화된 마케팅믹스 설계

마케팅전략은 가격과 제품, 유통경로, 판매촉진전략 등을 통해 타겟고객의 시장요구를 적절하게 분석하여 수요에 적합한 제품을 기획하고 가격과 유통경로, 판매촉진전략을 통해 매출을 증대시키면서 고객의 만족을 극대화시키는 방안을 찾는 것이다.

• 제품별 성장성과 수익성, 경쟁력이 어떻게 되어 있는지
• 상품의 깊이와 폭이 경쟁사에 비해 우위에 있는지
• 제품별 라이프 사이클 (성장기, 성숙기 등등의 제품)이 어떻게 되어 있는지 등을 확인 한 후, 미래상을 그려, 필요한 제품(영역)을 기획한다.

제품 기획에 있어서는 다음 사항을 명확히 하는 것이 중요하다.

• 강화해야 할 기능은 무엇인가?
• 제공하는 혜택 (개발 포인트)는 무엇인가?
• 품질 수준은 어떻게 할 것인가?(내구성, 디자인, 사용성 등)
• 비용은 어느정도로 억제할까(매출 총 이익을 ○○% 확보하기위한 원가 설계)
• (시장 창조 / 고객 확대 / 고객 정착화 …) 무엇을 노리는 것인가?

제품기획 단계에서부터 구체적인 제조 단계까지 다양한 단계에서 비용이 발생하는데, 상품기획 단계에서의 비용이 제품 원가에 크게 영향을 준다. 바꾸어 말하면, 제품 기획 단계에서부터 가격과 유통경로, 판매촉진전략 등의 검토가 중요하다는 것이다.

(4) 고객관계 통제

고객관계관리의 통제는 계획의 집행과정을 추적하고, 집행결과가 대체적으로 목표치를 달성하고 있는지를 분석하고, 집행결과가 계획목표와 차이가 크면 대응조치를 강구하는 피드백과정을 말한다. 고객관계관리 프로세스에서는 고객과의 피드백과정을 통해 고객확인과 차별화를 위해 필요한 자료를 수집할 수 있고, 지속적으로 고객화의 효과를 평가할 수 있다.

고객관계관리의 프로세스는 '고객확인-고객차별화-고객화된 마케팅믹스 설계'피드백(고객관계통제)의 4단계로 나눈다. 여기서 기업 경영과 관련된 어

떠한 프로세스도 피드백을 통한 지속적 개발이나 고객의 욕구를 반영하는 노력이 더욱 중요한 것이다. 과연 CRM은 그 당사자들에게 어떤 혜택을 가져다주는가? CRM의 혜택은 기업의 측면과 고객의 측면에서 살펴 볼 수 있다. 두 당사자 모두에게 이익이 돌아가는 전형적인 윈윈(Win-Win) 전략이라고 할 수 있다.

5. 고객관계관리의 특징

고객관계관리는 어떤 특징을 가지고 있을까?

첫째, 고객관계관리는 고객지향적이다. 고객에게 필요한 상품, 서비스는 물론 차별화된 보상 등 적절한 혜택을 제공하여 고객과의 관계관리에 기업의 초점을 맞추는 고객중심적인 경영방식이다.

둘째, 고객관계관리는 고객의 생애 전체에 걸쳐 관계를 구축하고 강화시켜 장기적으로 지속적인 이윤을 추구하는 동적인 경영방식이다.

셋째, 고객관계관리는 개별고객의 생애에 걸쳐 거래를 유지하거나 늘려나가고자 한다. 고객과 기업사이의 상호적인 혜택과 신뢰를 바탕으로 윈-윈(win-win)을 위한 쌍방향의 관계를 형성하고 지속적으로 발전시켜야 한다.

넷째, 고객관계관리는 정보기술에 기반한 과학적인 제반환경의 효율적인 활용을 요구한다. 고객관리를 위한 고객데이터를 분석하는 등 구체적인 투자수익률(ROI)과 경영효율의 측정을 통해 가시적인 경영개선에 역점을 둔다.

다섯째, 고객관계관리는 고객과의 직접적인 접촉을 통해 쌍방향 커뮤니케이션을 지속한다. 특히 멀티채널의 경우에 통합적이고 일관성 있는 메시지와 커뮤니케이션을 구사함으로써 고객과의 관계를 강화시켜 나간다.

여섯째, 고객관계관리는 단순히 마케팅에만 역점을 두는 것이 아니라 기업의 모든 내부 프로세스의 통합을 요구한다. 관계관리에 필요한 모든 부분, 즉, 표준화된 업무 프로세스, 조직의 역량이나 훈련, 기술적 하부구조,

영업요건을 충족할 수 있는 시스템의 기능, 영업전략, 영업정보 등의 부분에서도 균형 잡힌 향상을 꾀하는 경영방식이다.

PART

Ⅳ

창업기업설립과 사업계획서작성

CHAPTER

13

창업기업의 형태 및 설립절차

제1절 창업기업의 형태

1. 창업기업 형태의 결정

창업아이템이 선정된 뒤, 창업을 하려할 경우 어떠한 형태가 좋을까? 창업기업의 형태를 결정해야 한다. 즉, 개인기업으로 창업할 것인가, 법인기업으로 창업할 것인가에 따라서 그 과정이 달라진다. 어느 것이 더 좋을까?

창업기업의 형태는 기업의 법적 구조에 따라 개인기업과 법인기업으로 나누어진다. 창업자는 어떠한 사업이며 창업자의 출자형태나 자금조달용이 등의 상황에 따라서 달라진다. 따라서 창업기업 형태의 결정은 업종선택이 이루어지고 난 다음, 사업계획서를 수립하고, 기업설립 단계에 들어가서 결정한다. 창업기업의 출자형태와 법률적 형태는 [그림 13-1]과 같다.

❙그림 13-1❙ 창업기업 형태

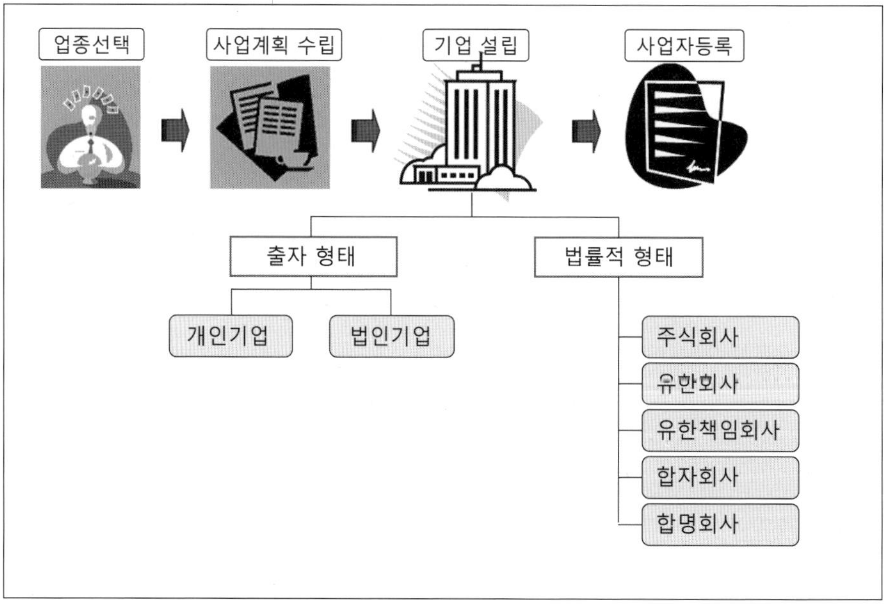

2. 개인기업과 법인기업의 차이

개인기업은 사업주 개인이 단독으로 출자하고 직접경영하며, 채권자에 대해 무한책임을 지는 형태이다. 이는 주로 개인적으로 자신이 마음대로 운영하는 소규모기업의 운영에 적합하다. 법인기업은 사업의 목적을 달성하기 위한 법인격이 주어진 기업이다. 이의 대표적인 형태로는 주식회사를 비롯 유한회사, 유한책임회사. 합명회사, 합자회사 등이 있다. 법인기업은 그 자체로 완전한 법인격을 가지고 스스로 권리와 의무의 주체가 되며, 기업의 소유자로부터 분리되어 영속성을 가진다. 개인기업과 법인기업의 차이점은 〈표 13-1〉에 보는 바와 같이 기업의 이익배분, 설립절차, 의사결정, 기업주 책임, 자본조달 능력 등에 따라 다르다.

개인기업으로 창업하는 경우와 법인기업으로 창업하는 경우 각각 장·단

▌표 13-1▐ 개인기업과 법인기업의 차이

개인기업	분류 기준	법인기업
기업과 기업주가 동일시 기업의 이윤이 곧 기업주의 이윤	이익배분	대표이사도 이윤은 배당을 통해서만 배분
기업설립 절차 용이 초기창업자금 적게 소요	기업설립 절차	설립시 발기인 등 일정절차 필요 최저자본금제도 폐지됨
기업 활동상 의사결정 신속	의사결정	의사결정 느림 (주주총회, 이사회 결정)
기업경영상 발생하는 모든 부분 기업주 무한책임	기업주 책임	투자자본 범위 내 유한책임 대부분 연대보증
투자 및 차입 등 자본조달에 한계	자본 조달	큰 자본이 필요한 경우 주주모집 통해 자본조달
소규모 사업의 경우 적합 추후 법인으로 전환 가능	업종 규모	법인의 대외 공신력이 높아 영업 활동 유리
종합소득세법	적용세법	법인세법
소득금액에 따라 6%~45%의 초과누진세율 구조	세율	소득금액에 따라 10%~25%의 초과누진세율 구조

점이 있다. 창업자의 입장에서 이러한 장·단점을 비교하여, 개인기업과 법인기업 중 어느 것이 창업 출발 시점에서 유리한가를 잘 판단하여 창업기업 형태를 결정할 필요가 있다. 개인기업과 법인기업의 장·단점을 정리하면 〈표 13-2〉와 같다.

▎표 13-2▎ 개인기업과 법인기업 창업의 장·단점

구분	개인기업	법인기업
장점	• 설립등기가 필요 없고 사업자등록만으로 사업개시 가능 • 기업이윤과 손실은 기업주에게 전부 귀속 • 창업비용 및 창업 자금이 비교적 적게 소요되어 소자본을 가진 창업자도 창업 가능 • 기업활동상의 정책수립, 집행, 계획변경 등을 신속하게 결정 • 개인 기업은 긴밀한 인적 조직체이므로 경영방침, 제조방법, 판매정책, 자금운용상의 비밀 유지 • 고객 및 종업원과 직접 접할 경우가 많으므로 상호 이해가 쉽고 효과적	• 발기인 1인 이상의 출자로 회사가 설립되므로 설립 시 자본조달과 대자본 조성 용이 • 주주의 재산과 회사의 재산이 명백히 구분되므로 회사 도산시에도 출자 금액 범위 내에서 법적 책임 • 주식의 양도가 가능, 추가 주식매입 및 매각에 의해 출자액을 증감 가능 • 전문경영인에 의한 기업경영이 가능하므로 소유와 경영의 분리 가능 • 증권거래소 상장 등 기업의 대중화 및 거대화 가능 • 법인에 대한 공신력이 높아 매출, 직원채용 등 영업상 유리
단점	• 기업주가 부채와 손실에 대한 무한책임 • 개인 신상에 사고가 발생한 경우 폐업 또는 기업운영상 직접적인 영향 • 투자 및 차입규모가 클 경우 자본조달 능력상 한계 • 법인 납세율은 10-25%이나 개인은 6-45%로 납세 상 불리함 • 기업규모가 커지면 법인전환 등의 부수적 절차가 필요	• 정관작성, 발기인구성, 창립총회, 법인설립신고 등 설립절차가 복잡 • 1인 이상의 발기인이 있어야 설립등기에 의해 설립이 가능 • 기업이윤이 주주의 출자지분에 따라 배당되므로 대표자의 이윤 감소 • 경영의사 결정체계가 복잡하여 신속한 의사 결정 곤란 • 주주 상호간의 이해관계 대립시 마찰의 소지가 있고, 경영공백 우려

다음은 일반기업과 벤처기업의 선택이다. 두 기업의 차이는 벤처인증의 유·무이다. 벤처기업은 첨단 신기술이나 아이디어를 개발하여 사업에 도전하는 기술집약형 중소기업이다. 가령 벤처기업인증을 받을 경우 일반 중소기업에 비해 중소벤처기업부 등으로부터 기술개발자금이나 정책자금 등의 우선지원혜택을 받을 수 있다. 벤처기업은 기술성이나 성장성 등이 높지만 위험부담이 크다. 특히 성공할 경우 높은 기대이익이 예상되며 성장성이 높고 시장 잠재력이 높다. 정부의 기술개발 등의 정책자금이나 세제혜택을 받기 위해선 벤처기업의 인증을 받아야한다. 벤처기업은 주로 높은 경영위험에 도전하는 기업가들에 의해 주도된다.

제2절 회사의 설립 절차

1. 사업자등록

회사의 설립은 개인기업이든 주식회사이든 관계없이 사업자등록이 필수적이다. 사업자등록이 창업의 법적인 증명서류인 것이다. 여기에서는 사업자등록의 신청, 변경 및 정정, 폐업 신고, 그리고 사업자등록 신청시 유의사항은 다음과 같다.

(1) 사업자등록 신청

사업자등록증은 관할세무서에서 즉시 발급하여 준다. 다만, 명의위장사업 또는 신용카드 위장가맹혐의가 있는 사업자의 경우에는 현지 확인을 거쳐 실질 사업자인지 여부를 확인한 후 발급하여 준다. 사업자등록을 하게 되면 사업자등록번호가 나오게 된다. 이 사업자 등록번호는 모든 상거래에 있어

그 사업체를 거래 시마다 표시하며 사용되는 고유번호이다.

사업장이라 함은 사업자 또는 그 사용인이 상시 주재하여 거래의 전부 또는 일부를 행하는 장소를 말한다. 사업자등록은 사업장마다 해야 한다. 법인의 경우 법인의 본점, 지점 모두 사업자등록을 하여야 하고, 개인도 사업장이 2개 이상 있는 때에는 사업장마다 사업자등록을 하여야 한다. 직매장도 사업자등록을 하여야 한다. 사업자등록신청을 위해서는 다음과 같은 구비서류가 필요하다.

- 사업자등록신청서 1부
- 사업허가증·등록증 또는 신고필증 사본 1부(허가를 받거나 등록 또는 신고를 하여야 하는 사업의 경우)
- 사업개시 전에 등록을 하고자 하는 경우에는 사업허가신청서 사본이나 사업계획서
- 임대차계약서 사본 1부(사업장을 임차한 경우)
- 2인 이상이 공동으로 사업을 하는 경우에는 공동사업 사실을 증명할 수 있는 서류
- 도면1부 (상가건물 임대차보호법이 적용되는 건물의 일부를 임차한 경우)
- 법인등기부등본, 정관 및 주주명부(법인의 경우)

(2) 사업자등록의 변경 및 정정, 폐업 신고

다음과 같은 변동사항이 발생하면 지체없이 사업자등록 정정신고서를 작성하여 사업 소재지 관할 세무서에 제출하면 된다.

- 상호나 업태, 종목 등 사업의 종류를 변경하는 때
- 사업자의 주소, 거소 또는 사업장을 이전하는 때
- 법인의 대표자를 변경하는 때

- 상속으로 인하여 사업자의 명의가 변경되는 때
- 사업장을 이전하는 때에는 이전후의 사업장을 관할하는 세무서에 그 이전사실을 신고하여야 한다.

가령, 사업을 폐업하면 지체 없이 세무서에 비치된 폐업신고서 1부를 작성하여 사업자등록증과 함께 사업장을 관할하는 세무서에 제출해야 한다. 폐업신고서를 제출할 경우 부가가치세 확정신고도 같이 하는 것이 절차가 간편하고 유리하다. 이때 부가가치세 확정신고서에 폐업 연월일 및 사유를 기재하고 사업자등록증을 첨부하면 폐업신고서를 제출한 것으로 본다.

2. 개인기업의 설립 절차

개인기업 창업은 사무실만 확보하고 난 후, 부가가치세법에 따라 관할 세무서에 사업자등록신청서, 주민등록등본, 허가 대상 업종인 경우 사업허가증 사본을 통해 사업자등록만 하면 법적인 설립절차가 끝난다. 그러나 개별법에 따라 인·허가가 필요한 업종은 사업자 등록에 앞서 인·허가서의 사본을 사업자등록 시 제출해야 한다. 개인사업의 설립절차는 [그림 13-2]와 같다.

▌그림 13-2▐ 개인기업의 설립 절차

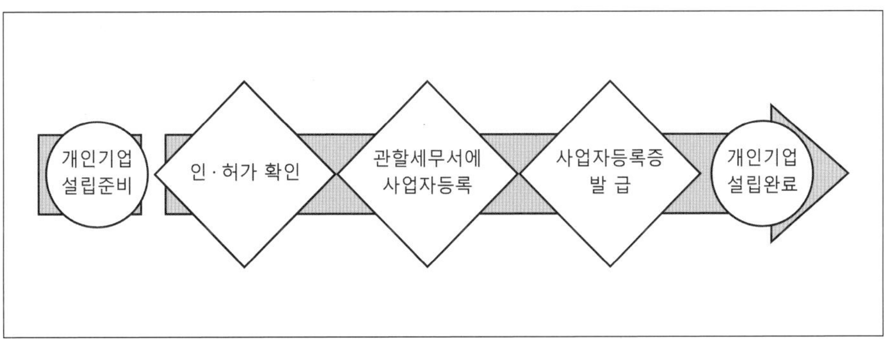

개인기업을 창업하려면 그 규모나 업종에 관계없이 사업을 시작한 날로부터 20일 이내에 구비서류를 갖추어 관할 세무서에 사업자 등록을 신청해야 한다. 창업자가 세무서에서 사업자등록증을 발급받으면 개인사업자가 된다.

3. 법인기업의 설립 절차

(1) 법인기업의 설립 절차 내용

법인기업의 형태에는 주식회사와 유한회사, 유한책임회사, 합명회사, 합자회사, 협동조합 등 다양한 형태가 있다. 회사의 형태는 발기인, 주주, 출자자 등의 환경요인과 향후 경영전략을 고려하여 결정해야 한다. 여기에서는 대표적인 형태인 주식회사 설립을 중심으로 설명한다. 주식회사의 설립 절차는 [그림 13-3]과 같다.

주식회사를 설립하기 위해선 먼저 발기인이 기명날인해 회사운영에 대한 약속인 정관을 작성해야 한다. 다음으로 창립총회를 개최한 뒤, 상법에 따라 관할법원 등기소에게 법인등기를 신청하고, 법인세법에 따라 관할 세무서장에게 법인설립을 신고하여야 한다. 법인등기 시 구비서류는 정관작성, 주주의 인감증명서, 주민등록등본, 자산명세서, 주주출자확인서 등이 포함된 주주명부가 있어야 한다. 주주명부는 주주 및 주권에 관한 사항을 명확히

【그림 13-3】 주식회사의 설립 절차

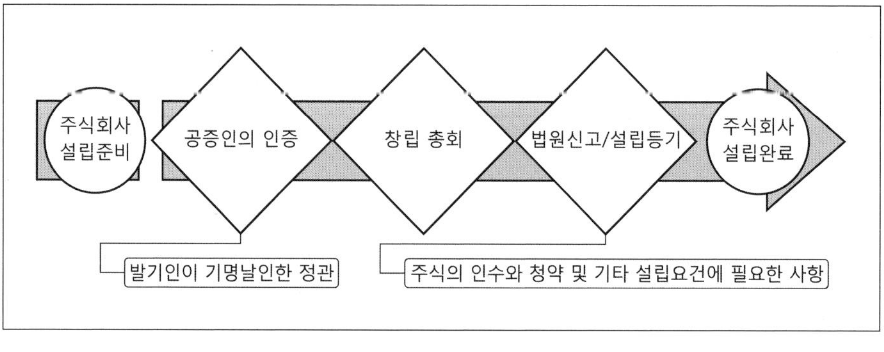

기재하여 회사에 비치해두는 장부를 말한다. 회사가 주식을 발행한 때에는 주주명부에 ① 주주의 성명과 주소 ② 각 주주가 가진 주식의 종류와 그 수 ③ 각 주주가 가진 주식의 주권을 발행한 때에는 그 주권의 번호 ④ 각 주식의 취득 연월일을 기재하여야 한다(상법 제352조 1항). 다음으로 법인설립 신고(관할세무서)가 진행된다. 이때 필요한 구비서류로는 법인설립신고서, 법인등기부등본, 정관, 개시 대차대조표, 주주 및 출자자 명부 등이 필수요건이다.

(2) 정관의 작성

회사의 조직, 목적(활동), 사원의 지위에 관한 근본규칙(실질적 의의) 또는 이것을 기재한 서면(형식적 의의)을 말한다. 정관의 작성이란 위의 근본규칙을 정하고 이것을 서면에 기재하는 것을 뜻한다. 작성자는 주식회사에서는 발기인에 한하며, 각 발기인이 기명날인 또는 서명하여야 한다(상법 제289조 1항). 또한 주식회사와 유한회사에서는 공증인의 인증을 받지 않으면 효력이 발생하지 않는다(같은 법 제292조·제543조 3항). 정관의 작성은 회사설립의 기본요건이다.

정관 작성 내용에는 절대적 기재사항과 상대적 기재사항으로 구분된다.

절대적 기재사항의 경우 회사의 목적(사업목적), 상호, 회사가 발행하는 주식의 총수, 본점의 소재지, 회사가 공고하는 방법, 발기인의 성명과 주소이며, 이 중 하나라도 기재를 누락하면 정관은 무효가 된다.

상대적 기재사항의 경우 기재하지 않아도 정관 자체의 효력에는 영향이 없지만, 대신 그 사항이 회사와 주주에 대한 관계에 있어서 효력이 발생하지 않는 사항을 말한다. 여기에는 발기인이 받을 특별이익, 현물출자, 재산인수, 설립비용과 발기인의 보수, 임의적 기재사항 등이다.

(3) 설립형태: 발기설립과 모집설립

주식회사 설립절차는 [그림 13-4]와 같이 크게 발기설립과 모집설립으로 구분된다.

▌그림 13-4▐ 주식회사의 구체적 설립 절차

발기설립 형태는 발기인이 발행주식 총수를 모두 인수하는 방식이다. 발기설립은 창립총회 개최가 불필요하다. 즉, 주주를 모집하지 않고, 수속이 비교적 간단하다. 단, 법원에서 선임한 검사인에 의한 조사를 반드시 받아야 한다. 법원은 검사인의 검사보고서를 받아 부당한 점이 있으면 이를 변경하도록 할 수 있다.

모집설립은 발기인만으로 창업자본금을 모집할 수 없을 경우, 발기인 인수분을 제외한 나머지 주식은 주주를 모집하여 주식회사를 설립하는 것이다. 즉, 발기인이 주식의 일부를 인수하고 나머지 주식은 주주를 모집하여 인수하게 하는 방식이다. 모집설립에는 연고모집과 공개모집이 있다.

공개모집은 불특정 다수인을 대상으로 주주를 모집하는 방법으로, 불특정 다수인 50인 이상에게 주식청약을 하는 경우 금융위원회에 법인등록과 모집금액이 10억원 이상인 경우 금융위원회에 신고해야 한다.

(4) 법인설립등기

법인설립등기는 주식회사의 설립절차에 있어서 최후의 단계이다. 주식회사는 설립등기에 의해서 성립하며 법인으로서 존재하게 된다. 창립총회가 종결된 날로부터 2주 내에 이사의 공동신청에 의하여 법원에 설립등기를 해야한다. 법인설립신고 과정에서 사업자등록은 사업장단위로 하여야 한다.

4. 개인기업에서 법인기업으로의 전환

일반적으로는 창업 초기에는 개인기업으로 출발해서 회사의 성장이 진행되면서 법인으로 전환하는 경우가 많다. 먼저 개인기업이 법인으로 전환하는 과정은 3단계 의사결정과정을 통해서 이루어진다. 1단계에서 당해 개인기업을 법인으로 전환여부에 관해 의사결정을 한다. 다음으로 2단계에서 법인전환유형의 선택에 관해 결정한다. 마지막 3단계에서는 법인전환시기를 결정한다.

이러한 개인기업이 법인전환 할 때 몇 가지 유의사항이 있다.

첫째, 법인전환시기 결정의 문제이다. 즉 투자준비금, 기술개발준비금, 수출손실준비금 등 조세법상의 각종 준비금이 개인 기업의 폐업일이 속하는 사업연도에 일시 환입 등 조세감면규제법상 제 준비금의 일시 환입의 문제를 고려해야한다. 또한 부가가치세 신고일, 폐업시 이월결손금 소멸 등 소득세법상의 이월결손금 소멸등을 고려해야 한다.

둘째, 전문가의 자문과 담당 실무자의 교육이 필요하다. 경제적인 법인전환 도모하기 위해서도 전문가의 자문이 효과적이다. 담당 실무자의 교육에서는 법률, 세무, 회계, 금융 등의 관련 규정에 대하여 법인 전환 착수 전 숙지가 이루어져야 한다.

셋째, 주주구성의 문제이다. 발기인의 주식인수가액을 납입할 수 있는 경제적 능력과 자금출처조사 시 경제적 능력 없는 자가 원천이 불분명한 자금으로 재산취득 경우에는 타인으로부터 증여 받은 것으로 추정(상속법 34조의 6)하게 된다. 또한 과점주주의 2중과세의 문제가 발생한다. 1인 주주와 지방세법령 제6조에 제기하는 친족 기타 특수관계자의 소유주식비율이 1% 이상인 경우 과점주주에 해당된다. 이와 같이 법적으로 복잡한 절차를 통해서 법인 전환이 이루어지기 때문에 법인전환을 시도하는 경우 실무적으로는 법무사를 통해서 대행하는 경우가 대다수이다.

5. 업종별 창업절차

창업자는 업종을 선정하고자 할 때 자신이 창업하려는 업종이 관련법에 의해 허가, 등록 또는 신고가 필요한 업종인지 여부를 파악하여 창업준비를 하여야 한다. 창업하고자 하는 대상이 어떠한 업종이냐에 따라서 창업절차가 달라진다. 여기에서는 가장 많은 비중을 차지하고 있는 서비스업, 도·소매업, 그리고 제조업의 창업절차를 살펴보기로 하자.

(1) 서비스업 창업절차

먼저 서비스업의 창업절차는 [그림 13-5]와 같이 창업준비와 회사설립 절차, 사무실 입지선정절차, 개입준비 절차 등으로 구분된다.

| 그림 13-5 | 서비스업의 창업절차

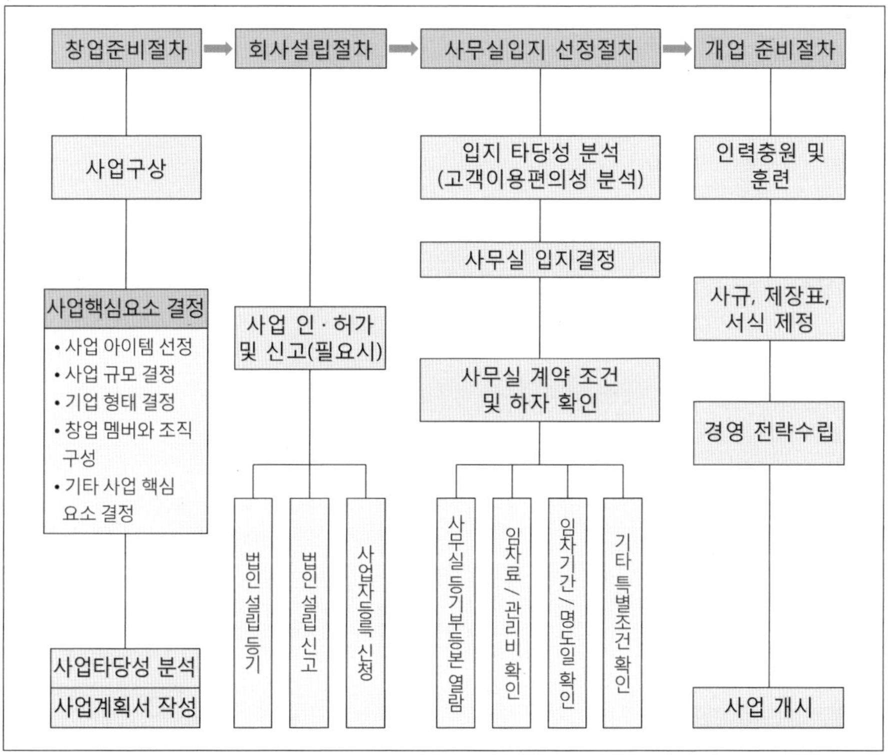

서비스업은 업종의 특성상 인·허가사항이 적으며, 창업절차가 간단하기 때문에 일반적으로 사무실을 확보하고 사업자등록을 마치면 사업을 영위할 수 있다. 하지만 공중위생과 관련이 있는 업종, 사행행위 등 행정 규제가 필요한 업종, 전문지식이 요구되는 서비스업 등에 대하여는 개별법령에서 시설기준 및 자격요건 등을 규정하고 있어 이 조건이 충족돼야 진행할 수 있다.

(2) 도소매업 창업절차

도·소매업의 창업절차는 [그림 13-6]과 같이 창업준비, 점포 입지선정, 회사설립절차, 개업준비절차 등을 중심으로 이루어진다.

▌그림 13-6▐ 도소매업의 창업절차

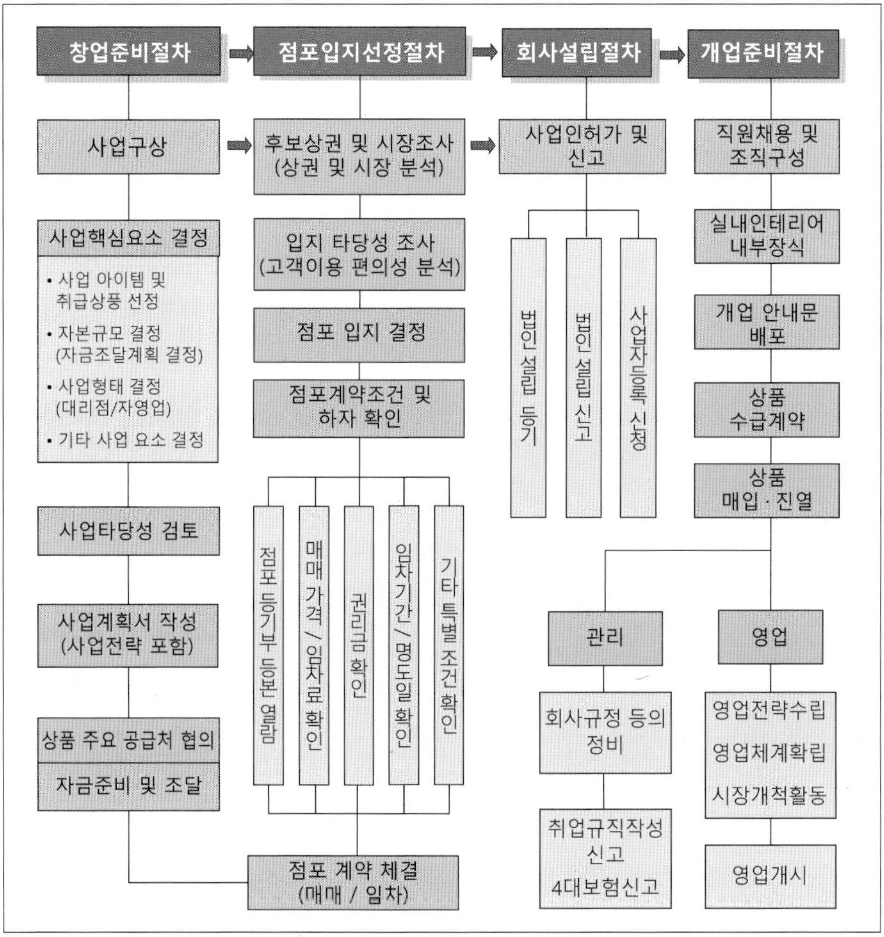

도·소매업은 업종의 특성상 인.허가 사항이 적고, 창업절차가 간단하다. 따라서 일반적으로 점포를 확보하고 사업자등록을 하면 영업을 할 수 있다. 가령 담배, 양곡과 같이 유통질서 확립이 필요한 제품과 의약품과 같이 전문지식을 필요로 하는 업종 등에 대해서는 개별법에서 시설기준 및 자격요건 등을 규정하고 있다.

(3) 제조업 창업절차

제조업은 서비스업이나 도소매업과는 달리 전통적으로 창업에 있어서 가

❙그림 13-7❙ 제조업의 창업절차

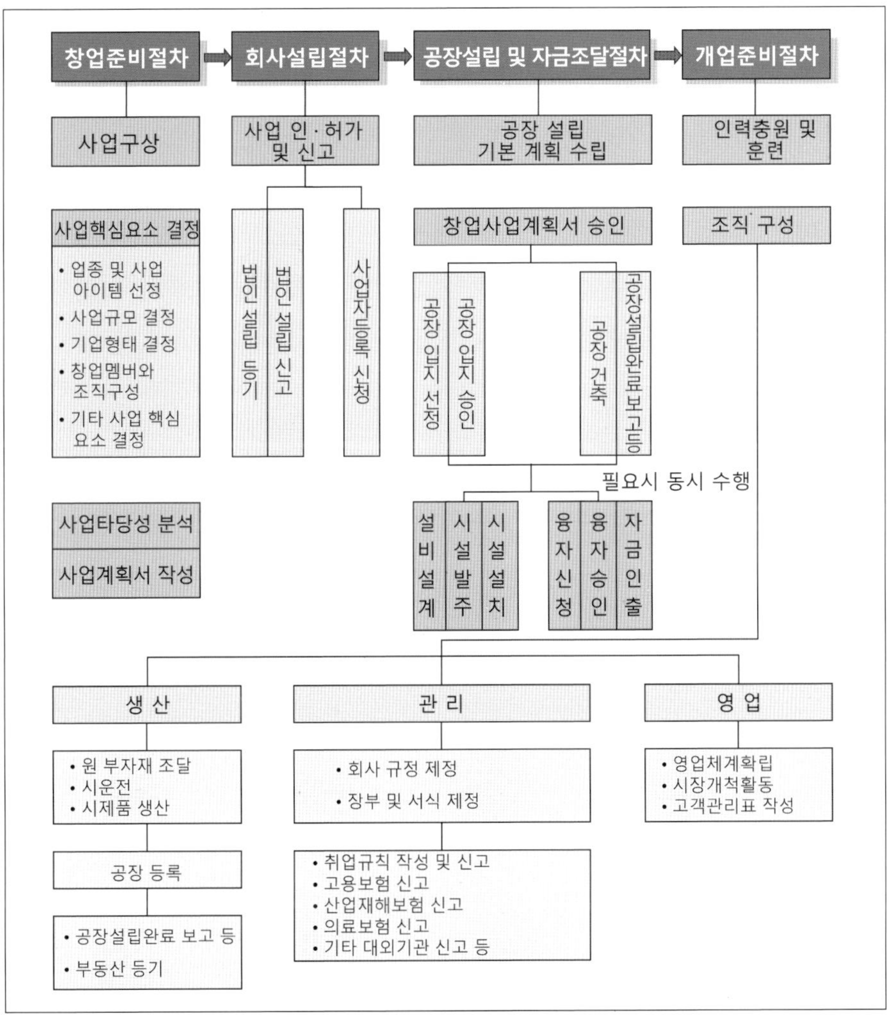

장 복잡한 산업분야이다. 제조업의 창업절차는 [그림 13-7]과 같다.

제조업은 앞의 두 업종과는 달리 상대적으로 많은 창업자금이 필요하다. 이러한 경우 주로 시설, 설비 및 공장부지 확보를 위해 융자를 통해 자금을 융통하는 것이 대부분이다. 따라서 제조업은 순수 자기자본만으로 창업한다는 것은 어렵다. 제조업의 창업은 공장설립과 설비도입 및 자금조달, 그리고 개업절차가 핵심이다.

일반인이 창업하여 공장을 설립하고자 할 때 창업자는 수없이 많은 인·허가 절차 때문에 공장 착공도 하기 전에 지치게 된다. 이와 같은 애로를 해결하기 위하여 중소기업창업지원법 제21조에 근거하여 창업사업계획승인 제도를 시행하고 있다. 이 제도에 따라 창업중소 기업이 공장설립 이전에 시장·군수·구청장으로부터 창업사업계획승인을 받게 되면 공장설립과 관련된 30개 법률, 62개에 이르는 인·허가사항이 일괄해서 의제 처리됨으로써 공장설립절차가 매우 간소화되는 제도이다. 특히 공장설립을 하는 사업계획은 시장·군수·구청장으로부터 창업사업계획승인을 받아야 한다.

CHAPTER

14

사업계획서 작성

제1절 사업계획서의 의의와 종류

1. 사업계획서의 의의

사업계획서는 창업자가 창업과 관련하여 법규나 사회적 변화, 소비자의 욕구, 새로운 기술 등 외적인 요소와 제조, 마케팅, 인적자원 등과 같은 기업의 내적 요소를 고려하여 사업계획을 문서로 표현한 것이라고 할 수 있다. 즉, 사업계획서는 창업자가 기업을 설립하여, 자신의 사업을 지속적으로 성장시키기 위한 구체화된 의지를 체계적으로 정리한 설계서이다. 그러나 이런 중요성에도 불구하고 기본사업계획서도 없이 사업을 시작하는 창업자들이 의외로 많다. 창업기업의 부실률이 높은 것도 주먹구구식 창업에 기인하는 바가 크다고 볼 수 있다. 사업계획서를 작성해야 하는 이유는 크게 세 가지 측면으로 정리할 수 있다.

첫째, 사업계획서는 창업자 자신을 위해서도 체계적인 사업준비를 하는데 유익하다. 창업절차는 매우복잡하고 때론 예기치 못한 사정으로 차질을 빚는 경우가 많아 사업계획서를 미리 작성한 후 사업을 준비하는 것이 꼭 필요하다.

둘째, 사업계획서는 사업성공 가능성을 높여준다. 사업계획을 짜면서, 위험요소를 사전에 체크하고 대책을 수립한 후 사업에 착수하면 그만큼 실패위험을 줄일 수 있다.

셋째, 계획사업의 효율적 추진을 위해 도움을 줄 동업자, 금융기관, 매입처, 매출처, 일반고객 등에게 자기사업을 설명하고 홍보하는데 구두로 하는 것보다는 사업계획서가 훨씬 설득력이 있다. 이런 점에서 사업계획서는 사업 착수에 앞서 반드시 작성해야 한다.

특히, 사업계획서를 작성할 때는 객관성이 결여되어서는 안된다. 사업계획이 너무 허황되면 자칫 사업실행에 오류가 생길 수 있다. 또한 자금조달 운용계획은 정확하고 실현가능성을 확보해야 한다. 자금에 차질이 생기면 사업실패 위험이 클 수밖에 없다. 이와 함께 사업계획에 잠재되어 있는 문제점과 향후 발생가능한 위험요소를 심층 분석하고, 예기치 못한 사정으로 창업이 지체되지 않도록 별로 점검할 필요가 있다. 이와 같은 사업계획서의 창업에서 가장 중요한 서류라고 할 수 있다. 사업계획서의 중요성은 다음과 같은 역할을 하기 때문이다.

첫째, 사업계획서는 사업(Business)을 계획하는 도구이다. 이것을 작성하는 과정에서 창업가는 사업에 관한 여러 가지를 살펴보게 된다. 가능성, 위험부담 시장조건 등을 객관적으로 빠뜨리지 않고 살펴볼 수 있는 기회가 된다.

둘째, 사업계획서는 자본조달 수단이다. 창업가는 이것을 가지고 자본을 찾아 나선다.

셋째, 사업계획서는 회사 경영의 가이드라인이다. 일단 사업이 시작되면 이 계획서가 운영과 평가의 가이드라인이 된다.

2. 창업 사업계획서의 중요성

기업의 사업계획(business plan)은 실제로 사업을 추진하는 데 있어서 가장 기본이 되는 계획이므로 매우 중요하다. 왜냐하면 사업계획은 사업추진 주체가 가지고 있는 사업 아이디어를 제반 경영활동을 통해 구체화해 나가는 과정을 일목요연하게 나타냄으로써 계획사업의 추진에 있어서 가장 기본이 되는 계획이 되기 때문이다. 따라서 사업계획은 사전에 계획사업의 성공가능성을 확인해 볼 수 있는 기능을 가지고 있어 기업의 경영에 있어서 매우 중요하다.

사업계획은 대기업은 물론 중소기업에 있어서도 중요한 의미를 가진다.

일반적으로 중소기업은 대기업에 비해서 상대적으로 보유자원이 풍부하지 못하므로 양호한 사업계획은 한정된 자원을 효율적으로 사용할 수 있게 함으로써 결과적으로 중소기업의 생존 가능성을 제고하게 된다. 그러나 계획화의 중요성은 누구나 알고 있지만, 구체적인 방법이나 내용 등에 대해서는 일치된 공감대를 찾기 힘들다. 대부분의 기업들은 천편일률적인 프레임을 사용하여 사업계획을 수립함으로써 그 효과가 의문시되고 있으며, 이러한 현상은 거의 모든 산업분야에서 공통적으로 발견되고 있다.

일반적으로 계획이란 실행하기 전에 행위의 방향을 미리 결정하는 것으로 정의할 수 있으며, 비즈니스적인 맥락에서는 향후 기업의 모습과 관련된 모든 의사결정을 의미한다. 특히, 사업계획서는 계획사업과 관련하여 조직관리, 생산, 재무, 마케팅 등 제반 경영분야의 추진계획을 정리, 집대성한 보고서를 말한다. 즉, 계획하고 있는 사업을 실제로 추진하는 데 있어서 기본이 되는 계획서이다. 따라서 통상적인 경영계획과는 그 범위에서 차이가 있다.

3. 창업 사업계획서의 구성요소

사업계획서는 사업의 내용, 경영방침, 기술문제, 시장성 및 판매전망, 수익성, 소요자금 조달 및 운영계획, 인력 충원계획 등을 일목요연하게 정리한 일체의 서류이다. 사업계획서는 창업자 자신을 위해서는 사업성공의 가능성을 높여주는 동시에 계획적인 창업을 가능하게 하여 창업기간을 단축하여 주고, 계획사업의 성취에도 긍정적인 영향을 미친다. 또한 창업에 도움을 줄 제3자, 즉 동업자, 출자자, 금융기관, 매입처, 매출처, 더 나아가 일반 고객에 이르기까지 투자의 관심유도와 설득자료로 활용도가 매우 높다. 이런 이유로 사업계획서 작성은 정확하고 객관성이 유지되어야 하며, 전문성과 독창성을 갖춘 보편타당한 사업계획서가 되어야 한다.

일반적으로 제시되고 있는 사업계획서의 구성요소는 학자마다 차이가 있으나, 기업현황을 비롯하여 크게 여섯 가지로 대별된다. 이러한 여섯 가지 요소별로 관련 연구 및 문헌조사를 통하여 기업성과에 영향을 미칠 것이라고 생각되는 세부적인 항목들을 선정하여 정리한 결과는 〈표 14-1〉과 같다.

▌표 14-1▐ 사업계획서의 주요 구성요소

주요 구성요소	세부 내용
기업 현황	자본금, 경영진/기술진 현황, 관리팀, 기업의 목적(미션, 비전 등)
제품/서비스	계획제품/서비스, 제품/서비스 개발계획
운영계획	직원 채용 및 계발 계획, 법적 요건/보험, 추진 스케줄
마케팅 관련 항목	환경 분석, 가격구조, 경쟁우위, 표적시장, 위치선정(판매시설의 경우는 상권분석), 유통채널, 제반 촉진계획, 향후 매출계획
생산 관련 항목	기술능력(특허권 포함), 생산계획, 생산능력, 제품단위당 원가, 품질관리, 원자재 수급
재무 관련 항목	소요자금 및 조달계획, 자금수지 예상표, 추정 재무제표

▌표 14-2▐ 성공적 창업을 위한 사업계획

순서	계획	세부사항	가중치
1	본인의 성격, 취미를 자가진단하라.	• 평생사업을 택하라. • 성격에 맞지 않으면 창의력이 생기지 않으며, 아이디어가 떠오르지 않는다. • 취미가 있어야 피곤하지 않다. • 평소에 관심가진 분야가 남보다 앞선 분야다.	10%
2	대분류로 본 업종을 정하라.	유통업, 제조업, 음식점, 서비스업 등 크게 나눈 업종을 하나 선택한다.	5%
3	고객이 되어 보라.	• 내가 손님이라면 무엇부터 찾을까? 무엇이 필요한지=고객 Needs 파악 • Target 고객을 정하라(학생, 직장인, 군인, 상인) • 고객층을 선택: 청소년, 신사, 숙녀, 노인층, 장년층 • Target 고객의 최근 수요 성향파악	40%
4	세부 특정업종 확정	• 창업 실행가능한 업종을 선택(해물칼국수, 아동도서, 숯불 통닭 등)	20%

		• 고객유치를 위한 품질 개발연구, 착수 • 인허가, 행정절차관계 파악(자격증 소유 등) • 고객유치방법(방문, 광고 등) 계획수립 • 체인가맹점 여부 등 • 벤치마킹, 실습 등	
5	영업지역 물색	고객이 가장 많은 지방, 지역을 정한다(예: 어구-항구지역, 문방구-학교밀집지역, 악세서리-젊은 여성층, 여고, 여대지역, 일반식당-대도시빌딩지역 등)	10%
6	특정장소 확정, 계획	• 최종적 영업장 위치확정=신촌 연대 앞, 숙명여대 앞, 의정부 중앙시장 시청 앞, 동두천 외인상가, 오락지구, APT • 가게물색: 위 특정지역 내 상가, 근린 등 • 복덕방, 인터넷, 지인, 광고 등 이용 • 유망한 장소는 높은 보증금을 염려할 필요가 없다.	10%
7	고객유치, 원재료 조달 손익분석	• 개업확정을 전제로 고객유치를 위한 광고(광고 중 최신 구전광고) • 원재료 조달상 애로점 파악 • 체인가맹점: 조건, 본사신용조사 • 예상매출 및 향후증가계획 • 손익분석(소상공인자금: 원리금 분할상환)	
8	자금계획 및 조달	• 적정 투자규모 • 시설공사, 구매, 부가서비스 시설 • 차입금 조달규모(정책지원자금 유리) • 투자규모 조정 • 자금조달 실행 • 본인 신용불량 규제 여부 확인	5%
9	행정절차, 종업원 수	• 허가사항(등록증), 자격증, 사업자등록(세무서), 기타 • 세무사 지정, 계약 • 종업원 연수(철저한 고객입장에서 Role Playing) 실시	
10	OPEN 계획	• 개업광고 • 초도상품, 원재료 구매 • 영업장 분위기, 청결상태 • 요금징수 방법 및 관리 • 카드이용점 가입	

4. 사업계획서의 종류

사업계획서는 요약 사업계획서(Summary plan), 자세한 사업계획서(Full business plan), 그리고 사업운영을 위한 사업계획서(Operational business plan)로 구분할 수 있다.

요약 사업계획서(Summary plan)는 기존 기업의 제품연구와 개발을 위한 추가자금 필요시 작성하게 된다. 보통 10-15 페이지 분량정도면 충분하다. 이는 신제품 개발 초기단계에서 운영규모가 적을 경우에 주로 사용한다.

자세한 사업계획서(Full business plan)는 회사의 운영과 앞으로의 계획이 잘 드러나도록 작성해야 한다. 보통 20-40 페이지정도의 분량이다. 이는 심도 있는 시장 분석, 3년에서 5년간의 예상 비용과 판매량, 자세한 연구개발 정보, 재무자료 등이 포함되어야 한다.

사업운영을 위한 사업계획서(Operational business plan)는 기존 기업의 최고 경영자들을 위한 안내서 역할을 한다. 보통 40-100페이지 정도의 분량이다. 이 사업계획서에는 세부적으로 개별 경영자들의 역할 이해 및 목표 달성을 위한 내용 등으로 구성된다.

제2절 사업계획서 작성 목적

일반적으로 사업계획서는 회사의 전망과 잠재력이 나타나 있는 문서라고 할 수 있다. 사업계획서를 작성함으로써 사업의 아이디어를 구체화하고, 새로운 프로젝트를 위한 자금 조달 방안 등을 운영계획 등을 마련한다. 사업계획서는 회사의 강점을 강조해야 할 뿐만 아니라 극복과제나 문제점에 대해서 솔직하게 표현하고 이와 관련한 애로사항을 어떻게 극복할지를 구체적으로 기술해야 한다. 목표를 수행하기 위해서 사업계획서에는 단기·장기적인 회사의 계획과 달성가능한 목표를 제시하는 것이 좋다. 사업계획서는 자금조달이나 전략적 제휴 등 작성목적에 따라 다양한 사업계획서가 있다.

1. 은행 자본 조달

가장 먼저 은행으로부터 대출을 받기 위해서 작성하는 사업계획서이다. 은행 자금을 확보하기 위해 작성하는 사업계획서는 무슨 목적으로 자금을 빌리고, 언제 이자율과 원금을 갚을 수 있는지에 대한 정확한 정보를 제시해야 한다. 대출을 받기 위해선 대출받으려는 기업은 과거와 현재의 재무제표나 대출현황, 기술력, 신용도 등에 대한 평가를 받아야 한다. 그러나 요즘에 와서는 사업계획서를 은행대출의 기본자료로 자주 사용한다.

2. 자금 조달 목적

개인 투자자들과 벤처캐피탈 회사들로부터 투자자금을 받기위해선 사업계획서를 제출해야한다. 은행의 대출과는 달리 투자자들은 주로 매우 높은 수익률을 얻을 수 있는지에 대한 가능성을 확인하고자 사업계획서를 요구한다. 자금을 조달하려는 벤처기업은 어떻게 투자 수익률을 실현할 것인지 그 방법을 알기 원하기 때문에 반드시 구체적인 사업계획서를 제시해야 한다.

3. 전략적 제휴

전략적 제휴를 위해서 주 기업은 협상을 진행하기 전에 제휴 대상기업의 사업계획서를 요구한다. 기존기업과 신생 기업 혹은 성장단계에 있는 기업들 사이에서 공동 연구, 제품 개발, 마케팅 등을 위한 전략적 제휴가 점차 증가하고 있는 추세이다. 기존 기업의 유통 경로와 풍부한 재무적 지원, 혁신적 아이디어를 공동 활용하기 위해 전략적 제휴를 원하는 기업은 자신의 사업계획서를 제시해야 전략적 제휴에 응할 것이다.

4. 인수 및 합병

인수나 합병을 하고자 할 때 인수·합병 대상기업의 상태를 파악하기 위해 사업계획서를 요구한다. 특히 많은 기업들이 성장과 기업규모 확장의 수단으로 인수 및 합병을 활용한다.

5. 고객 및 유통업자와 관계 증진

고객이나 유통업자들은 새로운 기업들과의 관계증진을 위해선 자신의 사업계획서를 제시함으로써 기업에 대한 의심을 없애고 상호 신뢰구축에 전기를 마련할 수 있다. 기업의 안정적인 창업과 성장을 위해서는 좋은 고객들을 확보하거나 주요 유통업자와 좋은 관계를 유지하는 것은 매우 중요한 경영전략이다.

제3절 사업계획서 작성과정과 단계별 유의사항

1. 사업계획서 작성과정

회사의 전망과 잠재력이 나타나 있는 문서라고 할 사업계획서의 작성 과정을 간단하게 소개하자면 다음 3가지로 나뉜다.

첫째, 비즈니스 모델에 대한 생생한 기획을 그대로 담아라. 이는 사업계획서에 자신의 사업 아이디어를 담는 단계로, 사업 아이템과 수익모델에 대한 이해가 필요한 부분이다. 물론, 이러한 이해는 본인뿐만 아니라 사업계획서를 읽는 상대방도 충분히 느끼고 충분한 매력을 느낄 수 있도록 생생한 기획을 담아야 한다.

둘째, 하고자 하는 사업이 무엇인지 한 문장으로 정리하라. 당신이 사업계획서를 통해 사업에 대하여 이야기하는 대상은 해당 사업에 대한 전문가가 아님을 명심해야 한다. 그리고 그들은 자신이 사업에 대해 이해하지 못할 때 자신을 탓하기보다는 당신에게 흥미를 잃게 된다.

초등학생들도 이해할 만큼 간단하게 어떤 사업을 할 것인지, 지금 고객과 시장에 왜 적합한 사업인지, 서비스는 어떻게 제공하며 어떻게 수익을 낼지를 정리하여 핵심을 담은 간단한 문장으로 상대방을 설득시켜야 한다.

셋째, 우리의 근거를 뒷받침할 증거자료를 준비하라. 사업의 성공을 위해서 필요한 것은 무엇보다 고객들의 선택이다. 그리고 고객들이 당신의 제품이나 서비스를 선택하는 이유가 곧 사업의 성장 가능성을 증명하는 부분이다. 하지만, 사업계획서를 작성하는 단계는 말 그대로 계획을 수립하는 고객들의 구체적인 반응을 확인하기 전 단계이며 오히려 예측할 수 없는 고객들을 예상하여 사업계획서를 보는 이들로 하여금 고객들이 당신의 사업을 선택할 수밖에 없다는 사실을 어필해야 한다. 이때, 상대방을 설득할 수 있는 것은 오로지 정확하고 객관적인 수치와 데이터 그리고 이를 기반으로 한 근거 있고 논리적인 분석 결과이다. 그렇기 때문에 당신의 사업에 대하여 힘을 더해줄 증거들을 반드시 찾아야한다.

사업계획서를 도대로 중소벤처기업부에서 실시하는 유망 창업아이템 및 고급기술을 보유한 초기창업기업을 대상으로 사업 안정화와 성장을 지원하는 『초기창업패키지』에 참여하는 것도 좋은 방안이다. 중소벤처기업부 주관 등 각종 창업지원프로그램에 참여해 자신의 사업아이템의 평가를 받는 것도 좋은 방안이다.

2. 사업계획서 작성단계별 유의사항

(1) 사업계획서 작성 준비 시 고려사항

1) 시장 중시

잠재적 투자자나 고객들은 기술의 우수성보다는 시장의 성장가능성 및 이익 잠재력에 대한 관심이 더 많다. 따라서 기술중시의 계획(technology-driven plan)보다는 시장중시의 계획(market-driven plan) 위주로 작성하는 것이 좋다. 이를 위해서는 다음과 같은 사항을 고려할 필요가 있다.

첫째, 고객이 얻을 수 있는 이익을 보여주어라. 보통 신제품 개발에 관한 사업계획서라면 투자자 회수기간이 1년 이내인 경우 히트 상품, 2년 이내인 경우 가능 상품, 3년 이상의 경우는 실패 상품으로 구분한다. 따라서 고객이 자신이 투자한 것을 언제 회수할 수 있는지, 이익은 어느 정도가 되는지를 중점적으로 보여주어야 한다.

둘째, 실제적인 구매 욕구를 증명하라. 사업계획서 작성 시 자사가 생산한 제품이나 서비스를 소비자들이 실제로 구매하려는 의도가 있음을 입증해야 한다. 사업계획서의 타당성을 높이는 방법으로 시제품의 사용경험을 첨부한다거나, 실험고객을 활용한 제품가치 평가에 관한 자료를 투자자에게 증거물로 제시하는 것도 좋다.

셋째, 자기주장을 논리적으로 기술하라. 시장에 관한 정보를 어느 정도 파악했다면 시장수요, 매출성장률, 이익성장률 등에 대해 논리적으로 타당성 있게 주장해야 한다. 이 때는 주장을 지지해 줄 객관적인 분석데이터를 사용하는 것이 바람직하다. 많은 기업가들이 다른 사람은 실패해도 나는 실패하지 않는다고 지나치게 낙관적으로 생각한다. 이러한 생각은 매우 위험한 것이다.

2) 투자자 요구 반영

투자자의 요구를 반영하기 위해서는 다음과 같은 내용이 제시되어야 한다.

첫째, 투자환수 시기를 사업계획서를 통해 알려주어야 한다. 투자자는 언제, 어떻게 투자환수를 할 것인지가 가장 큰 관심사이므로 투자환수 시기를 구체적으로 제시하는 것이 좋다.

둘째, 설득력 있는 손익 예측치를 보여주어야 한다. 보통 벤처캐피탈 회사들은 초기 목표치의 50%만 달성해도 성공적이라고 보고 있다. 따라서 약 5개년 예측치를 보여주되 주의할 것은 지나친 낙관은 하지 말라는 것이다.

셋째, 사업계획서에는 계수적 분석결과를 제시해야 한다. 투자수익률 등 재무지표를 제시하는 것이 바람직하다.

(2) 사업계획서 작성 시 기본 원칙

사업계획서 작성 내용에 앞서 사업계획서 작성의 기본원칙을 먼저 살펴보도록 한다.

첫째, 살아 있는 사업계획서가 되도록 지속적으로 업데이트를 해나가야 한다. 사업계획서는 한번 만들면 그만인 것이 아니라, 상황에 따라서 새로운 요소가 발견되면 그때그때 수정해야 한다. 그리고 계획 사업의 잠재적 문제점에 대해 항상 열린 마음으로 점검, 작성되어야 한다.

둘째, 사업계획서의 내용이 설득력 있고 자신감의 바탕으로 작성해야 한다. 창업자 자신이 가지고 있는 목표 아이디어를 제 3자에게 설득하고 납득시키는 것이 사업계획서 작성의 제 1의 목표이다.

셋째, 사업계획서의 내용은 정확하고 객관적이어야 한다. 자신감이 너무 지나쳐 자만심이 되거나 자신의 의견에 몰입되어 갇혀버린다면 사업계획서의 신뢰성에 큰 타격을 미칠 수 있다.

넷째, 사업의 핵심내용을 간단하고 알기 쉽게 작성되어야 한다. 남들과는 다른 자신의 아이디어의 핵심을 중점 부각시키고 기술적 내용일 경우라도 전문용어의 사용을 피해 투자자 및 관련 당사자가 알기 쉽게 작성되어야 한다.

다섯째, 마케팅계획 및 자금조달 운용계획 등 정확한 실현가능성을 확보해야 한다. 사업계획서 작성에 있어서 가정을 배제해야 한다. '이렇게 되면 자금조달은 순조로울 것이다.' 무엇이 어떻게 된다면 판매에는 아무 문제가 없을 것이다.'라는 식의 가정을 바탕으로 작성되어서는 안된다.

여섯째. 사업계획서는 전체적으로 논리적 통일성을 가지고 일관성이 있어야 한다. 또한 서술식이든 개조식이든 문체의 일관성도 갖추어야 한다. 사업계획서를 작성에 있어서 10가지 포인트를 정리하면 다음과 같다.

- 창업의 목적이 개인적인 이익을 추구하는 것이 아니고 공공의 이익을 위한 것이어야 한다.
- 사업 내용이 차별화되도록 노력한다. 특징이 없으면 성공할 수 없다.
- 틈새시장을 집중적으로 공격할 전략을 제시한다.
- 구체적인 숫자의 예측으로부터 사업이 성공할 것이라는 객관적인 자료를 보인다.
- 제품의 가격, 이윤, 판매량, 시장점유율 등을 예측할 때는 지나치게 낙관적인 자세로 임하지 않는다.
- 유능한 사람들이 모여 균형잡힌 경영진이 되도록 인력을 구성한다.
- 회사의 소요자본이나 운영비를 너무 적게 예측하지 않는다.
- 예상되는 경쟁관계를 과소평가하지 않는다.
- 일회용 히트 기술로는 회사가 지속될 수 없다. 지속적인 기술진보와 제품향상이 지속적으로 이루어질 수 있는 것이어야 한다.
- 투자자를 찾을 때는 어떤 형태의 투자자를 원하는지 명확히 정의하여야 한다.

(3) 사업계획서 작성 후 검토사항

사업계획서의 주요 작성 목적 중 하나는 투자유인이다. 사업계획서가 잘 작성되었는지를 검토하기 위한 하나의 방법은 '투자자들이 꺼려하는 사항'을 확인하여 보는 방법이다. 비교적 규모가 큰 벤처캐피탈은 1년에 500개에서 1,500개의 사업계획서를 받고 이 중 약 10%만 검토하고, 이 중에서 10%만을 골라 투자한다고 한다. 사업계획서 작성자는 투자자의 입장에서 그들이 어떤 사업계획서를 꺼려하는지 미리 파악하는 것이 중요하다.

첫째, 지나치게 두꺼운 사업계획서는 금물이다. 지나치게 두꺼운 분량은 검토해보기도 전에 부담감만 줄 수 있다. 최대한 목적에 맞게 간결하게 작성한다.

둘째, 공식적인 통로를 통해서 사업계획서가 전달되도록 하는 것이 좋다. 투자자들은 미리 통보 없이 전달된 사업계획서를 가장 읽기 싫어한다고 한다. 신뢰할 만한 법률가나 회계사 등을 통해서 소개받은 사업계획서를 선호하는 편이다.

셋째, 내용보다 형식에 너무 치우친 사업계획서는 피해야 한다. 내용보다는 화려한 겉장, 글자의 인쇄상태 등 외형에만 치우친 사업계획서는 거부감을 줄 수 있다. 지나치게 화려한 외형적인 사업계획서는 투자자들의 신뢰성을 오히려 저하시킨다.

넷째, 창업팀에 대한 설명이 없는 사업계획서는 핵심이 빠진 사업계획서이다. 투자자들이 사업계획서를 검토할 때 창업팀의 이력서를 가장 먼저 읽고 가장 비중이 있는 부분이다. 창업팀에 대한 팀의 이전 경력이나 팀이 가지는 장점 및 문제점까지도 상세하게 기록하는 것이 바람직하다.

제4절 사업계획서 작성 내용과 방법

사업계획서 작성의 내용과 방법에는 반드시 지켜야할 원칙이 있는 것은 아니다. 그러나 공통적으로 반드시 포함되어야 할 항목들이 있다. 다음은 일반적 사업계획서 작성내용을 중심으로 그 방법에 대해 설명하고자 한다.

1. 겉 표지

겉표지에는 회사의 이름, 주소(본점소재지, 전자메일(e-mail), 홈페이지 등), 전화번호, 작성기준 날짜, 진실성 서약 및 비밀보장, 서명 등을 기록한다. 회사의 이름, 주소, 전자메일, 홈페이지 주소, 전화번호, 날짜 등은 페이지 상단 중앙에, 진실성 서약 및 비밀보장 등의 내용은 페이지 하단에 작성하는 것이다. 일반적인 사업계획서 작성 목차는 〈표 14-3〉과 같다.

| 표 14-3 | 사업계획서 작성 목차

1. 요약
   전체 사업계획서에 대한 요약
2. 회사의 현황 및 산업분석
   (1) 회사 현황
   (2) 산업분석
      ① 산업특성
      ② 경쟁자
      ③ 전략
3. 제품 또는 서비스
   (1) 제품 또는 서비스에 대한 핵심적 설명
   (2) 제품 개발 관련 항목
   (3) 제조와 운영

(4) 품질관리와 서비스
(5) 규제와 법적 문제

4. 시장조사와 분석
   (1) 전반적인 시장상황 파악: 고객, 시장규모, 경쟁, 제품 수명주기
   (2) 시장조사

5. 마케팅 계획
   (1) 제품 및 서비스의 가격결정
   (2) 판매와 촉진: 판매방법, 판매지원, 광고 및 홍보

6. 생산계획

7. 조직계획
   (1) 핵심 경영진
   (2) 소유구조
   (3) 동업자, 주주, 기타 투자자의 신상명세서

8. 재무계획
   (1) 재무자료의 제시
   (2) 민감도 분석

9. 부록
   각종문서, 시장조사 자료, 계약관계 등에 관한 서류

2. 요약

사업계획서에서 가장 중요한 부분은 바로 요약(executive summary)이다. 이것은 사업계획서가 완성된 후에 작성하는 것이 바람직하며 총 길이는 3~4페이지 혹은 더 간결하게 작성할 경우는 1페이지로도 좋다.

벤처캐피탈을 포함한 투자와 관련된 이해 당사자는 이 요약을 보고 다음을 읽을 것인지 아닌지를 판단한다. 벤처캐피탈을 비롯한 투자전문가는 대부분 주어진 모든 서류를 읽을 시간이나 의지가 충분하지 않다. 따라서 요약 부분에서 그들을 끌어당길 포인트를 발견하지 못하면 다음 서류로 손이 가지 않을 것이다. 요약에서는 사업의 간략한 설명과 계획서의 핵심이 강조되어야 한다. 사업계획서를 읽는 사람이 요약에 흥미를 느낀다면 구체적으

로 설명된 뒷부분을 읽을 것이기 때문이다.

대부분의 투자자나 평가자들은 가장 먼저 확인하는 것은 창업팀이다. 창업하는 사람들이 어떤 사람이고 사업하려는 아이디어와 관련 어떤 일을 해왔으며 어떤 자격을 갖추었는지를 본다. 그리고 기술에 관한 부분, 시장성, 마케팅 전략, 투자자금의 회수가능성 등 경제성분석을 중점적으로 본다. 주로 요약은 사업계획서의 다음 〈표 14-4〉와 같은 핵심정보를 담고 있어야 한다.

❙표 14-4❙ 사업계획서 요약의 주요 내용

- 제품/서비스에 관한 간단한 설명(brief description)
- 성공을 위한 회사의 전략과 기회
- 시장분석과 예측
- 창업팀
- 재무자료 예측 (예) 5년 평균수익, 총수입 등
- 위험 및 경제성 분석

3. 회사의 현황 및 산업분석

일반적으로 회사의 현황과 미래를 예측하기 위해선 회사의 과거, 현재, 미래에 대한 자료를 제공해야 한다. 사업계획서는 투자자 등에게 중요한 정보와 방향을 제공하는 역할을 한다. 이 때 산업분석은 주로 전반적인 산업동향, 경쟁자 분석, 전략을 중심으로 이루어진다. 현재의 산업추세는 어떠한지, 경쟁자는 누구이며, 경쟁자의 강점과 약점은 무엇이며, 경쟁자가 시장에서 자신의 기업에게 얼마만큼의 영향을 미치는가에 대해서 밝힐 필요가 있다. 특히 경쟁자를 이기기 위한 경쟁전략의 제시와 실현가능성이 중요하다.

(1) 회사의 현황

회사 현황에서는 회사의 과거, 현재, 그리고 미래에 대해서 기술해야 한다. 먼저 회사의 과거 역사를 간략히 제시해야 한다. 회사 역사에는 언제 창업되었는가, 왜 창업하였는가, 창업부터 현재까지 어떤 일을 수행하였는가, 회사의 기본방침은 무엇인가 등에 관한 내용이다. 다음으로 회사의 현재 상황 설명이다. 현재 어떤 제품을 생산하고 판매하는지, 회사의 종업원의 수, 창업팀의 구성, 산업과 시장에서의 현재 위치는 어떠한지 등에 관한 회사 전반적인 상황과 방향에 대해 제시해 주어야 한다.

마지막으로 회사의 미래 상황에 대한 예상 및 기대를 기술해야 한다. 미래 자신이 속한 산업과 시장에서 어디에 위치해 있을지, 앞으로의 목표와 목적은 무엇인지를 제시한다. 회사의 미래 방향에 관하여 쓸 때 주의해야 할 점은 현재 상황과 과거에 대한 이해를 바탕으로 작성해야 한다는 것이다.

(2) 산업분석

창업팀이 아무리 유능하고 좋은 경험을 가지고 있다고 하더라도 생산하는 제품이나 서비스의 시장 전망이 좋지 않으면 좋은 성과를 얻기 어렵다. 특히 창업자들이 시장분석을 어떻게 하고 있느냐가 투자자의 주요 관심대상이다. 시장분석은 외부에 자문을 구하거나, 정부기관의 발표, 신문, 잡지, 서적, 인터넷 등을 활용해 구한 숫자로 된 구체적 자료를 수집하고 분석해야 한다.

첫째, 창업하고자 하는 산업에 대한 체계적인 분석을 통해 기업이 속해 있는 사업에 대한 현재 상태와 미래 전망을 제시해야 한다. 세부적으로는 시장 규모, 성장추이, 신제품 출시현황과 개발현황, 시장과 고객, 새로운 진입 및 퇴출기업, 국내의 경제상황 등에 관한 내용을 설명하여야 한다.

둘째, 경쟁자에 대한 분석 내용을 포함하여야 한다. 어떤 산업은 경쟁이 이미 치열하거나 경쟁자가 너무 강력해 승산이 없는 분야일 수도 있다. 기본적으로 동업계 현황 및 경쟁제품과 장·단점 비교, 진출하고자 하는 업계의 경쟁강도를 분석해야 한다. 특히, 창업 후 제품이 히트할 경우 대기업이 뛰어들 가능성은 얼마나 있는가? 기존 경쟁자들 사이에 끼어들기 위해 또는 새로운 경쟁자가 나타났을 때, 경쟁자보다 우위에 서기 위해 가지고 있는 '색다른 무엇'을 가지고 있는가? 등에 대한 점검이 필요하다. 실제로 수많은 경쟁자와 소비자들이 어떻게 움직일지 정확히 예측한다는 것은 어렵다. 그렇지만 항상 시장 동향과 신기술 동향파악이 중요하다는 것이다.

셋째, 어떻게 이익을 극대화하여 창업을 성공적으로 이루어 낼 것인지와 관련된 경영전략을 제시해야 한다. 기업이 속한 산업 내에서의 과거와 현재 상황을 파악하고 미래를 전망함과 동시에 제시하여야 할 부분이 전략이다. 전략은 변화하는 환경에 나가야 할 회사방향을 구체적으로 나타낸 지침이라고 할 수 있으며, 마케팅, 생산, 판매 등 구체적인 부분까지도 포함해야 한다. 또한 종업원 이직, 품질관리와 같은 구체적인 이슈와 관련된 회사의 방향과 경영방침 등을 보여주는 것이 좋다.

4. 제품 및 서비스

사업계획서 상에는 제품이나 서비스가 무엇인지 그리고 생산을 위해서는 무엇이 필요한지를 구체적으로 설명하여 투자자나 잠재적인 후원자에게 우리의 제품과 서비스의 우수성을 충분하게 이해할 수 있도록 제공해야 한다. 제품이나 서비스를 설명하는데 있어서 가장 중요한 것은 비전문가가 읽더라도 쉽게 이해할 수 있도록 제품이나 서비스를 설명하는 것이 무엇보다 중요하다. 그리고 기술의 핵심내용을 그 분야에 대해 잘 모르는 사람이 읽더라도 이해할 수 있도록 쉽게 설명하고 아이디어 선정과정 및 기술현황, 사업화 가능성 및 전망 그리고 향후 R&D 투자계획의 개발목표, 개발인력 구성, 개발소요자금, 개발 일정 등으로 설명한다. 또 품질관리를 위한 관리와 통제 및 결점을 보완하거나 고객요구를 어떻게 반영하여 운영할 것인지를 나타내는 것도 좋다. 대부분의 경영자들은 고품질의 제품임을 강조하지만, 예상되는 문제점, 예상비용까지 제시함으로써 투자자에게 신뢰감을 주어야 한다. 예를 들어 신기술을 적용한 제품을 생산할 예정이라면 그 신기술 적용 시 취할 수 있는 장점 뿐 만 아니라 문제점까지도 솔직히 기술하면 더 좋을 수도 있다.

만약 제품의 원형(prototype)이나 모델(model)을 이미 만들었다면, 제품의 사진을 포함시키는 것이 좋다. 만약 제품을 만들어 놓지 않았다면 설계도나 개념적 그림(conceptual diagram), 샘플을 함께 첨부하는 것이 좋다.

5. 시장 조사와 분석

아무리 훌륭한 아이디어를 가지고 좋은 제품을 만들었다고 할지라도 제품을 팔기 위한 시장이 존재하지 않다면 결국 그 아이디어와 제품은 가치가 없게 된다. 결국 시장 조사와 분석은 사업계획서의 가장 중요한 부분으로서 잠재적인 투자자들이 중요시하는 자료이다.

사업계획서를 통해서 투자자들에게 제품이나 서비스를 팔 수 있는 잠재적인 시장의 존재를 확인시키고 회사에 영향을 줄 수 있는 요인들을 미리 파악하고 있어야 한다. 시장 조사와 분석은 가장 시일이 오래 걸리며, 준비하기에 어려운 부분이기도하다. 왜냐하면 사업계획서의 다른 여러 부분들이 시장조사와 분석에 바탕을 두고 있기 때문이다. 예를 들어서 매출예상액 수준은 시장조사와 분석을 통해서만이 추정될 수 있으며, 제조규모의 파악이나 마케팅 계획, 부채와 자기자본의 비중 등은 모두 시장조사를 근간으로 한다.

시장조사와 분석에는 다음과 같은 항목들을 포함해야 한다.

(1) 전반적인 시장상황 파악

1) 고객

자신의 제품이나 서비스를 구매할 고객이 누구인가를 파악해야 한다. 잠재적인 고객들은 상대적으로 동질적인 집단으로 구분하여 파악하는 것이 분석을 위해 좋은 방법이다. 고객파악을 위해 다음 질문에 대답하여야 한다.

첫째, 제품이나 서비스의 주요 구매자들은 누구이며 어디에 거주하는가?

둘째, 고객들이 쉽게 접근할 수 있는 곳은 어디인가?

셋째, 고객은 어떤 방식으로 구매할 것으로 예상하고 있으며, 구체적인 구매과정은 어떠한가?

2) 시장규모

시장규모를 파악하기 위해서 현재 전체 시장의 규모에 대한 5년 간의 자료, 현재의 시장점유율, 잠재적인 수익률을 추정해야 한다. 또한 시장성장에 영향을 미칠 수 있는 요소(예: 산업추세, 사회경제적 추세, 정부정책, 인구의 이동 등)들을 파악하고 시장에서의 변화 추이를 검토하여야 한다.

3) 경쟁

창업자나 경영진들은 주로 '경쟁상황은 어떠한가?'라는 질문에 소홀한 경향이 있다. 주요 경쟁자들의 목록을 직접 리스트로 작성하고 강점과 약점을 평가해야 한다. 간결하고 솔직한 경쟁자 평가는 사업계획서의 신뢰도를 높여 준다. 잠재적인 투자자들에게 경쟁자들이 있음을 인정한 후에, 경쟁제품에 비해 자사의 제품이 잘 팔릴 수 있다는 확신을 주는 것이 효과적이다.

4) 제품의 수명주기

제품이나 서비스가 제품수명주기 상에서 성장단계인지, 성숙기인지 혹은 쇠퇴기에 있는지 나타낼 필요가 있다. 일반적으로 투자자들은 급속한 성장을 보여주고 있는 시장에 관심이 많다. 그러나 성장기라고 반드시 좋은 것만은 아니며 쇠퇴기의 시장일지라도 새로운 제품의 출현에 대한 기회가 많다고 인식할 수 있다. 제품수명주기상의 단계는 위험을 평가하는데 결정적인 고려요인이므로 사업계획서에서 반드시 설명되어져야 한다.

(2) 시장조사

시장 분석을 위한 자세한 정보는 시장조사(market research)로부터 나온다. 시장조사란 각종 통계기법을 활용한 학술적인 연구뿐만 아니라 정부나 산업관련 통계치 등의 유용한 자료의 수집을 포함한다. 시장조사 관련 주요 내용은 다음과 같다.

- 구매자들의 제품이나 서비스에 대한 느낌
- 구매자가 선호하는 것과 선호하는 않는 것
- 소비자의 구매 방법(다양한 조건과 다른 가격 하에서): 인터뷰나 설문작성의 방법이 많이 사용되며 기존 기업의 경우는 시장조사를 위해 고객과 직접 접촉하는 것이 바람직하다.

6. 마케팅 계획

마케팅 계획은 사업화하려는 제품이나 서비스를 마케팅 4P 측면을 모두 고려하여 효과적인 마케팅 전략을 수립해 실행해 사업의 목표를 달성할 수 있도록 해야한다. 먼저 제품이나 서비스에 대한 가격을 결정해야 한다. 가격결정 시, 자사의 가격정책과 주요 경쟁자의 가격을 비교·설명한다. 그리고 설정한 가격으로 판매했을 때 유통과 판매, 보증, 훈련, 서비스 등에서 발생하는 비용을 충당할 만큼 충분한 것인지에 대해서도 설명한다. 그리고 어떤 유통경로를 사용할 것인지와 판매촉진 방법은 무엇으로 할지를 결정하는 것이다. 창업기업의 수익을 예측하기 위해서는 마케팅 계획에서 결정되는 가격, 유통, 판매촉진 등에 관한 항목이 큰 영향을 미치게 되므로 이 부분이 잠재적 투자자들의 주요 관심사가 된다.

7. 생산계획

만약 창업기업이 제조업이라면 생산계획 안에는 가능한 제조공정을 처음부터 끝까지 제시해 주는 것이 바람직하다. 그리고 제조공정 중에서 하청업체에 의해 일부의 공정이 이루어진다면 하청업체와의 계약조건, 업체선정 이유 등 비교적 자세하게 하청업체와의 관련 사항을 설명하는 것이 좋다.

제조공정 중 전체나 일부분이 창업기업에 의해서 이루어진다면 제조를 하기 위해 필요한 공장, 기계, 설비에 관한 내용을 설명하고 원자재 공급자의 이름, 주소, 거래기간, 비용, 앞으로 필요로 하는 장비 등을 자세히 기록하는 것이 좋다.

8. 조직계획

조직계획은 기업의 형태를 설명하는 것부터 시작해야한다. 즉 개인기업인지, 합자·합명회사인지, 주식회사인지를 결정하고, 핵심 경영진이 누구인지, 조직 내의 권한이 어디에 있는지를 나타내는 조직도를 제시해야 한다. 투자자들의 이해를 돕기 위해서 누가 조직을 통제하고 구성원들이 경영활동을 수행하는 데 어떻게 상호작용을 하는지에 관한 정보를 제공할 필요가 있다. 조직계획에서 무엇보다도 중요한 것은 창업팀에 관한 것이다. 창업팀 구성원들의 경험, 지식, 재능, 성실성 등이 투자결정 판단에 영향을 미치는 핵심

사항이다.

벤처자본가의 세계에서는 사람을 보고 투자 한다고 한다. 아무리 사업 아이디어가 좋고 시장전망이 좋아도 그 사업을 시작하고 굴러가게 하는 것은 결국 사람이기 때문이다. 창업 관련 기술개발자와 재무관리자, 영업담당자, 생산현장에서 감독할 사람 등 각 분야에 대해 어떤 경험과 지식을 쌓아왔는지 밝히는 것이 좋다. 대부분의 벤처창업이 그런 것처럼 각 분야의 모든 사람을 확보하고 출발하지 못했다면, 언제 어떤 자격을 가진 사람을 확보할 예정이며 그동안 투자한 사람은 누구이고 얼마씩 몇 차례(라운드) 투자했는가? 등에 대해 언급하는 것이 좋다.

9. 재무계획

재무계획은 마케팅, 생산, 조직계획과 더불어 사업계획서에서 매우 중요한 부분이다. 일반적으로 재무계획에는 예상 판매액, 소요비용, 매년의 현금흐름과 추정재무제표 등이 나타나 있어야 한다. 이것들은 최소한 사업 시작 후 3년 동안의 내용을 반영하는 것이 바람직하다. 투자자금의 유치가 재무계획의 가장 큰 목적이라고 한다면, 이 때 투자자금의 유치를 위해서 고려해야 할 부분은 다음과 같다.

- 자금용도의 일관성 유지: 투자재원을 지원 받게 되면 어느 부분에 집중적으로 사용하게 될 것인지를 설명해야 한다.
- 자금의 여유분 고려: 필요한 자금의 설정 시 현금 흐름상에 약간의 편차가 있을 수 있음을 명시해야 한다.
- 회사의 자본구조와 자금운영의 효과: 기존 기업이라면 회사의 자본구조를 설명하고 그 사업을 계획하기 위해서 어떻게 자금을 운영하고 그 효과는 무엇인지를 설명해야 한다. 만약 새로 창업하는 경우라면 어떻게

자금원을 확보할 것이며 주주들은 누구인지를 기술해야 한다.

- 추가적인 자금원 확보에 대한 계획: 벤처캐피탈 외에도 신용으로 자금을 확보할 수 있는 은행과의 단기간 자금융통 사항에 대해서도 기재한다.
- 미래의 자금 요구: 앞으로의 프로젝트와 계속 필요한 자금의 양에 대해서 제시한다.

CHAPTER

15

창업지원기관과 사회적 기업 창업

제1절 창업지원기관 및 제도

창업기업의 활성화를 지원하기 위해 중소벤처기업부 등에선 창업지원자금, 기술개발지원 등 다양한 창업지원제도를 통해 창업을 돕고 있다. 창업지원제도는 창업지원기관에 따라 지원자격이나 정책자금의 지원성격, 금리 등이 너무나 다양하다. 따라서 성공적인 창업을 위해선 창업지원제도를 잘 활용하는 것이 매우 중요하다.

1. 창업지원기관

우리나라의 창업지원 및 정책추진 기관에는 중소벤처기업부와 중소벤처기업진흥공단, 소상공인시장진흥공단, 신용보증기금, 기술신용보증기금, 창업진흥원, 중소기업기술정보진흥원, 금융기관 등과 대학 및 협회, 조합 등이 있다.

정부는 정책자금으로 창업자들에게는 '창업지원금', 중소벤처기업들에게는 '기술개발지원금'이라는 이름으로 '정부지원금'을 지원한다. 창업지원금은 창업자가 가지고 있는 간단한 아이디어나 완성도 있는 사업아이템이 비즈니스로 연결될 수 있도록 도와주는 자금이다. 반면 기술개발지원금은 신기술, 신제품 및 공정혁신 등의 기술개발 비용부담에 어려움을 겪는 중소벤처기업들을 지원하여 기술경쟁력을 향상시키고 상품화를 하는데 도움을 주고자 하는 자금이다. 정부는 매년 십수조원의 예산을 편성하여 예비창업자, 창업자, 1년 이내의 창업초기기업, 중소벤처기업에 꾸준히 지원하고 하고 있다.

정부가 창업자나 중소기업을 지원하는 시스템은 크게 두 가지로 나눌 수 있다. 첫 번째는 창업자나 중소기업들에게 정책자금을 직접 대출하거나 무상지원해주는 시스템이다. 두 번째는 자금이 필요한 창업자나 중소기업들이 은행 대출 등을 이용할 수 있도록 신용보증이나 기술보증을 서주는 시스템이다.

정책자금은 각 기관마다 지원대상과 지원금액, 금리 등이 조금씩 차이가 있다. 따라서 창업자들은 지원목적에 부합되는 창업지원기관을 선택하여 지원을 받는 것이 중요하다. 특히 창업지원기관의 주요 지원내용 및 지원시기 등을 미리 확인하고 파악해 놓을 필요가 있다.

여기에서는 창업 관련 정책을 총괄하는 중소벤처기업부와 대표적인 창업지원기관인 중소벤처기업진흥공단과 소상공인시장진흥공단, 기술신용보증기금 등의 창업과 자금지원업무 등의 내용을 살펴보도록 하자.

(1) 중소벤처기업부

중소벤처기업부는 중소 및 중견기업, 벤처기업에 관한 정부의 정책개발과 예산집행 등을 총괄하는 행정부서이다. 이 곳에서는. 체계적이고 효율적인 중소기업지원체계를 구축하고 중소기업의 경쟁력을 높이기 위해 중소기업 정책의 기획·종합, 중소기업의 보호·육성, 창업·벤처기업의 지원, 대·중소기업 간 협력 및 소상공인에 대한 보호·지원에 관한 사무를 담당한다.

1) 예비창업패키지

- 지원 자격요건 완화 및 수혜 대상 연령을 확대(기존 39세 이하)하여, 높은 기술·경력을 보유한 중장년 퇴직인력의 기술 창업을 촉진하고자 함. (기존) 창업 경험이 없는 자 → (변경) 현재 창업을 하지 않은 자
- 차세대 반도체, AI 등 특화분야를 20개('19. 17개)로 확대하고, 미래 유망분야 예비창업자 600명('19. 500개) 지원함.

2) 창업도약패키지

- 구글과 협업한 ‘창구 프로그램’ 성공모델을 토대로, 제조·유통·물류 등도 글로벌 기업과 연계한 스케일업 플랫폼을 확대함.
  - 중기부의 ‘창’업도약패키지와 구글의 ‘구’글플레이가 협력하여, 도약기(창업 3～7년 이내) 게임·앱 창업기업의 콘텐츠 고도화와 목표 시장 진출을 동시에 지원하는 프로그램
  - (구글) 앱·게임, (MS) 제조·스마트팩토리 등, (아마존) 유통·물류·커머스 등

3) TIPS 프로그램

- 민간이 선별·투자하면 정부가 후속 지원하는 ‘TIPS 프로그램’을 세분화(Pre-TIPS → TIPS → Post-TIPS) 하여 스케일업 지원체계를 강화함.
  - Pre-TIPS: 1천만 원 이상 엔젤투자를 유치한 초기 창업기업에 사업화 자금 지원(최대 1억 원, 1년)
  - TIPS: TIPS 운영사가 1～2억 원 내외 先 투자한 기업에 R&D, 사업화 자금 등 지원(최대 7억 원, 3년)
  - Post-TIPS: 10억 원 이상 후속 투자를 유치한 팁스 성공기업에 사업화 자금 지원(최대 5억 원, 2년): 사업별 연계 강화를 위해 Pre-TIPS 성공기업의 TIPS 지원 시 가점(1점)을 부여하고, Pre-TIPS의 최종 평가에 TIPS 운영사가 참여하여 투자유치 기회를 제공함.
  - TIPS 운영사: 엔젤투자, 초기 VC(Venture Capital) 등으로 구성되어 민간투자, 멘토링, 보육 등 지원(56개사)

4) 사내벤처 육성

- 분사창업기업 사업 아이템의 상품성과 시장성에 대한 검증을 통해 시장

에서 성공하기 위한 최종 사업화를 실증 지원. ('20. 시범)

– 사업화(1년, 최대 1억 원), R&D(2년, 최대 4억 원) + 사업화 실증(최대 2억 원)

5) 창업기업지원서비스 바우처

- 세무·회계 지원범위를 '복식부기 장부'에서 '간편 장부'까지 확대하고, 번거로운 '표준재무제표증명서' 대신 '확인서' 등으로 대체함.
- 청년 일자리 대책('18.3)으로 시작된 사업이나, 40대 중장년의 높은 창업 수요를 감안, 1,000개사 내외 시범 지원함.
  – '18년 창업기업 실태조사('19.3) 40대 창업자 비중 32.9%(30 대 14.3%)
- ('19) 연간 4회에 걸쳐 공고·지원을('20) 연초 일괄 모집 공고 변경.
  – 연초 일괄지원 후 잔여예산 발생 시 하반기 집행

6) 청년창업사관학교

- 지역별 특화업종을 고려하여 업종별 제조창업자 양성기능을 강화하고, 글로벌 진출 강화를 위한 글로벌 창업사관학교를 신설합니다.
  – (충북) 바이오, (광주) 친환경 자동차, (대구) 자율주행차, (전북) 탄소소재부품 등
  – 제조업 선발 비중(%): ('18) 60.3 → ('19) 71.2 → ('20) 80

7) 로컬 크리에이터 바우처 지원

- 지역의 특성에 혁신적인 비즈니스 모델을 접목하여 새로운 가치를 창출하는 로컬 크리에이터(140명, 최대 3천만 원)를 발굴·육성함.
  – 지역을 기반으로 디자인, 미디어, 엔터테인먼트, 소셜벤처, 문화기획

등 혁신적인 비즈니스 모델을 추구하는 스타트업

8) 혁신분야 창업패키지

- BIG3(시스템반도체, 바이오헬스, 미래차 등) 신산업 분야 기업을 대상으로, 전주기 맞춤형 기술창업 지원. (250개사, 150백만 원 내외)
- 소재·부품·장비 분야 산업의 기술 자립도 제고를 위한 유망 스타트업을 발굴·육성. (혁신창업 패키지 내 50억 신설, 5년간 100개 기업 발굴)

중소벤처기업부는 2021년에도 창업 열기를 지속 확산하기 위해 대기업-글로벌 기업과 스타트업간의 연계 지원 강화, 비대면, 친환경 등 신산업 분야 스타트업 육성 등을 중점적으로 지원하고 있다.

중소벤처기업부의 2021년도 창업지원사업의 주요 변경사항은 다음과 같다.

① 대기업과 스타트업간의 협력을 강화하기 위한 '대-스타 해결사 플랫폼' 사업은 출제기관을 대기업뿐만 아니라 선배벤처, 글로벌 기업, 공공기관 등 다양한 주체로 확대하고, 문제를 해결하고 협업하는 스타트업에는 사업화 자금(1억원)과 기술개발(최대 4억원), 기술보증(최대 20억원)을 연계 지원한다.

② 구글, 마이크로소프트, 아마존, 엔비디아, 다쏘 등 글로벌기업과 협업해 모바일앱·인공지능 분야 등 200개사 스타트업의 사업화 자금(평균 1.5억원)을 지원하는 '글로벌 기업 협업 프로그램'은 기존에 프로그램별로 달리 적용되던 지원 가능 업력 제한을 7년 이내 창업기업으로 통일함으로써 혼란을 줄이고 프로그램 참여 가능 대상자를 확대했다.

* 프로그램별 지원기업 업력제한: ('20)창구(~7년), 엔업·정글·마중(3~7년), 다온다(~3년) → ('21) 모든 프로그램의 업력제한을 7년 이내 창업기업으로 통일

③ 코로나19 대응을 위해 지난해 시범사업으로 운영했던 '비대면 유망 스타트업 육성사업'은 전용예산 확보를 통해 주요 비대면(untact) 분야·스타트업의 시제품 제작, 마케팅 등 사업화를 지원(200개사 평균 1.5억원)하고, 보건복지부·교육부 등 중앙부처와의 협업방식을 더욱 강화한다.

* 의료, 교육, 온라인 식품, 물류, 콘텐츠, 기술기반 등

④ 예비(창업이전), 초기(3년이내), 도약(3~7년차) 등 창업기업의 성장단계별 맞춤형 지원체계를 지속적으로 강화하는 한편, 친환경·에너지 등 그린뉴딜과 관련한 분야를 특화 분야로 신설(예비)하고, 대기업과의 협업을 통해 제조·정보통신(ICT) 분야 도약기 창업기업의 제품·서비스 개발, 투자, 판로개척, 해외진출 등 성장을 지원(도약)한다.

* '21년 예산: 예비패키지(1,002억원), 초기패키지(1,002억원), 도약패키지(1,020억원)

⑤ 창업 3년 이내 청년창업기업을 대상으로 세무·회계, 기술임치 비용을 바우처 형태로 지원하는 '창업기업 지원 서비스 바우처 사업'은 비대

면 시대를 맞아 민간의 온라인 세무회계 프로그램을 자유롭게 구입해 이용이 가능하다.

2. 중소벤처기업진흥공단

중소벤처기업진흥공단은 전국에 24개의 지역본부를 두고 창업자금지원을 주요 업무로 하고 있다. 창업자금 지원의 경우 창업기업지원, 일자리창출촉진, 청년 전용 창업, 재창업, 미래기술육성, 고성장 촉진, 사업전환 등에 필요한 정책자금을 지원하고 있다.

중소벤처기업진흥공단은 신청대상을 창업기반지원, 일자리창출촉진, 미래기술육성, 고성장촉진, 개발기술사업화 자금으로 구분해 지원한다. 다음은 2021년도 중소벤처기업진흥공단 대상별 모집내용이다.

먼저 창업기반지원은 업력 7년 미만인 중소기업 또는 중소기업을 창업하는 자로 단, 「중소기업창업지원법」 제2조에 따른 창업자에 한한다. 업력은 사업개시일로부터 정책자금 융자신청서 제출일까지의 기간으로 산정한다. 여기에는 청년전용창업자금과 시니어기술창업지원자금, 비대면분야 창업자금으로 나눠진다. 청년전용창업자금은 대표자가 만 39세 이하로서, 업력 3년 미만인 중소기업 또는 중소기업을 창업하는 자로 '창업성공패키지지원' 유형의 경우 대표자가 만 39세 이하로서, 업력 7년 미만인 중소기업 대상이다. 시니어기술창업지원자금은 대표자가 대기업·중견기업·정부출연연구소 경력보유자, 기술사, 이공계 석·박사 학위 보유자로서, 업력 7년 미만인 중소기업 또는 중소기업을 창업하는 자가 대상이다. 비대면분야 창업자금은 비대면 분야를 영위하는 업력 7년 미만인 중소기업 또는 중소기업을 창업하는 자가 대상이다.

일자리창출촉진지원은 일자리 창출, 일자리 유지, 인재육성으로 나눠진다. 일자리창출촉진은 다음 유형에 해당하는 업력 7년 미만인 중소기업 또는 중소기업을 창업하는 자가 대상이다. 단, 「중소기업창업지원법」 제2조에 따른 창업자에 한한다. 일자리 창출은 3년 연속 일자리 증가 기업이나 기업인력애로센터를 통한 인력 채용기업, 최근 1년 이내 청년 근로자 고용기업, 청년 근로자 30% 이상 고용기업, 청년 추가고용 장려금 지원사업 참여기업이 대상이다. 일자리 유지는 내일채움공제 가입기업이나 청년 내일채움공제 가입기업, 좋은 일자리 강소기업, 청년친화 강소기업, 일자리 안정자금 수급기업에 한한다. 인재육성분야는 인재육성형 사업 선정기업, 미래 성과공유제 도입기업, 중소기업 특성화고 인력양성사업 참여기업, 중소기업 계약학과 참여기업, 선취업 후학습 우수 인증기업, 시·도교육청 추천 우수 선도기업, 근로시간 조기단축 기업 등이다.

미래육성지원은 혁신성장분야를 영위하는 기업으로 업력이 3년 이상 10년 미만인 중소기업이 가능하다.

고성장촉진지원은 다음 유형에 해당하는 상시근로자 10인 이상인 기업으로 업력이 3년 이상 10년 미만인 중소기업으로 최근 3년간 매출액이 연평균 20%이상 증가한 기업(지방 소재기업은 15%)이나 최근 3년간 고용이 매년 연속하여 증가한 기업, 최근 3년간 연평균 수출이 10%이상 증가한 기업(직전년도 수출실적 100만불 이상), 혁신기업 중 성장성(전년대비 매출액 또는 영업이익이 10% 이상 증가) 우수 기업이어야 한다.

여기서 혁신기업은 기술혁신형 중소기업(Inno-Biz), 경영혁신형 중소기업(Main-Biz), 신기술(NET·NEP) 인증기업, 정부 창업양성 사업(TIPS, 청년창업사관학교) 졸업기업을 말한다.

기술개발사업화지원은 다음에 해당하는 기술을 사업화하고자 하는 중소기업이어야 한다. 단, 제품 양산 후 3년이 경과한 기술은 제외한다. ① 중소벤처기업부, 산업통상자원부 등 정부 또는 지자체 출연 연구개발사업에 참여하여 기술개발에 성공(완료)한 기술 ② 특허, 실용신안 또는 저작권 등록기술 ③ 정부 및 정부 공인기관이 인증한 기술, 신기술(NET), 전력신기술,

건설신기술, 녹색기술인증, 공공기관 통합기술마켓 인증 등 ④ 국내·외의 대학, 연구기관, 기업, 기술거래기관 등으로부터 이전 받은 기술 ⑤ 「기술의 이전 및 사업화 촉진에 관한 법률」에 따른 기술평가기관으로부터 기술평가인증을 받은 기술 ⑥ 공인 기업부설연구소 및 연구개발전담부서 보유기업이 개발한 기술 ⑦ 중소벤처기업부가 인가한 기관과 기술자료 임치계약을 체결한 기술 ⑧ 특허청의 IP-R&D 전략지원 사업에 참여하여 개발을 완료한 기술 ⑨ Inno-Biz, Main-Biz, 벤처기업, 지식재산경영인증 기업 보유기업의 자체 기술 ⑩ 크라우드펀딩 투자 유치 기업(1억원 이상)의 자체 기술

3. 소상공인시장진흥공단

소상공인시장진흥공단은 소상공인 육성 전문기관으로, 창업 교육, 컨설팅, 전통시장 활성화, 정책자금, 아이디어 공모 등을 주요 업무로 하고 있다. 컨설팅의 경우 창업컨설팅과 업종전환 컨설팅 등을 지원해주고 있다. 교육은 창업교육, 경영개선교육, e러닝교육 등을 실시하고 있다.

소상공인시장진흥공단에서 지원하는 정책자금의 종류는 크게 나눠보면 "직접대출과 대리대출 두 가지이다. 직접대출은 소상공인시장진흥공단에서 직접 신청을 받고, 심사를 거쳐 융자 결정이 나면 소상공인시장진흥공단에서 직접 사업주에게 대출을 실행하는 것을 말한다. 대리대출은 소상공인시장진흥공단에 해당 자금 신청을 하면, 소상공인시장진흥공단에서는 정책자금 지원대상 확인서를 발급해 주고, 확인서를 발급받은 사업주는 ① 직접 은행에 가서 자금을 신청하거나, ② 담보를 설정하고 대출을 받거나, ③ 보증기관을 통한 보증서를 발급받은 후 대출을 신청하거나 하는 3가지 방법으로 대출실행하게 되는 것을 말한다. 물론 대리대출 시 보증서를 발행하게 되면 해당 보증기관에 따른 보증료를 먼저 납입해야한다. 이런 직접대출과

대리대출 방식은 중소벤처기업진흥공단(중진공) 정책자금 신청에도 동일하다.

여기서 "소상공인"이란 「중소기업기본법」 제2조 제2항에 따른 소기업(小企業) 중 다음의 요건을 모두 갖춘 자를 말한다(「소상공인 보호 및 지원에 관한 법률」 제2조, 「소상공인 기본법」 제2조 제1항 및 「소상공인 기본법 시행령」 제3조 제1항).

① 상시 근로자 수가 10명 미만일 것
② 업종별 상시 근로자 수 등이 다음의 어느 하나에 해당할 것
③ 광업·제조업·건설업 및 운수업: 10명 미만
④ 광업·제조업·건설업 및 운수업 외의 업종: 5명 미만

소상공인정책자금 등의 지원과 자금정책 등은 소상공인시장진흥공단 홈페이지에 들어가면 각 정책프로그램별로 자신에게 맞는 수많은 정책자금 등 각종 정보들을 얻을 수 있다.

제2절 사회적 기업의 창업

1. 사회적 기업의 개념

사회적 기업(社會的企業, Social Enterprise, Social Economy, Social Venture)은 비영리조직과 영리조직의 중간 형태로 사회적 목적을 추구하면서, 영업활동을 수행하는 기업이다. 즉, 취약계층에게 사회서비스 또는 일자리를 제공하여 지역주민의 삶의 질을 높이는 것과 같은 사회적 목적을 추구하면서 재화 및 서비스의 생산·판매 등 영업활동을 하는 기업을 말한다. 사회적 기

업은 영리기업과 달리 취약계층에게 지속적인 일자리와 사회서비스를 제공하는 사회적 목적을 추구하는 동시에 수익을 창출하는 새로운 형태의 기업으로 분명한 것은 자선단체나 NGO가 아니고 기업(企業)이다. 일반적인 영리기업은 주주나 소유자를 위한 이윤극대화를 추구하는 데 비해 사회적 기업은 우선적으로 사회적 목적을 추구하면서 이를 위해 이윤을 사업 또는 지역공동체에 다시 투자하고 사회서비스의 제공 및 취약계층의 일자리 창출을 목적으로 한다는 점에서 영리기업과는 차이가 있다. 이러한 사회적 기업은 일시적 이벤트성 사회적 기부활동을 생산적인 방향으로 전환하는 방안을 모색하던 기업과 심각한 취업난에 놓인 국민 그리고 사회서비스에 대한 수요를 감당해야 할 정부의 현실적인 필요에 의해 단기, 저임금 정부재정 일자리로 부족한 사회서비스에 대응하고 지속가능한 일자리로 전환시킬 수 있는 사회적 기업이 등장하게 되었다.

2. 사회적 기업의 유형

사회적 기업은 그 사업의 형태에 따라 아래 5가지 사회적 목적 유형으로 구분된다.

① 사회서비스 제공형: 취약계층 30% 이상에게 서비스 제공
② 일자리 제공형: 고용 취약계층 30% 이상
③ 혼합형: 취약계층 고용·서비스 제공 비율 각각 20% 이상
④ 지역사회공헌형: 지역사회 문제 해결에 기여
⑤ 기타형(창의·혁신형): 새로운 방식으로 사회적 가치를 실현

사회적 기업의 경영활동은 사회서비스 제공 내지는 사회적 운동과는 차별성이 있어야 한다. 취약계층을 고용하는 직접효과를 목표로 하든지 사업

활동으로 유발되는 간접적 고용창출 효과를 목적으로 하든지 사회 기술형 제품이나 사회서비스 공급을 주로 하든지 간에 중요한 것은 가시적이고 실천적인 변화를 지속 가능하게 만들어 낼 수 있느냐 여부에 달려 있다.

3. 사회적 기업의 역할

사회적 기업은 사회적 경제에 의한 새로운 기업형태로서 이윤을 추구하는 '기업의 특성'과 공공성을 우선시하는 '사회적 특성'을 모두 포함하고 있다. 즉, 사회적 기업은 이윤극대화를 추구하는 전통적인 기업관과 사회서비스의 창출을 목표로 하는 사회적·공익적 목적관을 동시에 지닌 제3의 경제주체이다.

사회적 기업은 사회적 목적 하에서 취약계층에게 지속 가능한 일자리를 제공하고 정부 재정지출의 효율성을 증대시키며, GDP 증가와 세수 증가에 기여하는 경제적 효과가 있다. 또한, 정치적·사회적 효과로는 취약계층의 자아실현과 사회적 역할 인지로 사회통합에 기여하여 사회갈등 요소를 해소시키며, 기업의 윤리경영과 사회공헌의 증가 및 국민의 가치 있는 소비문화를 확산시킨다는 점과 사회적 투자확충을 통한 지역경제발전에 이바지하며, 다양한 계층 간의 사회적 갈등을 극복하여 통합과 협력을 통한 성숙한 시민사회를 형성한다는 것이다.

우리나라에서 사회적 기업이 태동된 배경은 1997년 IMF외환위기와 관련이 깊다. 일찍이 경험하지 못했던 대량의 실업자 발생이 사회적으로 문제화되면서 긴급처방으로 공공근로 민간위탁사업(1999년)을 시행하여 일자리 창출을 도모한 것이 모태가 되었다. 그러다가 2007년 7월 '사회적기업 육성법'이 시행됨으로써 우리나라도 본격적으로 사회적 기업을 도입하게 되었다. IMF외환위기와 세계적인 경제위기에 따른 경제 불황의 충격으로 기업의 구조조정 과정에서 급증하게 된 실업자를 흡수할 만한 곳이 없었다. 국가의 복지정책이 미미하고 사회적 안전망이 구축되지 않은 상황에서 일시에 수많은 실업자들을 흡수할 만한 곳이 없었던 것이다. 정부의 재정지출을 통해서 임시적으로 지원했지만 효과는 미미했다. 이를 해결하기 위해 정부가 정책적 대안으로 제시한 것이 취약계층의 일자리 창출과 사회서비스 제공을 주목적으로 하는 사회적 기업을 제도화한 것이다. 정부가 사회적 기업의 모델로 삼은 것은 유럽형 사회적 기업의 모형이다. 아직 우리나라의 자선활동이 취약한 상황에서 국가주도형인 유럽모형을 벤치마킹한 것이다. 우리나라의 사회적 기업은 정부주도형으로 정부의 정책적인 의지가 강한 특징을 갖고 있다. 법률로 심의 및 인증절차를 밟도록 하고 있다.

사회적기업 육성법 제1조(목적) "이 법은 사회적기업의 설립·운영을 지원하고 사회적기업을 육성하여 우리 사회에서 충분하게 공급되지 못하는 사회서비스를 확충하고 새로운 일자리를 창출함으로써 사회통합과 국민의 삶의 질 향상에 이바지함을 목적으로 한다."라고 명시하고 있다. 즉, 주요 목적이 일자리 창출과 사회서비스 제공에 두고 있다는 것을 알 수 있다. 이것은 빈곤층을 도와주는 가장 적극적인 방법이 소득지원보다는 일자리를 제공해주는 것이 효과적이라는 것을 반영하고 있다.

4. 사회적 기업 인증요건

사회적 기업으로 인증받으려면 아래 8가지 요건을 모두 충족해야 한다.

① '민법'에 따른 법인/조합, '상법'에 따른 회사/합자조합, '특별법'에 따라 설립된 법인 또는 비영리민간단체 등 조직의 형태를 갖출 것.

② 유급근로자를 고용하여 재화와 서비스의 생산/판매 등 영업활동을 할 것.

③ 취약계층에게 사회서비스 또는 일자리를 제공하거나 지역사회에 공헌함으로써 사회적 목적의 실현을 조직의 목적으로 할 것.

④ 이해관계자가 참여하는 의사결정 구조를 갖출 것.

⑤ 영업활동을 통해 얻는 수입이 인증 신청하는 날이 속하는 직전 6개월 동안 해당 조직의 영업활동을 통한 총수입이 같은 기간에 그 조직에서 지출되는 총 노무비의 50/100 이상이어야 함.

⑥ 정관이나 규약을 갖출 것.

⑦ 이윤이 발생한 경우에는 이윤의 2/3 이상을 사회적 목적을 위해 사용할 것.

⑧ 그 밖에 운영기준에 관하여 대통령령으로 정한 사항을 갖출 것.

조직의 형태, 인력의 운영, 의사결정 구조, 수입의 기준, 이윤의 사용 등 기업의 운영에 있어 필요한 전반적인 부분에서 요건이 적용됨을 알 수 있다.

5. 사회적 기업 인증 절차

사회적 기업 인증 절차는 다음과 같이 진행된다.

1) 구비서류 준비: 요구되는 조직 형태를 갖추고 있음을 확인하는 서류

① 유급근로자 명부

② 사회적 목적 실현 판단 기준의 충족 여부를 확인할 수 있는 서류: 사회서비스 제공형, 일자리 제공형, 지역사회 공헌형, 혼합형, 기타형 각 유형에서 요구하는 서류.

③ 이해관계자가 참여하는 의사결정 구조를 갖추고 있음을 확인할 수 있는 서류

④ 영업활동을 통한 수입 기준의 충족 여부를 확인할 수 있는 서류

⑤ 정관 및 규약

⑥ 시설비, 창업 자금, 운영경비 등 지원을 받을 경우 그 지원사항을 확

인할 수 있는 서류(해당 시)

2) 사회적기업 인증 신청서(별지 제1호 서식) 작성 및 제출

신청서를 작성하여 준비된 구비서류와 함께 한국사회적기업진흥원의 장에게 제출한다.

3) 구비서류 검토

진흥원의 장은 제출된 서류를 조사/확인하여 보완이 필요할 경우 보완 요청을 할 수 있다.

4) 인증서 발급

조사/확인의 절차가 끝나면 인증 신청서는 고용노동부장관에게 전달되며, 고용노동부장관은 신청서를 받으면 신청기간 종료일부터 60일 이내에 심의를 거쳐 인증서를 발급한다. 사회적기업 인증 신청 및 기간은 연 1회 이상 고용노동부장관이 공고하도록 되어 있다.

■ 사회적기업 육성법 시행규칙 [별지 제1호서식] 〈개정 2015.7.17.〉

사회적기업 통합정보시스템(www.seis.or.kr)을 통하여 신청할 수 있습니다.

사회적기업 인증 신청서

※ 첨부서류를 확인하시기 바라며, 바탕색이 어두운 난은 신청인이 작성하지 않습니다.
※ [ ]에는 해당되는 곳에 √ 표시를 합니다.

(앞쪽)

관리번호	접수일	처리자 성명	처리기간 60일

<table>
<tr><td rowspan="4">신청인</td><td colspan="2">신청기관명</td><td>사업자등록번호</td></tr>
<tr><td colspan="2">대표자의 성명</td><td>전화번호:
FAX번호:</td></tr>
<tr><td colspan="2" rowspan="2">소재지</td><td>유급근로자 수</td></tr>
<tr><td>고용보험관리번호</td></tr>
<tr><td>조직형태</td><td colspan="3">[ ] 「민법」에 따른 법인 [ ] 「민법」에 따른 조합 [ ] 「상법」에 따른 회사 또는 합자조합
[ ] 그 밖에 다른 법률에 따른 법인 또는 비영리단체</td></tr>
<tr><td>주된 목적</td><td colspan="3">[ ] 사회서비스 제공형(「사회적기업 육성법 시행령」 제9조제1항제1호)
[ ] 일자리 제공형(「사회적기업 육성법 시행령」 제9조제1항제2호)
[ ] 지역사회 공헌형(「사회적기업 육성법 시행령」 제9조제1항제3호)
[ ] 혼합형(「사회적기업 육성법 시행령」 제9조제1항제4호)
[ ] (기타(창의·혁신)형 (「사회적기업 육성법 시행령」 제9조제2항)</td></tr>
<tr><td>연계기업명
(해당하는 경우에만 작성)</td><td></td><td>연계기업
지원금 총액
및 내용</td><td></td></tr>
<tr><td rowspan="3">재정 지원 사항
(해당하는 경우에만 작성)</td><td colspan="3">지원기관명</td></tr>
<tr><td colspan="3">지원금 총액</td></tr>
<tr><td colspan="3">지원사업의 내용</td></tr>
</table>

「사회적기업 육성법」 제7조제1항 및 「사회적기업 육성법 시행규칙」 제9조제1항에 따라 위와 같이 사회적기업 인증을 신청합니다.

년 월 일

신청인(신청기관 대표자) (서명 또는 인)

한국사회적기업진흥원장 귀하

<table>
<tr><td>첨부서류</td><td>1. 「사회적기업 육성법」 제8조제1항제1호에 따른 조직형태를 갖추고 있음을 확인할 수 있는 서류
2. 「사회적기업 육성법」 제8조제1항제2호에 따른 유급근로자의 명부
3. 「사회적기업 육성법」 제8조제1항제3호 및 「사회적기업 육성법 시행령」 제9조에 따른 사회적 목적 실현 판단기준의 충족 여부를 확인할 수 있는 서류
4. 「사회적기업 육성법」 제8조제1항제4호에 따른 이해관계자가 참여하는 의사결정 구조를 갖추고 있음을 확인할 수 있는 서류
5. 「사회적기업 육성법」 제8조제1항제5호 및 「사회적기업 육성법 시행령」 제10조에 따른 영업활동을 통한 수입기준의 충족 여부를 확인할 수 있는 서류
6. 「사회적기업 육성법」 제8조제1항제6호에 따른 정관이나 규약 등의 사본 각 1부
7. 중앙행정기관이나 지방자치단체로부터 시설비, 창업자금, 운영경비 등을 지원받거나 지원받을 예정인 경우에는 그 지원 사항을 확인할 수 있는 서류(해당하는 경우에만 제출합니다)</td><td>수수료
없음</td></tr>
</table>

210㎜×297㎜[백상지 80g/㎡]

부 록

Ⅰ. 창업자간진단 TEST

Ⅱ. 창업가자질 평가표

Ⅲ. 창업사업계획서

부록 Ⅰ. 창업자가진단 TEST

항 목	세 부 항 목	자신 있다 (2.5)	보통이다 (2)	아니다 (1.5)	전혀 아님 (1)
인간관계	1. 사람 만나는 것이 좋고 즐겁다.				
	2. 친절한 편이며, 좀처럼 화내지 않는다.				
	3. 부부 사이가 좋고, 금전관계에 비밀이 없다.				
	4. 직장생활이 즐겁다.				
	5. 약속을 잘 지킨다.				
리더십	6. 학창시절에 임원을 한 경험이 있다.				
	7. 군경험이나 조직 생활을 한 경험이 있다.				
	8. 장남이며 장녀다.				
	9. 비즈니스의 세계에서 여자라고 꿀릴 것이 없다.				
	10. 합리적이며 남의 의견을 존중하는 편이다.				
사업지식	11. SNS(사회관계망)이나 인터넷 정보를 활용할 수 있다.				
	12. 컴퓨터 문서작성을 할 줄 안다.				
	13. 직장경험이 5년 이상이다.				
	14. 은행에서 대출을 받아본 경험이 있다.				
	15. 계약을 해 본 경험이 있고, 부동산 서류를 볼 줄 안다.				
	16. 어음을 발행하거나 볼 줄 안다.				
	17. 외국어 한 가지 정도는 독해능력이 있다.				
	18. 경제 관련 잡지를 보고 있다.				
	19. 프랜차이즈의 흐름을 알고 있다.				
	20. 사업자 등록법, 부가세, 소득세 신고를 할 줄 안다.				
자금관리	21. 검소하게 절약하는 편이다.				
	22. 물건구입이나 카드사용 시 영수증은 꼭 보관한다.				
	23. 연말정산을 꼼꼼히 챙긴다.				
	24. 신용카드는 3개 이상 쓰지 않고, 연체하지 않는다.				
	25. 사채자금을 써 본적 있다.				
의지력체력	26. 해외여행 경험이 있다.				
	27. 감기 정도는 병원에 가지 않고도 이긴다.				
	28. 승부에 집착하는 편이다.				
	29. 사생활 보다는 일을 더 중시하는 편이다.				
	30. 일주일을 꼬박 세워도 버틸 수 있다.				
아이템	31. 아이템 선정 시 아이템 라이트 사이클을 분석한다.				
	32. 아이템에 대한 전문 컨설턴트의 자문을 받는다.				
	33. 아이템과 나의 연관성을 생각해서 선택했다.				
	34. 아이템에 대한 기회비용을 분석했다.				
	35. 아이템에 대한 벤처마킹 대상이 있다.				
마케팅	36. 마케팅의 의미를 설명할 수 있다.				
	37. 점포위치 500m 이내의 경쟁업체를 분석했다.				
	38. 지역 내 고객의 자료를 갖고 있다.				
	39. 전시홍보 전략의 중요성을 알고 있다.				
	40. 매장인테리어 및 가격전략이 수립되어 있다.				
계					

창업적성평가표 판정

① 점수가 84~100점인 경우: 창업을 위한 준비는 충분하다.

→ 무얼 망설이는가? 창업의 무대에서 당신의 능력을 마음껏 발휘하라. 당신을 위하여 멋진 세상이 열려 있다.

② 점수가 60~83점인 경우: 창업을 위한 준비가 비교적 우수하다. 그러나 방심은 금물이다. 처음부터 꼼꼼히 챙겨보라.

→ 지금 다른 생각을 하는가? 강의에 충실하라. 창업하면 성공의 가능성이 많다. 당신의 사업을 더욱 구체화하라.

③ 점수가 48~59점인 경우: 창업의 자질과 준비가 필요하다.

→ 예습은 했는가? 그리고 집에 가서 복습도 해야 한다. 물론 강의도 열심히 들어야 한다.

④ 점수가 36~47점인 경우: 창업을 위한 적성과 준비가 빈약하다.

→ 창업과 달리기 시합을 한다면 굉장히 고전할 것이다. 엄청난 연습이 필요하다. 이제는 성공적 창업을 확실히 계획하라.

⑤ 점수가 24~35점인 경우: 창업을 위한 자질과 준비가 되어 있지 않다.

→ 허약체질이다. 잘못하면 제풀에 못 이겨 쓰러지겠다. 준비가 성공을 부른다.

⑥ 점수가 1~23점인 경우: 창업해서는 안 된다.

→ 처음부터 다시 시작하라. 당신의 곁에 우리가 있다.

부록 II. 창업가자질 평가표

문항 번호	질 문	정말 그렇다 (4)	그렇다 (3)	그렇지 않다 (2)	전혀 그렇지 않다 (1)
1	나는 육체적으로나 정신적으로 어떠한 힘든 일도 할 수 있다.				
2	나는 비교적 마음이 평온하다.				
3	나는 사업에 필요한 재능을 가지고 있다고 생각한다.				
4	나는 내가 구상하고 있는 사업에 대해 잘 알고 있다.				
5	나는 창조적인 일을 좋아한다.				
6	나는 모험심이 강하다.				
7	나는 책임감이 강하다.				
8	나는 성실하고 부지런하다.				
9	나는 무슨 일이든 해낼 수 있는 자신감을 가지고 있다.				
10	나는 판단력이 정확하고 결단력이 빠르다.				
11	나는 남에게 지는 것을 싫어한다.				
12	나는 집념이 강한 사람이다.				
13	나는 인덕이 있다거나 인간적인 매력을 가지고 있다는 주위의 말을 자주 듣는다.				
14	나는 기업은 법을 지켜야 하고 상업상 관련된 사람들의 의견을 고려하여 의사결정을 해야 한다고 생각한다.				
15	나는 기업은 사회적인 윤리는 지켜야 한다고 생각한다.				
16	나는 복잡한 일을 잘 정리하고 분석할 수 있다.				
17	나는 직관력과 예측력이 뛰어나다고 생각한다.				
18	나는 기획력이 뛰어나고 치밀하다고 생각한다.				
19	나는 처음 만나는 사람도 그 성격을 빨리 파악할 수 있다.				
20	나는 리더십이 뛰어나다는 소리를 자주 듣는다.				
21	나는 남의 어려움을 잘 해결해 준다.				
22	나는 다른 사람들과 빨리 친해진다.				
23	나는 주위 사람들로부터 넉넉하고 자상한 사람이라는 평을 듣는다.				
24	나는 주위 사람들로부터 여러 가지 창업정보를 수집한다.				
25	나는 남에게 내 주장을 고집하지 않는다.				
계					

창업가자질 평가표 판정

① 점수가 84~100점인 경우: 사업가의 자질이 극히 우수하다.

→ 무얼 망설이는가? 지금 강의실에 있을 때가 아니다. 사업가적 자질을 마음껏 발휘하라.

② 점수가 60~83점인 경우: 사업가의 자질이 비교적 우수하다.

→ 지금 다른 생각을 하는가? 강의에 충실하라. 배우고 나가면 뜰 수 있다.

③ 점수가 48~59점인 경우: 사업가의 자질이 어느 정도 있다.

→ 예습은 했는가? 그리고 집에 가서 복습도 해야 한다. 물론 강의도 열심히 들어야 한다.

④ 점수가 36~47점인 경우: 사업가의 자질이 약간 빈약하다.

→ 사업과 달리기 시합을 한다면 굉장히 고전할 것이다. 엄청난 연습이 필요하다.

⑤ 점수가 24~35점인 경우: 사업가의 자질이 상당히 빈약하다.

→ 허약체질이다. 잘못하면 제품에 못이겨 쓰러진다.

⑥ 점수가 1~23점인 경우: 사업가의 자질이 극히 빈약하다.

→ 가까이 하기엔 너무 먼 그대 사업이여!

부록 Ⅲ. 창업사업계획서

창 업 사 업 계 획 서

사업 분야	
창업사업 명	
주민 번호(학번)	
성 명	

사업계획요약서

<table>
<tr><td>아이템 명</td><td colspan="3"></td></tr>
<tr><td rowspan="2">적용 분야</td><td rowspan="2"></td><td>성 명</td><td></td></tr>
<tr><td>주민
번호(학번)</td><td></td></tr>
<tr><td>사업 개요</td><td colspan="3">○ 창업동기 및 사업의 기대효과

○ 사업내용 및 특성</td></tr>
<tr><td>보유 기술</td><td colspan="3">○ 보유기술의 수준

○ 기술의 파급효과</td></tr>
<tr><td>시장 분석</td><td colspan="3">○ 목표시장 규모 및 전망

○ 사업화 가능성 및 마케팅 전략</td></tr>
<tr><td>사 업 화
추진계획</td><td colspan="3">○ 생산과 시설확보 계획
○ 사업화 추진일정
○ 사업계획 차질시 대처방안</td></tr>
</table>

1. 창업사업개요

1-1. 창업 동기

- 창업 목적 및 배경, 사업의지, 아이템 선정 동기 등

1-2. 참여인력의 전문성

- 대표자 및 내부구성원의 전문성
- 전문가 풀(pool)의 구성 및 대외 협력관계 구축 현황

1-3. 사업내용 및 특성

- 창업 아이템의 기술 분야, 특징, 장점, 기술개발 내용 등

2. 개발기술

2-1 기술개발수준

- 개발과정과 설계상태, 시제품제작, 시험테스트 등 개발 진척상황 등
- 지적재산권 등록 여부, 기술개발을 위한 외부의 지원 여부 등

2-2. 기술의 파급효과

- 기술의 경제·기술적 파급효과 등

3. 시장분석

3-1. 목표시장 규모 및 전망

- 소비자분석 / 수요계층, 소득, 나이 등
- 경쟁자분석 / 시장동향, 신기술 동향
- SWOT(강점, 약점, 기회, 위협요인) 분석

3-2. 사업화 가능성 및 마케팅 전략

- 제품의 특성 및 경쟁력, 가격경쟁력, 대체기술 출현 가능성 등
- 초기시장 진입전략
- 마케팅 전략(4P-제품, 가격, 촉진, 유통정책)
  (STP-시장세분화, 표적시장 설정, 포지셔닝)

3-3. 제품경쟁력

- 경쟁사 대비 가격 및 품질 경쟁력

3-4. 성장가능성

- 개발 제품군의 수명주기 및 지속성장전략
- 위험요소 분석 및 사업화 차질 시 대응전략

4. 시설확보 및 재무계획

4-1. 생산과 시설확보 계획

- 조직 및 인력구성 / 기술개발, 총무, 영업, 생산인력 등
- 시설투자 / 생산시설 설비 및 설치 투자 계획 등

4-2. 자본 및 재무계획

- 자금조달 운용계획(조달형태, 용도, 규모), 차입금 상환계획 등
- 수익전망 / 손익분기점 분석, 추정 대차대조표, 손익계산서 등

5. 재무계획

5-1. 소요자금 및 조달계획

(단위: 천원)

소요자금			조달계획		
용 도	내 용	금 액	조달방법	기 조달액	추가 조달액
운전자금			자기자금		
			금융차입		
			기 타		
	소 계		소 계		
시설자금			자기자금		
			금융차입		
			기 타		
	소 계		소 계		
합 계			합 계		
소요자금 산출근거					
조달계획 산출근거					

※ 운전자금은 창업 후 생산제품의 판매대금으로 정상 영업자금 회전이 될 때까지의 기간 동안 소요되는 전체 예상자금을 자금용도별로 구분 기재

5-2. 추정손익계산서

(단위: 천원)

구 분	2025년도	%	2026년도	%	2027년도	%
매 출 액						
매 출 원 가(-)						
판 매 관 리 비(-)						
영 업 이 익						
영업외손익(+,-)						
경 상 이 익						
특 별 손 익(+, -)						
법 인 세 등(-)						
당 기 순 이 익						
(* 연구개발비)						

6. 사업화 세부 추진일정

내 용	2025년도				2026년도				비 고
	1/4	2/4	3/4	4/4	1/4	2/4	3/4	4/4	

참고문헌

- 고인곤, 2005, 사업계획서 작성법, 서울: 해바라기.
- 김규태, 정상모, 2001, 창업경영과 실무, 형설출판사.
- 김병철, "니코 멜레 '네이티브 광고? 광고는 생각도 하지 마라'", 미디어오늘, 2014년 5월 22일.
- 김승호, 심준섭, 2012, 창업의 이론과 실무, 도서출판 선.
- 김용옥, 2000, 노자와 21세기, 통나무.
- 김철교, 2001, 벤처기업창업과 경영, 삼영사.
- 김홍길, 2016, 기업가정신과 창업경영론, 탑북스.
- 류태모 외 공저, 2001, 창업과 취업전략, 도서출판 대명.
- 리처드 코치(Richard Koch)·그렉 록우드(Greg Lockwood), 박세연 옮김, 낯선 사람 효과: 지금 당신에게 필요한 사람들은 누구인가?(흐름출판, 2010/2012), 341쪽.
- 마이클 모부신(Michael J. Mauboussin), 서정아 옮김, 내가 다시 서른 살이 된다면(토네이도, 2012/2013), 265~271쪽.
- 반성식, 2007, 창업경영론, 도서출판 대명.
- 심준섭 외 5인, 2016, 창업경영론, 대명.
- 심준섭, 2020, 쉽게 배우는 재무관리, 유원북스.
- 오은숙 역, 2002, 그리스·로마 인간경영학, 생각의 나무.
- 유순근, 2021, 벤처창업과 경영, 박영사.
- 윤남수, 2020, 기업가정신과 창업, 한올.
- 이신영, [Weekly BIZ] 클레이턴 크리스텐슨 하버드대 교수 "품질 개선비용 감축 아닌 파괴적 혁신해야 성장한다", 조선일보, 2013년 2월 2일.

- 정갑영, 2002, 열보다 더 큰 아홉, 매일경제신문사.
- 제프리 페퍼(Jeffrey Pfeffer), 이경남 옮김, 권력의 기술: 조직에서 권력을 거머쥐기 위한 13가지 전략(청림출판, 2010/2011), 273~274쪽.
- 조동훈, 2005, 사례중심의 벤처경영학, 한올출판사.
- 존 휴이(John Huey) 외, 조영신 옮김, 립타이드: 언론 산업을 수장시킨 쉼 없이 밀려드는 혁신의 조류(한국언론진흥재단, 2013), 82~83쪽.
- 클레이턴 크리스텐슨(Clayton M. Christensen), 이진원 옮김, 혁신기업의 딜레마: 미래를 준비하는 기업들의 파괴적 혁신전략(세종서적, 1997/2009), 322~323쪽.
- 클레이턴 크리스텐슨(Clayton M. Christensen)·마이클 레이너(Michael E. Raynor), 딜로이트컨설팅코리아 옮김, 성장과 혁신(세종서적, 2003/2005), 11쪽.
- 필립 코틀러(Philip Kotler), 홍성태·윤성욱 옮김, 마케팅의 10가지 치명적 실수(세종서적, 2004/2005), 59쪽.
- Ames, Roger. T., 1993, Sun-tzu: The art of warfare, Ballantine Books, 151-164.
- Attard, Janet, Business Know-How, Adams Media, MA, USA, 1999.
- Gates, William, Business@The Speed of Thought, Warner Books, NY, USA, 1999.
- Heskett, James L., W. Earl Sasser, Jr., and Leonard A. Schlesinger, The Service Profit Chain, The Free Press, NY, USA, 1997.
- Kramer, Marc, Small Business Turnaround, Adams Media, MA, USA, 1999.
- Muckian, Michael and John Woods, The Business Letter Handbook, Adams Media, MA, USA, 1996.
- Waldrop, M. Mitchell, The Dream Machine, Viking Publication, NY,

USA, 2001.

• Zuboff, Shoshana and James Maxmin, The Support Economy, Viking Publication, NY, USA, 2002.

[저자약력]

심 준 섭

영남대학교 상경대학 경영학과(경영학 학사)
경북대학교 대학원 경영학과(경영학 석사)
경남대학교 대학원 경영학과(경영학박사)
경영지도사/가족기업학회 부회장
현 경운대학교 의료서비스경영학과 학과장

[저서 및 주요 논문]

쉽게 배우는 재무관리(단독, 유원북스)
쉽게 배우는 벤처창업과 성공전략(공저, 유원북스)
쉽게 배우는 ESG경영(공저, 유원북스)
사내벤처캐피탈 투자기업의 기술혁신 효과분석(대한경영학회)

[장래계획]

경영컨설팅법인 운영과 창업 모바일 강좌 운영(http://lms.ikw.ac.kr/ilos/main)
E-mail: jsshim@ikw.ac.kr

김 효 선

대구대학교 사회과학대학 산업복지학과(문학사)
대구대학교 사회개발대학원 노사관계학과(경영학석사)
상지대학교 대학원 경영학과(경영학박사)
(사)한국경영교육학회 부회장
현 국립경국대학교 취업창업본부 강사

[저서 및 주요 논문]

인사관리론(진영사), 인적자원관리론(비즈프레스), 물류관리론(중외출판사)
사회적 협동조합의 고용창출이 경영성과에 미치는 영향에 관한 연구(경영교육연구)
사회적 기업의 인증이 고용과 사회서비스 질에 미치는 영향 연구(상업교육연구)

[장래계획]

사회복지법인 운영과 소셜벤처창업 경영컨설팅
E-mail: khs31@daum.net

정 다 미

계명대학교 대학원 경영정보학과(경영학석사)
계명대학교 대학원 경영정보학과(경영학박사)
현 제이디엠경영연구소 대표
현 계명대학교 글로벌창업대학원 벤처창업학과 겸임교수
현 계명문화대학교 외식창업과 산학협동 겸임교수

쉽게 배우는 **벤처창업경영**

발행일 2025년 3월 1일
저 자 심준섭 · 김효선 · 정다미
발행인 이 구 만
발행처 유원북스 도서출판
04091 서울특별시 마포구 토정로 222, 416호
(신수동, 한국출판콘텐츠센터)
Tel (02)593-1800 Fax (02)6455-1809
등록 2011. 9. 6. 제25100-2012-3호
www.uwonbooks.com uwbooks@daum.net
조 판 홍익m&b

ISBN 979-11-6288-208-5 93320
정 가 28,000원